走·近·巴·金
纪念巴金诞辰120周年

巴金与萧珊

刘恩义　王幼麟　著

图书在版编目（CIP）数据

巴金与萧珊 / 刘恩义, 王幼麟著. — 成都：四川人民出版社, 2024.9
（走近巴金）
ISBN 978-7-220-13631-3

Ⅰ.①巴… Ⅱ.①刘…②王… Ⅲ.①巴金（1904—2005）—生平事迹 Ⅳ.①K825.6

中国国家版本馆CIP数据核字（2024）第057200号

BAJIN YU XIAOSHAN
巴金与萧珊

刘恩义　王幼麟　著

出 品 人	黄立新
项目统筹	谢 雪　邓泽玲
责任编辑	邓泽玲　谢 寒
封面设计	今亮后声·张今亮　于 杰
版式设计	张迪茗
特约校对	吴 玥
责任印制	祝 健
出版发行	四川人民出版社（成都三色路238号）
网　　址	http://www.scpph.com
E-mail	scrmcbs@sina.com
新浪微博	@四川人民出版社
微信公众号	四川人民出版社
发行部业务电话	（028）86361653　86361656
防盗版举报电话	（028）86361653
制　　版	四川胜翔数码印务设计有限公司
印　　刷	成都东江印务有限公司
成品尺寸	170mm×240mm
印　　张	19.5
字　　数	248千
版　　次	2024年9月第1版
印　　次	2024年9月第1次印刷
书　　号	ISBN 978-7-220-13631-3
定　　价	68.00元

■ 版权所有·侵权必究
本书若出现印装质量问题，请与我社发行部联系调换
电话：（028）86361656

萧珊送给巴金的第一张照片，右下为背面题字

目 录

代序一　怀念萧珊　巴　金　/001
代序二　一位最可爱可佩的作家　冰　心　/013

楔子：梦里寻她千百度　/001
一个小女孩的出现　/003
和民众的命运联结在一起　/016
趁死神还没来临　/022
"身经百炸"的战士　/027
国境线上的一出戏剧　/037
写小人小事　/050
花溪小憩的三天蜜月　/063
旧家庭中唯一的新式媳妇　/068

在寒夜中孕育着杰作《寒夜》 /080

前　夜 /089

热情迎接新生的人民共和国 /100

短相聚长别离的日子 /105

深入朝鲜战地 /114

"我的怀念和千万个母亲妻子的怀念连在一起" /126

沐浴在仙泉里 /135

我们也需要契诃夫 /142

《随想录》的先声 /146

"我是一员'福将'" /156

再返故园 /164

作家的勇气和责任心 /173

出　访 /176

政治霹雳就要震响 /181

"身经百斗" /187

她正被慢性杀害 /194

心头不灭的圣火 /206

永　诀 /218

"我是靠友情生活到现在的" /228

血泪的祭悼 /239

十年沉默后的一声呐喊 /244

用血写的书

　　——《随想录》 /247

永远是年轻人的朋友　/254

重要的倡导
　　——建立中国现代文学馆　/258

"我沾了祖国和人民的光"　/262

| 附录一 |

追忆萧珊　纪　申　/271

| 附录二 |

我与巴金的两次见面
　　——记两次上海之行　王幼麟　/277

后记：心灵的追寻　刘恩义　/284

2024年再版后记　王幼麟　/288

代序一

怀念萧珊

◎ 巴 金

一

今天是萧珊逝世的六周年纪念日。六年前的光景还非常鲜明地出现在我的眼前。那一天我从火葬场回到家中，一切都是乱糟糟的，过了两三天我渐渐地安静下来了，一个人坐在书桌前，想写一篇纪念她的文章。在五十年前我就有了这样一种习惯：有感情无处倾吐时我经常求助于纸笔。可是1972年8月里那几天，我每天坐三四个小时望着面前摊开的稿纸，却写不出一句话。我痛苦地想，难道给关了几年的"牛棚"，真的就变成"牛"了？头上仿佛压了一块大石头，思想好像冻结了一样。我索性放下笔，什么也不写了。

六年过去了。林彪、"四人帮"及其爪牙们的确把我搞得很"狼狈"，但我还是活下来了，而且偏偏活得比较健康，脑子也并不糊涂，有时还可以写一两篇文章。最近我经常去火葬场，参加老朋友们的骨灰安放仪式。在大厅里，我想起许多事情。同样地奏着哀乐，我的思想却从挤满了人的大厅转到只有二三十个人的中厅里去了，我们正在用哭声向萧珊的遗体告别。我记起了《家》里面觉新说过的一句话："好像珏死了，也自己！我没有流眼泪，可是我觉得有无数锋利的指甲在搔我的心。我站在死者遗体旁边，望着那张惨白的脸，那两片咽下千言万语的嘴唇，我咬紧牙齿，在心里唤着死者的名字。我想，我比她大十三岁，为什么不让我先死？我想，这是多么不公平！她究竟犯了什么罪？她也给关进"牛棚"，挂上"牛鬼蛇神"的小纸牌，还扫过马路。究竟为什么？理由很简单，她是我的妻子。她患了病，得不到治疗，也因为她是我的妻子。想尽办法一直到逝世前三个星期，靠开后门她才住进医院。但是癌细胞已经扩散，肠癌变成了肝癌。

她不想死，她要活，她愿意改造思想，她愿意看到社会主义建成。这个愿望总不能说是痴心妄想吧。她本来可以活下去，倘使她不是"黑老K"的"臭婆娘"。一句话，是我连累了她，是我害了她。

在我靠边的几年中间，我所受到的精神折磨她也同样受到。但是我并未挨过打，她却挨了"北京来的红卫兵"的铜头皮带，留在她左眼上的黑圈好几天以后才褪尽。她挨打只是为了保护我，她看见那些年轻人深夜闯进来，害怕他们把我揪走，便溜出大门，到对面派出所去，请民警同志出来干预。那里只有一个人值班，不敢管。当着民警的面，她被他们用铜头皮带狠狠抽了一下，给押了回来，同我一起关在马桶间里。

她不仅分担了我的痛苦，还给了我不少的安慰和鼓励。在"四害"横行的时候，我在原单位（中国作家协会上海分会）给人当作"罪人"和"贱民"看待，日子十分难过，有时到晚上九十点钟才能回家。我进了门看到她的面容，满脑子的乌云都消散了。我有什么委屈、牢骚，都可以向她尽情倾吐。有一个时期我和她每晚临睡前要服两粒眠尔通才能够闭眼，可是天刚刚发白就都醒了。我唤她，她也唤我。我诉苦般地说："日子难过啊！"她也用同样的声音回答："日子难过啊！"但是她马上加一句："要坚持下去。"或者再加一句："坚持就是胜利。"我说"日子难过"，因为在那一段时间里，我每天在"牛棚"里面劳动、学习、写交代、写检查、写思想汇报。任何人都可以责骂我、教训我、指挥我。从外地到"作协分会"来串联的人可以随意点名叫我出去"示众"，还要自报罪行。上下班不限时间，由管理"牛棚"的"监督组"随意决定。任何人都可以闯进我家里来，高兴拿什么就拿走什么。这个时候大规模的群众性批斗和电视批斗大会还没有开始，但已经越来越逼近了。

　　她说"日子难过"，因为她给两次揪到机关，靠边劳动，后来也常常参加陪斗。在淮海中路"大批判专栏"上张贴着批判我的罪行的大字报。我一家人的名字都给写出来"示众"，不用说"臭婆娘"的大名占着显著的地位。这些文字像虫子一样咬痛她的心。她让上海戏剧学院"狂妄派"学生突然袭击、揪到"作协分会"去的时候，在我家大门上还贴了一张揭露她的所谓罪行的大字报。幸好当天夜里我儿子把它撕毁。否则这一张大字报就会要了她的命！

　　人们的白眼，人们的冷嘲热骂蚕食着她的身心。我看出来她的健康逐渐遭到损害。表面上的平静是虚假的，内心的痛苦像一锅煮沸的水，她怎么能遮盖住！怎么能使它平静！她不断地给我安慰，对我表示信任，替我感到不平。然而她看到我的问题一天天地变得严重，上面对我的压力一天天地增加，她又非常担心。有时同我一起上班或者下班，走近巨鹿路口，快到"作协分会"，或者走近湖南路口，快到我们家，她总是抬不起头。我理解她，同情她，也非常担心她经受不起沉重的打击。我记得有一天到了平常下班的时间，我们没有受到留难，回到家里她比较高兴，到厨房去烧菜。我翻看当天的报纸，在第三版上看到当时做了"作协分会"的"头头"的两个工人作家写的文章《彻底揭露巴金的反革命真面目》。真是当头一棒！我看了两三行，连忙把报纸藏起来，我害怕让她看见。她端着烧好的菜出来，脸上还带笑容，吃饭时她有说有笑。饭后她要看报，我企图把她的注意力引到别处。但是没有用，她找到了报纸。她的笑容一下子完全消失。这一夜她再没有讲话，早早地进了房间。我后来发现她躺在床上小声哭着。一个安静的夜晚给破坏了。今天回想当时的情景，她那张满是泪痕的脸还在我的眼前。我多么愿意让她的泪痕消失，笑容在她那憔悴的脸上重现，即使减少我几年的生命来换取我们家庭生活中一个宁静的夜晚，我也心甘情愿！

二

我听周信芳同志的儿媳妇说,周的夫人在逝世前经常被打手们拉出去当作皮球推来推去,打得遍体鳞伤。有人劝她躲开,她说:"我躲开,他们就要这样对付周先生了。"萧珊并未受到这种新式体罚。可是她在精神上给别人当皮球打来打去。她也有这样的想法:她多受一点精神折磨,可以减轻对我的压力。其实这是她一片痴心,结果只苦了她自己。我看见她一天天地憔悴下去,我看见她的生命之火逐渐熄灭,我多么痛心。我劝她,安慰她,我想拉住她,一点也没有用。

她常常问我:"你的问题什么时候才解决呢?"我苦笑地说:"总有一天会解决的。"她叹口气说:"我恐怕等不到那个时候了。"后来她病倒了,有人劝她打电话找我回家,她不知从哪里得来的消息,她说:"他在写检查,不要打岔他。他的问题大概可以解决了。"等到我从"五七"干校回家休假,她已经不能起床。她还问我检查写得怎样,问题是否可以解决。我当时的确在写检查,而且已经写了好几次了。他们要我写,只是为了消耗我的生命。但她怎么能理解呢?

这时离她逝世不过两个多月,癌细胞已经扩散,可是我们不知道,想找医生给她认真检查一次,也毫无办法。平日去医院挂号看门诊,等了许久才见到医生或者实习医生,随便给开个药方就算解决问题。只有在发烧到三十九摄氏度才有资格挂急诊号,或者还可以在病人拥挤的观察室里待上一天半天。当时去医院看病找交通工具也很困难,常常是我女婿借了自行车来,让她坐在车上,他慢慢地推着走。有一次她雇到小三轮车去看病,看好门诊回家雇不到车了,只好同陪她看病的朋友一起慢慢地走回来,走走停停,走到街口,她快要倒下了,只好请求行人到我们家通知。她一个表侄正好来探病,就由他去把她背了回家。她希望拍一张X光片子查一查肠子有什么病,但是办不到。后来靠了她一位亲戚帮忙开后门两次拍片,才查出她患肠癌。以后又靠朋友设法开后门住进了医院。她自己还很高兴,以为得救了。只有她一个人不知真实的病情,她在医院里只活了三个星期。

代序一　怀念萧珊

　　我休假回家，假期满了，我又请过两次假，留在家里照料病人。最多也不到一个月。我看见她病情日趋严重，实在不愿意把她丢开不管，我要求延长假期的时候，我们那个单位的一个工宣队头头逼着我第二天就回干校去。我回到家里，她问起来，我无法隐瞒。她叹了一口气，说："你放心去吧。"她把脸掉过去，不让我看她。我女儿、女婿看到这种情景，自告奋勇跑到巨鹿路向那位工宣队头头解释，希望同意我在市区多留些日子照料病人。可是那个头头"执法如山"，还说：他不是医生，留在家里有什么用！"留在家里对他改造不利！"他们气愤地回到家中，只说机关不同意，后来才对我传达了这句"名言"。我还能讲什么呢？明天回干校去！

　　整个晚上她睡不好，我更睡不好。出乎意外，第二天一早我那个插队落户的儿子在我们房间里出现了，他是昨天半夜里到的。他得到了家信，请假回家看母亲，却没有想到母亲病成这样。我见了他一面，把他母亲交给他，就回干校去了。

　　在车上我的情绪很不好。我实在想不通为什么会有这样的事情。我在干校待了五天，无法同家里通消息。我已经猜到她的病不轻了。可是人们不让我过问她的事情。这五天是多么难熬的日子！到第五天晚上在干校的造反派头头通知我们全体第二天一早回市区开会。这样我才又回到了家，见到我的爱人。靠了朋友帮忙，她可以住进中山医院肝癌病房，一切都准备好，她第二天就要住院了。她多么希望住院前见我一面，我终于回来了。连我也没有想到她的病情发展得这么快。我们见了面，我一句话也讲不出来。她说了一句："我到底住院了。"我答说："你安心治疗吧。"她父亲也来看她，老人家双目失明，去医院探病有困难，可能是来同他的女儿告别了。

　　我吃过中饭，就去参加给别人戴上反革命帽子的大会，受批判、戴帽子的人不止一个，其中有一个我的熟人王若望同志，他过去也是作家，不过比我年轻。我们一起在"牛棚"里关过一个时期，他的罪名是"摘帽右派"。他不服，不听话，他贴出大字报，声明"自己解放自己"，因此动。在会场里我一直像在做怪梦。开完会回家,见到萧珊我感到格外亲切,仿佛重回人间。可是她不舒服,不想讲话,偶尔讲一句半句。我还记得她讲了两次:"我看不到了。"我连声问她看不到什么?她后来才说:"看不到你解放了。"我还能再讲什么呢?

我儿子在旁边,垂头丧气,精神不好,晚饭只吃了半碗,像是患感冒。她忽然指着他小声说:"他怎么办呢?"他当时在安徽山区农村已经待了三年半,政治上没有人管,生活上不能养活自己,而且因为是我的儿子,给剥夺了好些公民权利。他先学会沉默,后来又学会抽烟。我怀着内疚的心情看看他。我后悔当初不该写小说,更不该生儿育女。我还记得前两年在痛苦难熬的时候她对我说:"孩子们说爸爸做了坏事,害了我们大家。"这好像用刀子在割我身上的肉。我没有出声,我把泪水全吞在肚里。她睡了一觉醒过来忽然问我:"你明天不去了?"我说:"不去了。"就是那个工宣队头头今天通知我不用再去干校就留在市区。他还问我:"你知道萧珊是什么病?"我答说:"知道。"其实家里瞒住我,不给我知道真相,我还是从他这句问话里猜到的。

三

第二天早晨她动身去医院,一个朋友和我女儿、女婿陪她去。她穿好衣服等候车来。她显得急躁,又有些留恋,东张张西望望,她也许在想是不是能再看到这里的一切。我送走她,心上反而加了一块大石头。

将近二十天里,我每天去医院陪伴她大半天。我照料她,我坐在病床前守着她,同她短短地谈几句话。她的病情恶化,一天天衰弱下去,肚子却一天天大起来,行动越来越不方便。当时病房里没有人照料,生活方面除饮食外一切都必须自理。后来听同病房的人称赞她"坚强",说她每天早晚都默默地挣扎着下了床,走到厕所。医生对我们谈起,病人的身体经不住手术,最怕的是她的肠子堵塞,要是不堵塞,还可以拖延一个时期。她住院后的半个月是1966年8月以来我既感痛苦又感到幸福的一段时间,是我和她在一起度过的最后的平静的时刻,我今天还不能将它忘记。

萧珊的骨灰盒伴随着巴金晚年

但是半个月以后，她的病情又有了发展，一天吃中饭的时候，医生通知我儿子找我去谈话。他告诉我：病人的肠子给堵住了，必须开刀，开刀不一定有把握，也许中途出毛病。但是不开刀，后果更不堪设想。他要我决定，并且要我劝她同意。我做了决定，就去病房对她解释。我讲完话，她只说了一句："看来，我们要分别了。"她望着我，眼睛里全是泪水。我说："不会的……"我的声音哑了。接着护士长来安慰她，对她说："我陪你，不要紧的。"她回答："你陪我就好。"时间很紧迫，医生、护士们很快做好了准备，她给送进手术室去了，是她的表侄把她推到手术室门口的。我们就在外面走廊上等了好几个小时，等到她平安地给送出来，由儿子把她推回到病房去。儿子还在她的身边守过一个夜晚。过两天他也病倒了，查出来他患肝炎，是从安徽农村带回来的。本来我们想瞒住他的母亲，可是无意间让他母亲知道了。她不断地问："儿子怎么样？"我自己也不知道儿子怎么样，我怎么能使她放心呢？晚上回到家，走进空空的、静静的房间，我几乎要叫出声来："一切都朝我的头打下来吧，让所有的灾祸都来吧。我受得住！"

我应当感谢那位热心而又善良的护士长，她同情我的处境，要我把儿子的事情完全交给她办。她作好安排，陪他看病、检查，让他很快住进别处的隔离病房，得到及时的治疗和护理。他在隔离病房里苦苦地等候母亲病情的好转。母亲躺在病床上，只能有气无力地说几句短短的话，她经常问："棠棠怎么样？"从她那双含泪的眼睛里我明白她多么想看见她最爱的儿子。但是她已经没有精力多想了。

她每天给输血，打盐水针。她看见我去就断断续续地问："输多少CC的血？该怎么办？"我安慰她："你只管放心。没有问题，治病要紧。"她不止一次地说："你辛苦了。"我有什么苦呢？我能够为我最亲爱的人做事情，哪怕做一件小事，我也高兴！后来她的身体更不行了。医生给她输氧气，鼻子里整天插着管子。她几次要求拿开，这说明她感到难受，但是听了我们的劝告，她终于忍受下去了。开刀以后她只活了五天。谁也想不到她会去得这么快！五天中间我整天守在病床前，默默地望着她在受苦（我是设身处地感觉到这样的），可是她除了两三次要求搬开床前巨大的氧气筒，三四次表示担心输血较多付不出医药费之外，并没有抱怨过什么。见到熟人她常有这样一种表情：请原谅我麻烦了你们。她非常安静，但并未昏睡，始终睁大两只眼睛。眼睛很大，很美，很亮。我望着，望着，好像在望快要燃尽的烛火。我多么想让这对眼睛永远亮下去！我多么害怕她离开我！我甚至愿意为我那十四卷"邪书"受到千刀万剐，只求她能安静地活下去。

不久前我重读梅林写的《马克思传》，书中引用了马克思给女儿的信里的一段话，讲到马克思夫人的死。信上说："她很快就咽了气……这个病具有一种逐渐虚脱的性质，就像由于衰老所致一样。甚至在最后几小时也没有临终的挣扎，而是慢慢地沉入睡乡。她的眼睛比任何时候都更大、更美、更亮！"这段话我记得很清楚。马克思夫人也死于癌症。我默默地望着萧珊那对很大、很美、很亮的眼睛，我想起这段话，稍微得到一点安慰。听说她的确也"没有临终的挣扎"，也是"慢慢地沉入睡乡"。我这样说，因为她离开这个世界的时候，我不在她的身边。那天是星期天，卫生防疫站因为我们家发现了肝炎病人，派人上午来做消毒工作。她的表妹有空愿意到医院去照料她,讲好我们吃过中饭就去接替。没有想到我们刚刚端起饭碗,就得到传呼电话,通知我女儿去医院,说是她妈妈"不行"了。真是晴天霹雳!我和我女儿、女婿赶到医院。她那张病床上连床垫也给拿走了。别人告诉我她在太平间。我们又下了楼赶到那里,在门口遇见表妹。还是她找人帮忙把"咽了气"的病人抬进来的。死者还不曾给放进铁匣子里送进冷库,她躺在担架上,但已经给白布床单包得紧紧的,看不到面容了。我只看到她的名字。我弯下身子,把地上那个还有点人形的白布包拍了好几下,一面哭着唤她的名字。不过几分钟的时间。这算是什么告别呢?

据表妹说,她逝世的时刻,表妹也不知道。她曾经对表妹说:"找医生来。"医生来过,并没有什么。后来她就渐渐地"沉入睡乡"。表妹还以为她在睡眠。一个护士来打针,才发觉她的心脏已经停止跳动了。我没有能同她诀别,我有许多话没有能向她倾吐,她不能没有留下一句遗言就离开我!我后来常常想,她对表妹说"找医生来",很可能不是"找医生",是"找李先生"(她平日这样称呼我)。为什么那天上午偏偏我不在病房呢?家里人都不在她身边,她死得这样凄凉!

我女婿马上打电话给我们仅有的几个亲戚。她的弟媳赶到医院,晕了过去。三天以后在龙华火葬场举行告别仪式。她的朋友一个也没有来,因为一则我们没有通知,二则我是一个审查了将近七年的对象。没有悼词,没有吊客,只有一片伤心的哭声。我衷心感谢前来参加仪式的少数亲友和特地来帮忙的我女儿的两三个同学。最后,我跟她的遗体告别,女儿望着遗容哀哭,儿子在隔离病房还不知道把他当作命根子的妈妈已经死亡。值得提说的是她当作自己儿子照顾了好些年的一位亡友的男孩从北京赶来,只为了见她的最后一面。这个整天同钢铁打交道的技术员,他的心倒不像钢铁那样。他得到电报以后,他爱人对他说:"你去吧,你不去一趟,你的心永远安定不了。"我在变了形的她的遗体旁边站了一会儿。别人给我和她照了相。我痛苦地想:这是最后一次了,即使给我们留下来很难看的形象,我也要珍视这个镜头。

一切都结束了。过了几天我和女儿、女婿到火葬场,领到了她的骨灰盒。在存放室寄存了三年之后，我按期把骨灰盒接回家里。有人劝我把她的骨灰安葬，我宁愿让骨灰盒放在我的寝室里，我感到她仍然和我在一起。

四

梦魇一般的日子终于过去了。六年仿佛一瞬间似的远远地落在后面了。其实哪里是一瞬间！这段时间里有多少流着血和泪的日子啊。不仅是六年，从我开始写这篇短文到现在又过去了半年，半年中我经常在火葬场的大厅里默哀、行礼，为了纪念给"四人帮"迫害致死的朋友。想到他们不能把个人的智慧和才华献给社会主义祖国，我万分惋惜。每次戴上黑纱、插上纸花的同时，我也想起我自己最亲爱的朋友，一个普通的文艺爱好者，一个成绩不大的翻译工作者，一个心地善良的人。她是我的生命的一部分，她的骨灰里有我的泪和血。

她是我的一个读者。1936年我在上海第一次同她见面。1938年和1941年我们两次在桂林像朋友似的住在一起。1944年我们在贵阳结婚。我认识她的时候，她还不到二十，对她的成长我应当负很大的责任。她读了我的小说，给我写信，后来见到了我，对我发生了感情。她在中学念书，看见我以前，因为参加学生运动被学校开除，回到家乡住了一个短时期，又出来进另一所学校。倘使不是为了我，她1937年、1938年一定去了延安。她同我谈了八年的恋爱，后来到贵阳旅行结婚，只印发了一个通知，没有摆过一桌酒席。从贵阳我和她先后到了重庆，住在国民路文化生活出版社门市部楼梯下七八个平方米的小屋里。她托人买了四只玻璃杯开始组织我们的小家庭。她陪着我经历了各种艰苦生活。在抗日战争紧张的时期，我们一起在日军进城以前十多个小时逃离广州，我们从广东到广西，从昆明到桂林，从金华到温州，我们分散了，又重见，相见后又别离。在我那两册《旅途通讯》中就有一部分这种生活的记录。四十年前有一位朋友批评我："这算什么文章！"我的《文集》出版后，另一位朋友认为我不应当把它们也收进去。他们都有道理。两年来我对朋友、对读者讲过不止一次，我决定不让《文集》重版。但是为我自己，我要经常翻看那两小册《通讯》。在那些年代，每当我落到困苦的境地里、朋友们各奔前程的时候，她总是亲切地在我的耳边说："不要难过，我不会离开你，我在你的身边。"的确，只有在她最后一次进手术室之前她才说过这样一句："我们要分别了。"

　　我同她一起生活了三十多年。但是我并没有好好地帮助过她。她比我有才华，却缺乏刻苦钻研的精神。我很喜欢她翻译的普希金和屠格涅夫的小说。虽然译文并不恰当，也不是普希金和屠格涅夫的风格，它们却是有创造性的文学作品，阅读它们对我是一种享受。她想改变自己的生活，不愿做家庭妇女，却又缺少吃苦耐劳的勇气。她听一个朋友的劝告，得到后来也是给"四人帮"迫害致死的叶以群同志的同意，到《上海文学》"义务劳动"，也做了一点点工作，然而在运动中却受到批判，说她专门向老作家组稿，又说她是我派去的"坐探"。她为了改造思想，想走捷径，要求参加"四清"运动，找人推荐到某铜厂的工作组工作，工作相当忙碌、紧张，她却精神愉快。但是到我快要靠边的时候，她也被叫回"作协分会"参加运动。她第一次参加这种急风暴雨般的斗争，而且是以"反动权威"家属的身份参加，她不知道该怎么办才好。她张皇失措，坐立不安，替我担心，又为儿女的前途忧虑。她盼望什么人向她伸出援助的手，可是朋友们离开了她，"同事们"拿她当作箭靶，还有人想通过整她来整我。她不是"作协分会"或者刊物的正式工作人员，但仍然被"勒令"靠边劳动、站队挂牌，放回家以后，又给揪到机关。过一个时期，她写了认罪的检查，第二次给放回家的时候，我们机关的造反派头头却通知里弄委员会罚她扫街。她怕人看见，每天大清早起来，拿着扫帚出门，扫得精疲力竭，才回到家里，关上大门，吐了一口气。但有时她还碰到上学去的小孩，对她叫骂"巴金的臭婆娘"。我偶尔看见她拿着扫帚回来，不敢正眼看她，我感到负罪的心情，这是对她的一个致命的打击。不到两个月，她病倒了，以后就没有再出去扫街（我妹妹继续扫了一个时期），但是也没有完全恢复健康。尽管她还继续拖了四年，但一直到死她并不曾看到我恢复自由。这就是她的最后，然而绝不是她的结局。她的结局将和我的结局连在一起。

我绝不悲观。我要争取多活。我要为我们社会主义祖国工作到生命的最后一息。在我丧失工作能力的时候,我希望病榻上有萧珊翻译的那几本小说。等到我永远闭上眼睛,就让我的骨灰同她的搀和在一起。

1979年1月16日写完

代序二

一位最可爱可佩的作家

◎ 冰 心

这位作家就是巴金。

为什么我把可爱放在可佩的前头？因为我爱他就像爱我自己的亲弟弟们一样——我的孩子们都叫他巴金舅舅——虽然我的弟弟们在学问和才华上都远远地比不上他。

我在《关于男人》这本书《他还在不停地写作》一文里，已经讲过我们相识的开始，那时他给我的印象是腼腆而带些忧郁和沉默。但在彼此熟识而知心的时候，他就比谁都健谈！我们有过好几次同在一个对外友好访问团的经历，最后一次就是1980年到日本的访问，他的女儿小林和我的小女儿吴青都跟我们去了。在一个没有活动节目的晚上，小林、吴青和一些年轻的团员们都去东京街上游逛。招待所里只剩下我们两个。我记得那晚上在客厅里，他滔滔不绝地和我谈到午夜，我忘了他谈的什么，是他的身世遭遇，还是中日友好？总之，到夜里十二点，那些年轻人还没有回来，我就催他说："巴金，我困了，时间不早了，你这几天也很累，该休息了。"他才回屋去睡觉。

就在这一年的9月，我得了脑血栓后又摔折了右腿，从此闭门不出。

巴金与萧珊

我一直住在北京,他住在上海,见面时很少,但我们的通信不断。我把他的来信另外放在一个深蓝色的铁盒子里,将来也和我的一些有上下款的书画,都送给他创办的"中国现代文学馆"。

他的可佩——我不用"可敬"字样,因为"敬"字似乎太客气了——之处,就是他为人的"真诚"。文藻曾对我说过:"巴金真是一个真诚的朋友。"他对我们十分关心,我最记得40年代初期在重庆,我因需要稿费,用"男士"的笔名写的那本《关于女人》的书,巴金知道我们那时的贫困,就把这本书从天地出版社拿出来,交给了上海的开明书店,每期再版时,我都得到稿费。

文藻和我又都认为他最可佩服之处,就是他对恋爱和婚姻的态度的严肃和专一。我们的朋友里有不少文艺界的人,其中有些人都很"风流",对于钦慕他们的女读者,常常表示了很随便和不严肃的态度和行为。巴金就不这样,他对萧珊的爱情是严肃、真挚而专一的,这是他最可佩处之一。

至于他的著作之多、之好,就不用我来多说了,这是海内外的读者都会谈得很多的。

总之,他是一个爱人类,爱国家,爱人民,一生追求光明的人,不是为写作而写作的作家。

他近来身体也不太好,来信中说过好几次他要"搁笔"了,但是我不能相信!

我自己倒是好像要搁笔了,近来我承认我"老了",身上添了许多疾病,近日眼睛里又有了白内障,看书写字都很困难,虽然我周围的人,儿女、大夫和朋友们都百般地照顾我,我还是要趁在我搁笔之前,写出我对巴金老弟的"爱"与"佩"。

为着人类、国家和人民的"光明",我祝他健康长寿!

1989年1月26日阳光满案之晨

楔子：梦里寻她千百度

巴金迈着蹒跚的步履，从两扇绿色的大铁门走进他家的庭院，他看见萧珊带着温煦的笑容迎上前来，用非常亲切的声音轻轻对他说："你一定很累了……"她略略停顿了一下又安慰说："你别难过，你有什么委屈和牢骚，可以尽情地向我倾诉。""是啊，你是我可以倾诉一切的人。"可是萧珊的影像倏然消逝了，他向院中走去，看见的只是一些高高矮矮的、没有花的绿树。巴金在小径上盘桓了一会儿，身子摇摇晃晃，他努力站稳了。他看见萧珊"穿得整整齐齐，有些急躁，有点伤感，又似乎充满希望，走到门口还回头张望"。她环顾四周，流露出十分留恋难舍的神情，仿佛害怕再也见不到这里的一切，仿佛这一次是永别。巴金忍不住唤了一声："蕴珍！"哦！他记起来了，这是十二年以前的情景，是萧珊最后一次离家去住院时的情景。巴金神情迷惘地低声自语："十二年了，我等待了十二年了，这是多么长的日日夜夜，可我还没等来那温存的笑脸。""我到哪里去找她？"他猛然抬头看见一个小姑娘挎着书包走进来——那是外孙女端端。巴金长长地叹了一口气："为什么偏偏她的面影不能在这里再现，为什么不让她看见活泼可爱的小端端？"

夜晚，巴金在他二楼的居室里，痴痴地望着床前五斗橱上覆盖着红绸的骨灰盒。他看见那里映现出来的是一双泪汪汪的大眼睛，是一副前额皱成"川"字的愁颜!巴金自语道:"总是那无限关心的叮咛劝告!好像我有满腹的委屈瞒住她,好像我摔倒在泥淖中不能自拔,好像我又给打翻在地让人踏上一只脚……每日每夜,我都听见床前骨灰盒里的小声呼唤和她的低声哭泣。"

仍然是巴金那低沉的自语声:"……她永远不会离开我,也从未离开我。以后,我的骨灰将同她的骨灰搅拌在一起,撒在园中给花树作肥料。"

闹钟响了,巴金疲倦地睁开眼睛。这是1984年1月21日清晨六点半钟,巴金准时穿衣下床,他振作了起来,心里想着:"我还有勇气迈步走向我的最终目标——死亡。"

一个小女孩的出现

1936年,巴金在上海,仍住在友人索非的家中。这时的巴金已不再寂寞,他已经出版了决定他毕生走文学之路的颇有影响的中篇小说《灭亡》,接着又出版了《激流》《爱情三部曲》《巴金短篇小说集》第一、第二集和《门槛》等译作,他已经是一位拥有许多作家朋友和千千万万读者的"文坛巨子"。这一年夏季他还忙于和靳以一起创办《文季月刊》,并从事文化生活出版社的编辑出版工作。除了写作和编辑工作外,他还得分出很大一部分时间来阅读大量的读者来信,他总是一封封认真地拆阅,认真地作复。

巴金又拆开了一封信,突然,一张女孩子的照片掉了出来,他很诧异地拾起照片看了看。这女孩剪着一头短发,额前还覆盖着刘海,她头上戴着花边草帽,身着白衣黑裙,一脸天真稚气的笑容。他下意识地翻过背面看了看,上面写着"给我敬爱的先生留个纪念,阿雯,1936.8."。巴金微笑了一下,阅读那封信:"敬爱的巴金先生,您的作品深深地打动了我,我对于其中那些受苦的人物寄予无限同情。"这女孩子还在信中向巴金介绍了自己的家庭和学校的情况,并十分坦诚地倾吐了自己的苦闷。她像当时给巴金写信的许多青少年一样,渴望巴金能给他们指出一条正确的生活道路,一条能改变这个不合理的社会的进步之路、革命之路。他们要效法

巴金与萧珊

巴金作品中那些勇敢的、进步的青年人；也想了解巴金是怎样写出这些人物，怎样写出这么动人的作品的。这是30年代①受五四思想影响，追求进步的青年人（这里面包括许多中学生）思想感情的共同脉络。这个女孩的本名叫陈蕴珍，后来有个笔名叫萧珊。人们多叫她萧珊。萧珊就曾因参加学生运动被迫停学一年，后来才进了高中。萧珊给她最崇敬的作家巴金写信，主要是想寻找一位导师。她对他满怀崇拜的情愫，甚至一生尊称巴金为先生。后来因为她追随巴金投入抗日战争，在长期的接触中感情的性质渐渐发生了变化，萧珊爱上了她的先生。于是这女孩便成了闯进巴金爱情生活的第一个女性，也是唯一的女性。巴金像平时给千百个读者复信那样给她复了信。

在这之后的一天傍晚，在坐落于上海英租界南阳路的一所中学——上海爱国女子中学里，在校园一角的绿荫下，一个女孩坐在石椅上，她仿佛很神秘地从书包中取出一封信，深情地阅读，兴奋和感动使她的脸泛出美丽的桃红色。这便是巴金写给萧珊的回信。信中的话语多少带点长者的口吻，信中表现出来的热情也不过是一位作家对他的读者的热情。他甚至像写答卷一样认真地逐一回答这位读者提出的问题。他写道："小女孩，现在让我回答你提出的问题。你问我是怎样写这些人物的么？我要说，是他们自己在生活，是他们按照自己性格的逻辑在发展，按照自己生活的道路在行动。"

"你又问我，我写作的秘诀是什么，如果说真有什么秘诀的话，那么我的秘诀就是'把心交给读者'。我刚拿起笔的时候就是这样想的。我不是为当作家才写小说的……"

萧珊收起信独自微笑，显得很动情。

她又拿出巴金的著作捧读，一边漫步，一边无声地诵读。时而把书贴在胸前，脸上流露出陶醉的神色。

萧珊正像一切年轻人一样，无法控制勃发的感情，她急于想同巴金见面，想向他请教许许多多的问题，想更多地了解他。她为这第一次约会

---

① 本书中，均指20世纪。

煞费踌躇,最后将时间定在收到巴金回信后的一个周末,地点定在新雅饭店,由她邀请巴金一同进晚餐。当然,她这一切举措都带着十足的孩子气,难怪巴金将她呼做"小女孩"了。萧珊比约会时间提前许多来到了饭店。她在店内张罗了一阵便到饭店门口等待。她踮脚翘首,目光穿过人群四处巡视。总算盼到了,她兴奋得满脸通红,一时有点不知所措。终于鼓起勇气迎上前去,把巴金请进雅座间。

十九岁的陈蕴珍和三十二岁的巴金相对而坐。面前摆着酒菜,但两人都不曾举箸擎杯。巴金显得拘谨而且过于严肃。萧珊微露羞怯,她用手抚摸着她带来的1936年刚出版的《爱情三部曲》说道:"先生,我很喜欢您这部新出版的著作,我很……崇拜您。"

因为她一脸的天真和非常稚气的措辞,巴金禁不住笑了。萧珊也笑起来。她把一只大螃蟹夹到巴金的盘中热情地说:"先生,您快吃螃蟹呀!我说过,我请客。"巴金又笑了,方才的拘谨也逐渐消失。

巴金注视着萧珊说道:"你说今天来是要问我什么问题……"萧珊高兴地接口说:"是啊!从来没有一本小说像您的作品那样感动我,先生,这是为什么呢?"

巴金忍不住又笑起来。他觉得难于回答。少顷,说道:"我想,这个答案应当由你自己去得出来。"

萧珊也不禁微微一笑,接着又诡秘地眨了眨眼睛:"我还想请教李先生一件事。听说《文学季刊》发表的《龙眼花开的时候》就是先生写的《电》,可那上面的署名又是欧阳镜蓉,作者好像是女性。书中的主人公名字截然不同,却又非常相似……"

巴金也带着诡秘的笑容:"那是我给作者和作品都化过妆了。"

萧珊好奇地睁大了眼睛说:"给作者和作品化了妆?"随即,她仿佛意会到什么,微微地点着头。

巴金解释说:"《电》这部作品刚刚写好,《文学》这个刊物就给它安排了版面,可是,审查老爷们把它从目录中删掉了。"

"这是为什么?"

"因为他们看不惯这部作品,也看不惯它的作者巴金。"

萧珊会心地笑道:"于是,《文学季刊》连载的时候,巴金就变成了欧阳镜蓉。"

巴金接着说:"是啊,主人公们也都更名改姓了。"

萧珊高兴地拍起手来:"真有意思,真有意思!"

巴金说道:"我为了让人们相信欧阳镜蓉是生长在闽粤一带的人,还用这个笔名写了一篇散文,题作《倘使龙眼花再开时》,这不过是我的烟幕……"

萧珊带点调侃地说:"想不到先生还会放烟幕……哈哈哈哈,真想不到。"

巴金正色道:"这办法有时也不灵验。比如我的《萌芽》更名为《雪》,又更名为《忆》,几度改名仍然不准发行。"

萧珊也不禁敛容:"听说那时查禁的书籍有一百几十种,先生和鲁迅、茅盾、郭沫若等,都在被禁的二十八位作家之列。"

"是的,那一百多种书籍被称为'反动'书籍。"

"但是,他们所说的'反动'二字,读者给下的注脚是'进步'和'革命'。越是查禁的越要千方百计找来看。"

"嗨,读者比他们的检查制度更难对付!"两人都畅怀地笑了。

萧珊乘兴提出了新的问题:"先生,我很想知道您是怎样开始您的文学生涯的?"

巴金淡淡一笑:"这个问题,说来话长,可是时间不早了,你看,已经到了掌灯时分。"

"先生,我陪您一块儿走走好不好?待会儿我送您回家。"

"恐怕——应当是我来送你。"

"那都一样。"萧珊忽然用恳求的口吻说道,"我们乘机作一次长谈好吗?"

"也好,记得你在你的第一封信中已经详细地介绍了你的学校和家庭,现在轮到我谈谈了。"

萧珊欢喜地跳起来:"太好了,先生,谢谢您。"

他们在马路的林阴道上缓缓地走着。

巴金轻声叙述着："我出生在一个封建大家庭里，在那里留下我刻骨铭心的爱和憎恨，织成了我无数欢乐和痛苦的旧梦。我的一切努力，都是为了使这个大家庭和它所处的社会尽快地崩溃……"

巴金停顿了一下，萧珊抬起头凝视着他。

"在那个时代，五四新文化运动的旗帜已经冉冉升起，我多么希望它能给我指出一条光明的路。面对着一个崭新的世界，我有点惊惶失措，只要是伸手抓得到的新东西，我都一下子吞进肚里。只要推翻旧的，建设新的，我愿赴汤蹈火，我们是五四的产儿。

"那时我们正在苦苦地寻觅和探索之中。我们寻找的是整个国家民族的出路，而不是个人的出路，这就是我们这一代青年的典型心态。"

萧珊兴奋地插嘴说："先生，我们现在也仍然在探索中。我很想了解您是怎样寻找到一条前进之路的？"

"前进之路要靠自己去寻找，你得靠你自己的头脑和行动，这可能是一条漫长曲折的路。"

"这我知道。先生，我只想听听您是怎样走过来的。"

在逐渐降临的暮色中，巴金的声音如清溪潺潺地流淌着，勾画着他青少年时代的故事。

"1923年，我离开了家。我和三哥搭乘一条木船在成都的府南河中缓缓地行驶着。

"大哥嘱咐说：'虽然家庭拮据，一切费用我自会设法打点，希望你们早日学成归来，帮助我重振家业。'

"我却说：'不，大哥，我要甩掉这个"家"的可怕的阴影，我决心要做的，是控诉，是反抗。'

"那时我在小木船上随口吟哦了这样的诗句：

　　天暮了，
　　在这渺渺的河中，
　　我们的小舟究竟归向何处？
　　远远的红灯啊，请挨近一些儿吧……

"因为我对自己出生其中的封建大家庭恨恶最深,对那腐朽的社会制度痛恨最深,我寻找出路的心也最狂热。当时我大哥从本城唯一的一个代售新书报的'华阳书报流通处'买回许多宣传各种新思想的报刊,如《新青年》《新潮》《每周评论》《星期评论》《少年中国》《少年世界》《北京大学学生周刊》《学生潮》《星期日》,等等。我和大哥、三哥、香表哥、六姐都争先阅读,晚上还热烈地讨论……

"那时我读到了克鲁泡特金的《告少年》的中译本,是一个未见过面的朋友从上海寄来的。"巴金的目光缓缓拂过萧珊年轻的脸庞,接着说,"我觉得它所阐述的思想深深地打动了我。我把这本小册子放在床头,每夜都拿出来,读了流泪,流过泪又笑。"回忆使巴金的脸上也露出了笑容,"我觉得从那时起我才懂得了什么是正义。这正义把我的爱和恨调和起来。我当时还是个十五六岁的幼稚的少年,却大胆地写文章呐喊:'安那其才是真自由,共产才是真平等。'"巴金笑起来,萧珊也跟着微笑了一下。

"后来呢?"萧珊忍不住问。

"关于信仰问题以后再谈吧。"巴金想把这个话题就此打住。

萧珊却急切地说:"先生,我很想知道您是怎样探索和寻找的。那时您还那么年轻……"

巴金只好将话题继续下去:"读完《告少年》后几天,我便给上海新青年社的陈独秀先生写信,这是我一生中写的第一封信,我把我的全心灵都放在这里面。我希望找到一个领导人,让他给我带路。我等着他来吩咐我怎样献出个人的一切。等了好久,没有回信,但我并不灰心。后来我又读了流亡国外的俄国无政府主义者高德曼的文章,我还给她写信,向她诉说自己对家庭出身方面的苦恼。她给我回了信。我至今还记得信上有这样的话:'我看出来你是个有着每个青年叛逆者所应有的真挚和热情的。我很喜欢,这种性格如今更是不可缺少的。因为只为了一点小的好处,许多人就会卖掉他们的灵魂——这样的事情到处都有。'我当时异常兴奋,认为她是第一个使我窥见了安那其主义的美丽的人。我称她为'精神上的母亲'。"

巴金长吁了一口气，沉默片时接着说："以后在这条路上我还有很长时间的追寻和探索。"萧珊微微点了点头。

"记得，那是在1927年1月15日，我乘法国邮轮昂热号赴法国，目的是考察欧洲的社会运动，寻找革命的道路，而不是去读书拿学位，当然我也如饥似渴地读了许多书。

"在卢森堡公园里，我在初春的萧索中踏着衰草败叶漫步沉思。

"在巴黎圣母院钟楼的阴影中，在它凄凉的钟声里，我感到多么的寂寞和哀愁。

"多少个不平静的夜晚，我们在拉丁区旅馆的斗室里热烈地讨论和争辩，缅怀着各国殉道者的悲壮事迹，忍不住喊出：'真理是压不服的，思想是杀不死的。'

"我仰视着那个手上拿着书本和草帽的'日内瓦公民'——卢梭的铜像，瞻仰着这位被托尔斯泰称作'18世纪全世界的良心'的伟大哲人，思索着他在《忏悔录》中写下的富于启迪意义的语言，倾诉着自己的寂寞和悲愤……这时候我开始提笔写作我的第一部小说《灭亡》……"

"是叶圣陶先生亲自审读和发表的，是吗？"萧珊问。

"正是。我写这部书是为了我的大哥……1929年7月，我和我大哥李尧枚在上海霞飞路霞飞公寓的大楼里重聚了，我们笑脸相迎，却止不住热泪流淌，我们久久地互相凝视，却百感交集地说不出一句话来。夜晚，我们抵足而卧，低语声和着叹息与唏嘘。他诉说了在我们家中的又一个牺牲者——我的三姐尧彩的死。至今我还清楚地记得，她被逼出嫁时的哀哭和挣扎。她结婚不过一年半便痛苦地死去了。死后棺木寄放在东门外普慈寺里，她的夫家对她的后事极为冷淡，迟迟不予安葬，使死者不能安息于九泉之下……"

巴金哽咽地停住了。

萧珊柔声说道："先生，原谅我引起您伤心……"

巴金静默了一会儿后说道："我三姐的丈夫在她死后不足一月时又张灯结彩再次做了新郎。我六叔曾为我三姐撰写了一副挽联：'临死无言，在生可想'。这足可以描述她惨淡的一生了。

"我劝告大哥说:'任何人也挡不住这个罪恶大家庭和旧的社会制度的崩溃,希望不再有人做它的殉葬品。'"

萧珊沉重地叹息了一声,却说不出什么话来。

"就在这时,"巴金继续说,"正是由于对这个'家'的愤怒和憎恨,由于对其中一些人物的爱,我才决定写一部正在崩溃中的封建大家庭的历史,写出那些被凌迟而死的年轻人的血泪史,写出这个'家'的全部悲欢离合的历史。"

"哦!"萧珊低声吐出了这一个字。

巴金的激动还未平静下来,他继续说:"但这绝不是我的家族的历史,而是一般封建大家庭的历史。至于那里面写的人物,是我们那样的家庭中常常见到的,但不一定都是我们的家庭里有的,而是中国社会里有的。而我的大哥是这部作品里面两个真实人物中的一个。为什么呢?我曾向我大哥谈到我可能把他写进我的小说里,他不但没有反对,反而给我许多鼓励。后来我这部小说以'激流'为题在《时报》上发表。"

萧珊插话道:"我记得上面印有'新文坛巨子巴金著'。"

"报纸在启事里用了这样的字眼。我当时就向编辑吴灵缘提出了意见,我告诉他,那时我不过只写了一二个中篇小说和几个短篇小说,我请他不要用'文坛巨子'这样的称号。他却说:'我相信这部连载会得到读者的特别厚爱。你知道吗?言情小说已不大为当今的读者所喜爱。我能将你写的这种在五四运动以后才出现的新文学作品引入我这个专栏,的确是我匠心独运的一招儿啊!'所以我也就毫无办法了。这部作品1933年出版,改名为《家》。"

巴金说完这些话以后,突然沉寂了。他半晌不说一句话,时而摸出手绢去擦拭他的脸颊。

萧珊等待了一阵便侧过脸去看他,但树叶的阴影遮住了他的脸,她看不清楚,只好也默默地等待着。

巴金长吁了一口气,凄然地说:"这作品刚在《时报》上发表了一天,第六章还没寄出,那报告我大哥死讯的电报便来了。也是在4月18日,他服毒自杀……他毅然地切断了自己的生命线。"

巴金在低泣，他停住脚步，靠在一棵街树上。少顷，他努力控制住自己："你不知道，我的大哥是我爱得最多最深的一个人。这个世界上没有了他，纵有千万人，对我也是寂寞。"

他们又慢慢地往前走着，"那天我整整一夜没合眼，仿佛听见大哥在哭诉：'我已尝尽了这个大家庭的倾轧和险恶，你看看我这一身，到处是别人射来的暗箭，在这个环境里我无法抵挡，也无处藏身。'这些话我一生难忘。当然，他作为我小说的主人公，也只是采取了他的性格，那就是'作揖主义'，遭遇并不尽同。大哥死后留下了贫苦无靠的妻子和五个小儿女。我大嫂是瑞珏的原型，但她并不像瑞珏一样死于分娩。小说中的觉新并未自杀，那是因为我无论如何也不忍心让这样一个颖慧善良的人得到如此悲惨的结局。但是，我要揭开大哥周围的黑雾，让这个'家'的罪恶充分显露出来。"

萧珊听着，也禁不住悄悄揩去眼角浸出的泪珠。她为了缓和这种气氛，突然问道："先生，记得您在献给您大哥的《激流》的序言中说过，'这支笔会使你复活起来。'你还说，'看我怎样踏过那一切骸骨前进！'"

"是的，那些很年轻就失去生命的人，有大哥尧枚，二姐尧桢，三姐尧彩，还有小说中的梅、慧、鸣凤、淑贞……痛苦使我分不清是生活中的人物还是小说中的人物，哎，我小说中的人物也就是生活中的人物，他们都已变成了累累白骨……但是这个制造悲剧的'家'已经崩溃了。"

萧珊努力想让谈话轻松一些，她说："先生，听说《激流》读者无穷无尽的来信，让责任编辑很费了些精神。据我所知，您是五四以来中国作家中收到读者来信最多、持续时间也最长的一位。"

"我只是把心交给了读者。"

"读者也把心交给了您。"

萧珊深深感到，在她年轻的生命中，今晚是一个最有价值、最值得纪念的夜晚，她得到了多少智慧和营养。由于过分地投入和忘情，她差点贻误一件大事，她急忙说道："先生，我的同学们想请您到我校作文学讲演，您可得答应啊！"

巴金对萧珊的请求感到非常为难。

萧珊又强调说:"她们一致要求您去。她们说,您是青年人的朋友,您不会拒绝这个要求的。"

"哦……"巴金嗫嚅着。这时的萧珊当然不知道"讲演"是巴金平生最畏惧的一件事。但是,这时巴金不知道怎样才能推掉这差事。

在上海爱国女子中学的讲演厅里,悬挂着的横幅上写着:

"欢迎著名作家巴金莅临我校作文学讲演"。

厅内座无虚席,还有些人挤在窗外把头伸进来。这群女青年的情绪就像这仲夏的季节一样热。萧珊忙碌着,俨然是一个乐队指挥极力要控制住她的乐队。

巴金从来是笔下如潮,口头却木讷寡言,更视讲演为畏途。迫不得已,他拉了作家李健吾和他同赴爱国女子中学的文学讲演会。

萧珊在主持会议:"今天请大作家巴金先生来我校作文学讲演……"

巴金显得十分紧张,他站起来点头致意,引起了一阵又一阵热烈的掌声,全场沸腾了。有的女学生竟按捺不住,拥上台去同巴金握手,将他团团围住。

萧珊着急地大声招呼道:"请大家安静,请大家都回到座位上,请大家维持好秩序。"

经过了一阵骚动之后,会场好不容易才恢复了平静。

萧珊讲道:"巴金先生一直是我们青年的代言人,他写青年,为青年而写。他写了一些现实生活中的悲剧,震撼心灵的悲剧,但是,他告诉我们,'秋天总会过去的','春天是我们的'……"

台下一个穿着鲜艳衣裙的姑娘激动地站起来说:"请让我补充一句,他用真诚、热情、青春的活力赢得了我们,他的心和我们青年人的心是连在一起的……"

另一位姑娘也兴奋地说:"我喜欢他那诗一样的语言!"

又是一阵热烈的骚动。

萧珊连忙大声说:"请巴金先生讲话。"

巴金走到台前,立即又响起雷鸣般的掌声。巴金显得脸红筋胀。他用四川方言说了一句:"我是四川人……"便迟疑着说不下去了。但因为他诚朴的神情深深地感动了人们,听众又报以热烈的掌声。

巴金接着说:"我这个人不会讲话。"他停顿了一下,又说,"我不是作家,我的笔只是倾吐感情的工具……"他显得有些腼腆,又停顿了一下,"我的笔是我的武器……"

听众又激动起来了,拼命地鼓掌。巴金不知所措,行了礼,准备回到座位上。

李健吾站起来走到台前,巴金坐下了。

萧珊忙作介绍:"这是著名作家李健吾先生。"

大家鼓掌欢迎。

李健吾讲道:"请让我重述巴金先生小说中一位主人公的话:'我这人就像雪下的一座火山,热情一旦燃烧起来融化了雪,那时的爆发,连我自己也害怕,一切我都不会顾及了,连生命我也不会顾到,只有工作才能满足我,我甘愿为目前的工作牺牲未来数十年的光阴……'同学们,这就是巴金和他的创作!

"巴金又说:'愿自己有一千个生命为那受苦的人类牺牲。'这就是他的生活态度。

"他还说过:'把我和这个社会联系起来的也正是这个爱字,这是我全性格的根底。'同学们,这就是巴金的性格!"

李健吾的寥寥数语,把人们的情绪再次推向了高潮,整个会场沸腾了,人们激动地站起来长时间地拼命鼓掌。

在萧珊和巴金的多次接触中,萧珊纯真和热烈的感情仍在不断升温。当然,这里面主要是英雄崇拜。她已无法拂去那时时在心头飘浮的影像。那初次萌发的对于异性特有的情愫已浸润着她整个心灵,使她不饮自醉了。但她自己并不曾意识到这一点。而巴金呢?工作几乎占去了他全部的精力和时间。记得在"一·二八"淞沪战争爆发后,巴金的一部书稿《新生》被战火烧毁了,事后巴金仅用了两周的时间便重新写完了《新生》,他认为,敌人能烧毁我们的家园,可永远烧不毁中国人的精神。当时正在南京访友的巴金为了"必要时交出自己的生命",终于想尽一切办法回到了战火中的上海。日寇的觊觎使一切中国人不能不警惕。可以说，国家民族的安危、人民大众的安危占据了巴金整个的感情世界，这个三十二岁的男子还不曾在爱情问题上动过心思呢！萧珊的种种感情流露，巴金只看作是一个小女孩的天真表现罢了。

的确，萧珊还很天真，她才仅仅十九岁呢！

在这段时间里，她常常往学校门房跑，常向守门人询问："请问，有我的信吗？"这一天，连守门人也禁不住善意地打趣她："你今天上午不是刚刚来问过了吗？"萧珊也觉赧颜，扭头离去了。

翌日，在走廊里，同学递给她一封信。这位同学揶揄道："又是你那位作家写来的吗？嘿，作家写的情书，读起来才带劲儿呢！"

萧珊在这位同学的肩上擂了几下，她并不急着拆信，而是小心翼翼地将它装进书包里。

"干吗要把信藏起来？快拆开看看嘛！作家的情书也是可以出版发行让大家阅读的啊。"同学竟伸过手去拉萧珊的书包，嘴里还嚷着，"奇文共欣赏嘛！"

萧珊佯怒，她挣脱了同学的手向校园里跑去。在浓密的树阴中坐下，拿出信翻来覆去端详了一阵才轻轻拆开悄声地读。她把其中的一个段落反复读了几遍："我说过的，孩子的心就像一只羽毛刚刚长成的小鸟……不要把一切的希望都托付给一时的热情冲动，决定一个计划还得靠一副冷静的头脑……"

她赌气似的嘟着嘴念叨着："你为什么总把我看作一个小女孩，又以为我做的决定只是一时的热情。"她叹了口气，"这真让我无可奈何。不过，我不会就此止步的。"

她在食堂里又遇见了交信给她的那位同学，这女孩调皮地盯着萧珊的脸说："看啊，情书读罢，脸上还留着两朵红云。怎么样，你已经决定和他结婚？"

萧珊娇嗔说："看我饶得了你！"她在同学的腋窝做了一个搔痒的动作。等两人笑够了，萧珊才郑重其事地对她的同学说："告诉你吧，他是我的老师，我要做一个像他那样的人，我要像他那样地活着。"

"怎么，你也想当一个作家？"

萧珊显得十分严肃："不，我要当一个战士。他说这是时代的要求，是生活的要求。"真的，在当时的国际环境和社会环境中，战士性格是每一个中国人最需要的东西。萧珊已经从巴金那里听到过多少次这类的谈话了。可是，她这位同学要从萧珊身上捕捉的却是另一样东西。她眼珠滴溜溜地打量着："不论怎样，我总不相信你不爱他。你的眼睛、你的表情早已泄露秘密了。"

萧珊坦诚地说："说真的，我很敬爱他，愿意和他在一起。"不知为什么，她还是掩饰不住自己的羞涩。

和民众的命运联结在一起

如当时人们预料的那样，隆隆的炮声和滚滚的硝烟一起笼罩了中国大地，抗日战争爆发了，紧接着便是"八一三"淞沪抗战。在淞沪战争的翌日，巴金看见了这样一种景象：上海大世界被炸了，人们的脸上身上沾满血迹，横陈街头的有上百具尸体和车辆被炸后的残骸……但人们并没有显出恐惧和悲伤，只有一种冷峻和严肃。他们携手结队前行，自动组成了救护队在抢救伤员，萧珊也在这队伍里。巴金被深深地震动了，但使他震动的不是战争的残酷，而是人民的这种精神。巴金想："个人的生命容易毁灭，群体的生命却能永生……这一次中国人民真正团结成一个整体了。我们把个人的一切完全交出来维护这个'整体'的生存。这个'整体'是一定会生存的。整体的存在，也就是我们个人的存在。我们为着我们民族的生存虽然奋斗到粉身碎骨，我们也决不会死亡。"

上海文艺界也正积极投入抗日活动中，巴金担任了《救亡日报》的编委并出任文艺界救亡协会临时执行委员。这时，还只是一个中学生的萧珊心里有些惶惶，她不知怎样才能实现做一个战士的誓言，她几经思虑，决心到上海文化生活出版社去找巴金先生谈谈。她轻悄悄地走进了巴金的工作室。巴金正在收拾各种文稿和书籍，不曾抬头，萧珊低声唤道："李先生！"

巴金抬头看见了这个女孩，只是"哦"了一声。

萧珊忙致歉意："李先生，您这样忙，请原谅我来打扰您。"

巴金说："现在各个出版社都忙着内迁，我们这个文化生活出版社的业务也要停下来了，工作人员也将陆续撤走……"

萧珊连忙说道："我愿追随先生投入到抗战中去。"

"可是你的学业……"

"何必一定要等到高中毕业？先生，现在人民都在流血，我也很难预料自己明天是否还活着……先生，让我到抗战这个大课堂里去学习吧！以前您不是一直鼓励我做一个战士吗？我想，您不会阻挡我到抗日的烽火中去……"

"但是，我应当告诉你，战士的武器不一定是枪弹。对于战士，生活本身就是不停地战斗。他追求光明，但是并不躺在晴空下享受阳光，却在暗夜里燃起火炬；他不是取得光明而生存，便是带着满身伤痕而死去……"

萧珊神情专注地凝视着巴金。

"战士不知道灰心与绝望，即使是在失败的废墟上，他也要重建九级宝塔……"

"先生，谢谢您！"

"目前由于书店、出版社都准备内迁，作长期抗战的打算，所以《文学》《译文》《中流》《作家》等几个大型刊物都相继停刊了。"

"先生也要立刻离开上海吗？"

"不是的，抗战开始了，怎么能让上海的文艺阵地成了空白？目前我已和沈雁冰先生商量，准备创办一个开创抗战文艺新局面的刊物。"

"那真是太好了。"

"由刚才说的四家刊物联合出版《呐喊》，茅盾、靳以任编辑，我做发行人。这将是作家们在爱国救亡运动中刺向敌人的一把利剑。"

萧珊欢欣雀跃，天真地拍起手来。

《呐喊》刚刚出了两期，便被敌伪势力注意而被迫停刊，遂又更名为《烽火》继续出版。这次由巴金担任编辑。他为组稿、写稿、校稿、印刷竭尽心力。萧珊虽然毕业考试在即，却仍然挤出时间阅读这一刊物，她从巴金的工作中受到了极大的鼓舞。她对巴金说："是你给了我生活的勇气，给了我战斗的力量。"巴金却说是她过分看重他了，她的勇气和力量来自于社会的磨炼。两人在频繁的通信和接触中感情也在不断升温。但是不久上海沦陷了，《烽火》又被迫停刊，他们决定迁往广州复刊。经过巴金、茅盾的多方努力，《烽火》改为旬刊在广州出版了。7月，萧珊也正从爱国女中毕业，这时萧珊毫不犹豫地作出了一个重大的抉择。她对巴金说："先生，您带我走吧，您到哪里便带我到哪里，在这民族危亡的时刻，我一定要投入到战斗中去。前些时，当我和大家一起冒着生命危险抢救受伤同胞时，我才真正感受到了生活的意义和幸福。"萧珊对事业对感情的追求同样热烈而执着。这使巴金无法拒绝她，在经过一些准备之后，他终于答应带她同行，一同奔向炸弹如雨、硝烟蔽日的广州。

在由上海驶向广州的太古号轮船上，萧珊真如开赴沙场的勇士，她无心观赏大海景色，却满怀斗争的激情准备与日寇决一死战。她在甲板上一边来回踱步，一边无声地诵读着一篇文章，这文章的内容使她义愤填膺、热泪盈眶，这是对侵略者一连串怒斥的语句："……自然，你没有看见一个断臂的人把自己的一只鲜血淋漓的胳臂夹着走路；你没有看见一个炸毁了脸孔的人捫着心疯狂地在街上奔跑；你没有看见一个无知的孩子守着他的父母的尸体哭号；你没有看见许多只人手凌乱地横在完好的路上；你没有看见烧焦了的母亲的手腕还紧紧地抱着她的爱儿。哪一个人不曾受过母亲的哺养？哪一个母亲不爱护她的儿女……"萧珊读得涕泪纵横了，她扭过头去，迎着船头扑来的海风静默了半晌，忽然昂起头甩了一下拂在面颊上的短发又继续诵读，这时她朗朗地读出声来："我们素来憎恶战争。但我们绝非甘心任人宰割的民族。当我们的自由与生存受到威胁时，我们是知道怎样起来防卫的，而你们派遣重兵远涉重洋来毁灭文明的都市、和平的乡村，你们是为了什么而作战的呢？"

萧珊激动地自语："对我们来说，这场战争是保卫我们的生存的战争，是文明反对疯狂和野蛮的战争，是保卫我们的文明的战争。"

萧珊又埋头诵读着："是你们的'皇军'亲手普及了中国人民的抗日

教育，培植了中国人民的抗日意识，煽动了中国人民的抗日感情。是你们用飞机、用大炮、用火、用刀，教育了中国人民，使他们明白'抗日'是求生存的第一个步骤，并非中国人生来就有抗日的感情的。"

这时巴金缓步踱到了甲板上，萧珊因为注意力很集中，并未发现巴金。巴金走近她问道："什么好文章，读得这么起劲儿？"

萧珊抬起头来，仍然一脸激动的神情："一篇绝妙的讨伐侵略者的檄文。扣人心弦的爱国激情，令人折服的雄辩力量，如滔滔江河般流畅的文字……我相信，即使是几十年几百年后，它仍然能使被侵略者的民族感情熊熊地燃烧起来……"

巴金笑道："小女孩真善于激动！"

萧珊仍沉浸在文章的感情中："李先生，你听听，写得多好呀！'你们把贵国的命运交付给军阀、政客去作孤注一掷……你们跟着他们躺在悬崖上做征服世界的迷梦，有一天你们也会跟着他们堕入黑暗的深渊，把后世子孙置于万劫不复之境……'"

巴金道："原来是我驳斥日本山川均的那篇文章。这个山川均是日本的一个社会活动家，还曾经被人当成了社会主义者，但日本侵华战争爆发后他便与日本军国主义者沆瀣一气攻讦中国人民的抗日活动。"

"李先生，现在抗日战争刚开始，可我完全相信您所作的预言，有志气有远见的中国人都会相信的。"

"那我也多少感到欣慰了。"

"您说出了一个简单而又深刻的哲理，世界上并无以武力维持万年霸业的民族，然而人类要永久存在下去，人类繁荣的法则是不能违反的，任何民族不能背弃人类而梦想单独的'发展飞跃'。"

显然，在这篇讨伐战争狂人的檄文中，还饱含着巴金对历史、对人类的发展、对未来的深沉的哲理思考。

"可将来还会有人做这样的迷梦。"巴金仿佛在提醒。

"他们还会重蹈毁灭的覆辙！"萧珊斩钉截铁地说。

巴金和萧珊眺望着大海，在他们的胸臆中像大海一样汹涌澎湃着的是救亡图存的爱国激情。

巴金与萧珊

1938年,"中华全国文艺界抗敌协会"在汉口成立,选出了理事四十五人,巴金虽不在汉口,但仍被选为理事,并被推举为桂林分会筹备成员之一。巴金是常驻此会的一位主持人。

太古号轮船经汕头,过香港,然后到达广州。巴金把萧珊也安排在惠新东街文化生活出版社的办事处居住,并让她为这个社做一些义务性的工作。就这样,他们像朋友一样相处,共同为战火中的文化工作竭尽自己的力量。广州自6月以来便经受着日机的残酷轰炸,生活在这里的人随时都有血肉横飞的可能。萧珊和巴金也揭开了他们生死相随、患难与共的新生活的一页。

可是,他们这段感情生活给人们留下来的文字记载又太少太少,以致使研究巴金的人感到无限遗憾和无奈。据女作家李小林在巴金萧珊书信集《家书》的"后记"中说,因为战乱和搬迁,父母亲在1949年以前的信都遗失了。其中也许有一些留下了他们初恋的印痕,可是,巴金在他记述这段生活的通讯文章中也难得提到萧珊,这是为什么呢?有人以为,一向习惯于袒露自己思想感情的巴金从这时开始有了自己的秘密,并以为,这或许是由于巴金太珍视这纯属两人感情的缘故。不过,在这里我却想起了这样一件事:过去巴金和他的两位朋友因为反对另一位朋友因恋爱婚姻问题影响了事业,而被称为"反对恋爱婚姻的三人团"。这当然是一种善意的打趣,其中更多的是夸张的成分。后来他的那两位朋友相继恋爱结婚,再后来萧珊对巴金产生了感情,并一起投入了抗日斗争。巴金这种表现正是他爱情婚姻不能影响事业的一贯主张的真实流露。这也是这位作家在国家民族危亡关头这一特殊时期对爱情的特殊表现。如巴金所说:"要在这有限的余生里做好一些事情。"他又说,死的威胁使人与人之间的关系更加密切,把数十万人的心变成了一颗心,鼓舞他们向着同一个伟大的目标前进。是的,他们这两颗紧贴着的心和千万人的心贴在一起了。他们的两人世界已汇合在千万人苦难的世界里。没有时间和心思容许他们去卿卿我我、花前月下,他们的爱情在志同道合的基石上,已经融入高于一切的对祖国至真、至善、至美的爱情中。巴金在《火》这部著作里以萧珊做模特儿,塑造了冯文淑这个在战火洗礼中的少女形象,他把他的爱情的感受变成了献给人们的精神财富,这就是把工作视为第一生命的巴金的爱情表现。

  但是,我们从他人的文章中却能窥见他俩生活的一个侧影:"在桂林《宇宙风》社,我见到了年轻的萧珊。巴金向我介绍,萧珊是他的女友,也是他的作品的一个读者。她说一口宁波音的普通话,穿着朴素,不趋时髦;一件长旗袍,外罩一件红毛绒衣……巴金当时在编辑《文丛》创刊号(此处有误——本书作者注),忙着发稿、校对、跑印刷所,她也帮着处理一些杂事。"

趁死神还没来临

凄厉的警报声响起来，缓慢的长声不一会儿就变成急骤短促的紧急警报。

日军飞机在广州上空盘旋着，它疯狂地俯冲扫射，当遭到我方高射炮迎击时便拉起来洒下弹雨。这时，在文化生活出版社广州分社的办事处——一座三层楼房楼下的房间里，巴金正端坐在桌前聚精会神地书写着，仿佛不曾听到什么声音。他正在为著名翻译家马宗融的妻子——不久前去世的女作家罗世弥（罗淑）编她的小说集《生人妻》，并写了"后记"。巨大的爆炸声在近处震响，屋宇猛烈地摇动了几下，尘土扑扑地洒落下来。巴金把书稿上的灰尘抖了抖，继续着他的工作。

这时萧珊急急地冲进室内呼道："李先生，您怎么还待在这里？"

巴金神色严肃，语调平和地说："机器没有被毁，它就必须转动。在这种时候我越想多做些事情。趁着死亡还不曾剥夺了我工作的权利，否则以后也许永远不会再有机会……"

"您怎么能这样！出版工作又不是一朝一夕的事。"

巴金没有回答萧珊的话，却亲切地反问说："你怎么也不去防空洞躲一躲？"

萧珊带着几分孩子气地说："李先生，您在哪里，我就在哪里。这项工作我能帮帮您吗？"

"世弥的小说集《生人妻》已经编好了。"

"哦，这太好了。"萧珊拿起桌上的书稿看了看，又转过脸去看巴金，痛惜和哀伤还在他的脸上盘桓。

"我真为马宗融大哥难过，我深知世弥在他的生活里和情感上占着什么样的地位，他们是一对不可分离的生活与工作的伴侣。世弥说：'他像个大孩子，又像是一团火。'没有她在他身边怎么行？"巴金絮语着。

"是啊，妻子匆匆地走了，给他留下一个正待入学的女儿和一个新生的嗷嗷待哺的男孩。这对马先生来说，生活将是多么痛苦和艰难！"萧珊的眼睛润湿了。

"我正在写一篇纪念世弥的短文，记忆和情感的熬煎逼着我写。我不想过多地去写我们民族失去这样一个优秀的女儿，我们文坛失去这样一个有着光辉前途的作家是一个多么大的损失。因为在侵略者的铁蹄下，许多年青有为的生命，许多有着优秀卓绝的文学才能的人已经变成了白骨黑灰。为一个民族的独立和生存，这样的牺牲并不算是昂贵的代价……然而我不能够制止个人的悲痛，我无法补偿个人的损失，这一个友人的死给我留下的空虚，到现在还不曾得到填补……"巴金哽咽了。他把手头的稿子递给萧珊，"你看看吧！"

萧珊拭了拭眼中的泪花，读着："马大哥，当你失去你九年来始终没有分离过的忠贞伴侣时，我不知道怎样安慰你，请允许我将意大利爱国者玛志尼劝慰赫尔岑的话写给你：'勇敢些，你要抑制悲痛，不要叫你的精神破碎。我常常以为我们亲爱的人的死会使我们变成更好的人。你的义务是去做她所喜欢的事，而不去做任何她所反对的事……'现在正是这个时候了。别了，我永不能忘记的友人……"萧珊的眼泪扑簌簌地落到了稿纸上。她强忍着唏嘘转个话题说："记得前年你在上海时曾住在他们家，一面写《春》，一面为他们看家。"

"是的。我们是一见如故的朋友，常在一起谈人谈事，过去、未来，海阔天空、东南西北、宇宙苍蝇，无所不谈。"巴金又悲痛地沉默了。萧珊的目光又回到稿纸上："有一次，我受了一个朋友的嘱托，从日本海军陆战队布岗警戒下的虹口带了一支手枪、一百颗子弹和一包抗日文件到她的家里寄存。她毫不迟疑地收下了我提去的那口箱子，让那些东西在她家里放了一年，到她离开上海去广西时，才让另一个朋友拿去。这些事倘使她活着，她一定不让我说出来……但是如今她和我已经成了两个世界的人……这时候思念割痛我的心……"

萧珊抬起头用抚慰的目光看着巴金："我知道，她是受到朋友们由衷敬佩的，在她温厚的性格里藏蕴着多少勇敢和坚强！诚如您所说的，她有着一身社会革命斗士的铮铮铁骨。"

萧珊走到巴金身边，将一只手温柔地搭在他的肩上，用昂扬的声调、欣慰的情感说："李先生，女作家罗世弥以她的行动告诉我们怎样做一个革命斗士。那么，您今天迎着死神的威胁来编成她的小说集，也算是对亡友的最好的纪念和酬答了。"

"她在精神上留给我的东西太多、太多，我难以回报万一。倘若这匆忙完成的工作，让那在另一个世界里的世弥有不满意之处，我希望她能原谅。"

"她一定会的，李先生。"

"蕴珍，请你稍等一下，让我在文章的结尾再对这位老友说几句告别的话，这事就算做完了。"

萧珊把文稿交回巴金手中，自己坐在他对面静静地端详着他那张严肃忧郁的脸，她看到随着他的手指在稿笺上迅速地移动，眼眶中时时闪烁泪光。这时萧珊真想跑过去轻轻抱住他的肩头，温柔地劝慰他。可是她没有这样做，因为她找不到任何可以安慰他的话。再者，她对他的感情中还始终存在着像对师长般的严肃和敬重，以至后来在他们共同生活的一生中总是尊他为"先生"，"李先生""巴先生"是她对巴金最亲昵的称呼。虽然在家书中有时也称名，平时毕竟不是很多的。此时萧珊思绪联翩，她想起了人们议论巴金的一些话语："他珍视友谊如同生命！"萧珊在心里对自己说，这可真是一点不假！一个如此珍视友情的人，对爱情当然也会非常非常珍惜！她不禁感到一阵甜蜜，脸上掠过一缕笑意。不料这时，一颗也许是哑了一阵的炸弹突然震天动地地爆炸了。萧珊不由得颤抖了一下，随即平静下来，心里却想，只要和他在一起，哪怕是一同灰飞烟灭！她见巴金写完纪念文章，匆匆看了一遍，又把书稿《生人妻》悉心理好，用一张报纸裹起来，放进抽屉里，然后站起来伸了一下腰，让身体舒展一下说："警报解除了，走，我们出去瞧瞧好吗？"

萧珊没回答，仍痴痴地凝望着他，心里寻思：人们说他和"文人相轻"绝缘，是个地地道道的"文人相亲"派，他不是只管自己闭门写作的人，他自己写，也鼓励别人写；自己出书，更花费无数的时间和精力帮助别人出书，这是一种多么难得的品格啊！如今他不是正不顾生命的危险支撑着这个文化生活出版社吗？萧珊再一次被深深地感动了，她甚至暗自欣喜自己的选择。

这时，巴金觉得萧珊的神情有些奇怪，走过来拍拍她的手臂说："这突然的爆炸声把你震坏了吧？"

"才不呢！我早习惯了。"萧珊昂着头说。

空袭后的街头，残破而又悲惨，电杆倾倒，横七竖八。不少房屋已成断壁残垣、瓦砾废墟。被撕裂的人的肢体有的挂在树桠上，有的贴在墙头上，街道上横陈着断臂和被切去半边的头颅。

巴金和萧珊从街头慢慢走过，仿佛是为了记住这一切。但他们的眼睛看见了另一种景象：人们在忙碌着，有的抬着担架或门板在救护伤残的同胞，有的在安顿老弱妇孺，有的在收拾那些惨不忍睹的遗骸，也有人在修补整理被炸坏的房屋。他们惊异地发现，在空屋架里已摆好了献金台。台上，青年男女高唱救亡歌曲，台下献金的队伍络绎不绝呼喊着爱国和抗敌的口号。连衣衫褴褛的乞丐也献出了自己仅有的一点钱。

巴金在低声自语："死亡就像一个随处可以碰到的熟朋友，可是，任何暴行都不能摧垮人民的生活，在血污中人们仍保持着勃勃生机。"

他们走上了沐浴在月光下的珠江长堤。

长堤的两旁满满地排列着各种货摊，夜市仍然十分热闹。连日来的狂轰滥炸和那些尸体狼藉、血肉模糊的场面并没有摧毁人们的神经，他们各自忙碌着自己的工作。萧珊兴奋地说："您看见了么，这是个炸不死的城市！"

"一个人看见'死'太多,他对'死'便不感到惊奇;一个人有'死'的机会太多,他就不怕'死'。他用不着去思索'死',他会把他的全部精力用来对付'生'的事情……'死'的逼近使人更宝贵'生',更宝贵活着所能处理的光阴。人明白自己随时都会死去,他更不肯浪费时间。"

"那还有什么力量能摧毁这样的人民呢?我相信敌机飞到我们国土的任何一个地方,都会遇到这样的人民,都会遇到这样的城市。"

"我想是的。"巴金下意识地附和着。

萧珊忽然感喟地低语:"我仿佛开始懂得了一点……"

"什么?"

"生和死的问题。"

无论时局怎样紧张,巴金和萧珊依旧忙碌着出版社的工作。原在上海出版,以茅盾、靳以为编辑,巴金为发行人的刊物《烽火》经多方努力,于5月在广州复刊,编辑者是巴金,茅盾做发行人。为此,茅盾曾多次由香港赴广州与巴金商讨这一刊物的有关问题。尽管经历了无数次的轰炸,出版社的房间里仍高高堆积着无数的出版物:《烽火》《文丛》……巴金、萧珊以及出版社的一两位工作人员都在忙碌着为书刊打包和粘贴邮寄地址,一个八九岁的小男孩也在非常认真地帮忙。萧珊十分爱怜地对小男孩说:"小弟弟,休息一会儿吧!"

"不,敌人的飞机天天轰炸,从不休息,我怎么能休息!李伯伯说了,我们要在武汉大会战前把这些宣传抗战的书寄到那里,再从那里散发到内地去。"

"是啊,让他们也听到我们这个城市的呐喊……"巴金接着说。

萧珊温柔地摸了摸小男孩的脸蛋,心想,一个这么小的孩子,也有着如此强烈的抗战意识,我们的民族是大有希望的,我们的抗战是一定会胜利的。

巴金也抬起头来非常感动地对小男孩说:"你也成了我们文艺战线上的一个小兵了,谢谢你!"

"伯伯,你谢谢我,我又该谢谢谁呢?"孩子顽皮地盯着巴金。

"身经百炸"的战士

在战争烽烟蔽日,死神的魔爪在他们头顶上狂舞的时候,萧珊一直跟随在巴金身边,无论她多么娇小稚嫩,她却勇敢坚定地和巴金一同承受着战争的苦难,过着颠沛流离、与死神周旋的动荡生活。在武汉大会战的前夕,爱国热情激荡着巴金的胸臆,他不听从友人的规劝,不顾路途的险阻,敌机的追逐扫射轰炸,交通工具的困难、气候的炎热,竟带着"小女孩"萧珊偕同另一位友人一起踏上了奔赴武汉的征程。他要去看望设在武汉的中华全国文艺界抗敌协会的朋友,老舍便常驻此会,主持工作。他还想看望看望那些同仇敌忾、奋起抵御的人民,希望和他们一起投入保卫大武汉这场血与火的壮剧。一路上遇到的是铁路被炸毁又修复,修复后又被炸毁,为了躲避敌机,车辆只好昼伏夜行,走走停停,甚至有时被迫倒回原处,事后再设法前行。千里风尘硝烟,他们日日夜夜一遍又一遍阅读着这本大书——日寇暴行实录。在这个大课堂里,人们学到的东西太丰富了。巴金在晚年的回忆中曾带有歉疚地说对于萧珊的成长他负有很大的责任,事实上,他带着萧珊经受的磨炼和铸造,其教益是无法估量的。

在巴金的散文集《旅途通讯》中真实地记录了这段生活。虽然这些文字中不曾提及他和萧珊的感情,但后来巴金在《关于〈火〉》中曾告诉我们,它"忠实地记录了当时的一些社会情况,也保留了我们爱情生活中的一段经历,没有虚假,没有修饰,也没有诗意,那个时期我们就是那样生活,那样旅行。"

1938年9月,巴金和萧珊又从汉口回到了广州,继续从事他们在文化生活出版社广州分社的工作。然而战火已迅速地逼近了广州,一些印刷厂已开始迁移,出版工作时常阻滞不前。

10月19日的夜晚,巴金站在他居住的四层楼房的露台上,希望多看看他热爱的这个繁荣的生机勃勃的大都市,看看附近那些熟悉的高大的建筑物,然而,因为停电一片漆黑,既难见到亮光,也难听到声音。石板道像一条白带子横在那里,没有脚步踏破静寂。在灰蒙蒙的夜空的背景下,他仿佛看到了哪里是大新公司,哪里是新亚酒店,哪里是新华酒店的礼堂,在新华酒店后面的是爱群酒店的十三层大厦,他感觉到了那两个巨大的金字"爱群"正在闪闪发光……但是,当明天来临时这一切将会怎样?这个城市和她的和平居民的命运将会怎样?巴金自语着:"我关心他们怎样可以安全地度过明天……以及明天的明天。"就在这一天的下午和傍晚就已有警察高叫着"疏散人口",挨家挨户地劝说人们离开市区,可是有没有足够的交通工具将他们送走呢?

他幻想着有一座炸不断的海珠桥和一条血染不红的珠江,他的心里充满留恋,又填塞着让人炸裂的愤慨,如果敌人的铁蹄真的踏进了这座城市,"那么就让我们和敌人一起永远埋葬在黑夜里罢,把明天留给我们的后一代人。"

然而"保卫大广东"的口号还是落了空,10月21日广州就沦陷了。在广州沦陷的前夕,巴金和萧珊被迫离去,他们和弟弟李采臣、沈从文夫人张兆和的弟弟张宗和,以及林憾庐父子等一行十人乘木船离开广州,经梧州、柳州又乘汽车前往桂林,到达桂林后,巴金和萧珊仍像朋友似的住在漓江东岸的一所房子里,这房子是林憾庐先生的寄寓之所。

林憾庐是林语堂之兄,他是一位虔诚的基督徒,也是一位忠诚的爱国者,一个全身心拥护抗战的人。他当时正在办一个刊物,叫《宇宙风》,巴金为它写过散文和旅途杂记,萧珊也以"程慧"的笔名在上面发表了几篇散文。后来他成为巴金著作《火》第三部里的人物原型。巴金是1933年第一次和他见面的，在巴金的印象里，是林憾庐的谦和的微笑把自己向他拉近了。巴金发现，虽然经历了很久的艰苦岁月，这微笑始终没有被消磨掉，他是个乐观的人。巴金曾经记述，有一段时间在上海因为敌伪的魔爪四处伸展，使一些常见的朋友之间也不敢过于信任。当巴金将这事在电话里告诉林憾庐先生时，他听见了林憾庐爽朗的笑声。巴金说："这笑声使我心安了，也使我增加了勇气，净化了灵魂。"现在，他诚挚的微笑仍使住在这里的巴金和萧珊没有一点拘束，就像住在自己的家里。

他们住的是一座小小的木板房，窗棂上糊着纸，院落里长满苔藓。从后门出去是一片青青的菜畦，抬头望去便可看到七星岩，是躲避敌机的"最安全的避难所"，离此不远的月牙山也是一个天然的庇护所。这样的自然环境真使萧珊和巴金感到惬意极了。

尤其使人快慰的是，这以山水著称的桂林因为战争竟成了各地文化人荟萃之地。武汉和广州都沦陷了，他们相继聚集到这里来。正如巴金对萧珊说的，因为战时的动荡，我和友人们倒是无处不相逢呢！巴金在这里与老友王鲁彦、艾芜、丽尼相遇。鲁彦和丽尼都是巴金在闽南那"南国的梦"时代结识的友人。除了憾庐的木板房，这七星岩和月牙山也常常是他和朋友欢聚的地方。

巴金把躲警报戏称为被迫"游山"，这实在是当时生活情况的真实写照。敌机一次接一次的大轰炸，逼得他们一次又一次地钻进七星岩的洞穴或爬上月牙山，于是防空和游玩一举两得，文化人依旧情趣盎然。他们的友人曾在回忆文章中这样记载着："我们随着向导者的火把，在漆黑的岩洞里踽踽地前行……迎面出现一个瑰丽的钟乳，当头漏下一阵阴森森冷风，都会使萧珊发出一声高兴但又惊恐的欢笑。"文章中还提到另一件事——萧珊陪巴金一道去广西大学讲演，众所周知，巴金口头的表达能力和他笔端如行云流水似的文字功夫简直无法比拟，更不要说登台讲演了。他站在讲台上没说到几句话，就"窘得面红耳赤"难以为继。天真稚气的萧珊把这种情形绘声绘色地讲给其他朋友听，"她一面说，一面笑，笑得很天真。我被萧珊逗笑了，巴金也止不住笑"。巴金不仅没因萧珊的打趣而着恼，他甚至也觉得自己的确很可笑，因而"止不住笑"。这一片笑声表现了巴金和萧珊之间精神和感情上的无比和谐。

一个深秋的夜晚，瑟瑟西风夹着雨点淅淅沥沥地敲打着木板房。巴金、萧珊正同散文家缪崇群掌灯夜谈。暖融融的友情使房间里变得暖融融的。在这次离开广州前不久，巴金还收到了这位友人的来信。他俩是在"九一八"事变的前几个月在南京的城贤街一个小楼上第一次见面的。他们没经过第三者的介绍，只是各自说出了自己的名字，因为相互都读过对方的作品，便一下子熟悉了。他们一边等待另一位朋友，一边交谈着，一谈就是一两个小时。他们"不是寒暄，而是肝胆的披沥，心灵的吐露"，当他们握手分别时，已"像是数十年的老友"。后来缪崇群代一位友人编一份文艺刊物，巴金是这刊物的撰稿人。多少年来，他们一直真诚地相交着。

此时，巴金在淡淡的灯光下满怀感情地、仔细地凝视着缪崇群，没有发现他有一点变化，还是那双"包着水的眼睛，微笑的嘴唇，苍白的面颜"，只是略觉胖了些，气色也好了些。巴金不由得露出了欣慰的笑意。

缪崇群也快慰地笑着。

萧珊则是这次到桂林才和他相识的。

"真高兴，看到你精神好多了。"巴金说。

"是啊，我现在能吃能走，可以陪你走很远的路，我甚至可以陪你游遍桂林山水了。"他又望了望萧珊，并对巴金说，"和萧珊虽相识不久，但一看我就知道她是个好心的女孩。"

"她还是个害怕过桥的少女。"巴金接着说。

缪崇群从衣袋里拿出一个纸包，打开来，里面包着的是一块弹片。他递给萧珊说："你看，桂林也同样遭到了日寇的摧残。"

萧珊接过，翻来覆去地看了一阵便摆在了桌上一个显眼的位置。她想象着，这块弹片不知是怎样夺去了同胞的性命，烧毁了美丽的花和树，给山水留下伤疤。她皱着眉愤愤地喘了一口粗气，像是把这块东西永远地留在了自己的记忆里，也把这位送弹片给她的朋友永远放在心中一个尊敬的位置上。接着，她又拿起身边的毛线敏捷地编织起来。

缪崇群望了望那双灵巧的手，很亲切地说："夜晚还忙，该休息休息了。"

"她正为一位友人织件毛背心,秋凉了,这位朋友身体不太好。"巴金说。

缪崇群笑道:"我说得不错,果然是个好心的孩子。"

萧珊笑了,接着说:"我是替您织的背心。常见你咳嗽,深秋季节,要多注意,千万别着凉。"

"你想得真周到。哎,初次相识就这样麻烦你,很不好意思。"

"我早把您当老朋友了,而且是永不相忘的友人。您的散文写得真美!听李先生说,你们相处的时光也是非常美好的。他说您是一位最真诚、最善良的朋友!"

"我这一生,对我私自景仰、私自向往的友人是一直系念着的。想起过去相处的那些日子,我非常感动,眼前这次相逢,更让我无比感动。"

诚如缪崇群所许诺的,在桂林的这段时间他陪巴金他们逛过了不少地方,一有机会他们便聚谈聚谈。后来缪崇群要离开广西,他为了等候便车还搬到巴金的住处,同他们度过了几天快乐的日子。

后来巴金称这段相聚是"漓水边上的美丽的日子",是"连炸弹同大火都不能使它们褪色的光辉的日子"。

迷蒙的细雨时断时续似有似无地飘洒着。巴金和萧珊在街道上漫无目的地游逛。巴金想看看这个久违了的城市。萧珊是初次来感到特别新鲜。忽然,巴金看见了一个熟悉的面孔,他大声地招呼着,两人都快步跑向对方,四只手握在了一起。他们还来不及多寒暄几句,谈谈自己的近况,刺耳的警报就拉响了。巴金赶紧向这位朋友约稿,因为他正准备在桂林复刊《文丛》。朋友慨然应允将身边已经写好的稿子给他。巴金匆忙地说了自己现在的住址,他们便分手了。

当夜幕缓缓降下,城市复归平静时,萧珊向巴金问起了他下午邂逅的那位朋友。巴金说:"他是郭安仁,一个很有才华的人。我已经和他失去联系一年多了,今天能遇上真是件幸运的事。"

萧珊望着巴金那在灯光下泛着红晕的兴奋的脸,仿佛不明白他怎么这么高兴。

巴金说:"也许有些人不太知道郭安仁是谁,他们更熟悉丽尼这个名字。"

"怎么,他就是丽尼?"

巴金有些神秘地说:"你还不知道,他是我的中篇小说《春天里的秋天》中男主人公的原型呢!"

这一下萧珊比巴金更兴奋了,她放下手中的编织物,一下站起来靠近巴金身边追问道:"这是真的吗?那个年轻的英语教师就是他?"萧珊沉思了半响,大概是在回忆巴金那篇小说的情节,她自语道:"我真不明白,他为什么要拒绝一个那么活泼、秀丽,又那么爱他的少女?为什么让她在绝望和寂寞中痛苦死去?看你们今天见到时那副快乐的样子,他可真不像一个心肠冰冷的人。"

"蕴珍,你忘记了,小说和生活中的真实情况是不能画等号的。"

"那么他们的真实的故事是怎样的呢?"

"我是把两个少女的不幸遭遇合在一起了。就在我写完《春天里的秋天》的时候,我听人说郭后来离开福建到武汉美专教书,他和一个女学生相爱了,但这女孩子的未婚夫在国外留学,他又是这学校校长的兄弟,校长当然站出来干涉。这女孩的父亲便把一盘粗绳和一把利刀交给她,逼她自杀,否则她就必须和她爱上的这个人断绝来往。"

"世界上竟有这么残忍的父亲,这真是一出大悲剧!"

"这还不是故事的结尾。"

"那到底是怎样的呢?"

"女孩得到母亲和哥哥的帮助逃了出去,上了长江轮船到南京去投亲靠友。她的男友去船上送行,两人依依惜别,干脆一起到了南京。在那里郭找到了他的一位姓陈的朋友,托他照料自己的女友,孰料这位朋友被他们的故事感动,便留住他们,为他们腾出房间,安排他们结了婚。"

"这样的故事结尾才是人们乐意接受的。"

"故事还远远不到结尾呢。时间不早了,你该回房去睡了。"

萧珊很不情愿谈话在这时停住,但她为了不让她的"李先生"过于疲倦,还是回她自己房中去了。她躺在床上继续想象着故事发展的脉络和各种各样可能的结尾,好像她正在创作一篇小说。由于精神过度亢奋,她几乎整夜失眠,到晨曦微露她才跌入了梦乡。

巴金起得很早,他没去唤醒萧珊,独自到天井里呼吸清新空气,欣赏着远近的景色。他很高兴今天的天气似乎要放晴了。他一杯开水还不曾饮完,便听有人唤他,回头一望正是丽尼,他脚步匆忙地走进来,将一篇散文交给了巴金,说还有几篇等校改后再送过来。他还告诉巴金他翻译了契诃夫的几个剧本,译稿都带来了。他们正谈得高兴,不料警报又响起来,萧珊也已从室内跑出,他们便一同出后门往月牙山跑去。

空袭就是这样一遍接着一遍,就像日常的课程一样,只是破坏的程度有所不同而已。巴金他们在山上庙宇中的高处向城内瞭望,只见连续投下的炸弹掀起一股又一股翻腾的尘土和火焰。丽尼指着城内一块着火的地方说:"看这方向,那个着火处就在我住的旅店附近,我那些文稿恐怕要葬身火海了。"巴金和萧珊望着那肆虐的大火,也为丽尼的文稿担忧,而丽尼越看那着火的位置,越觉心急如焚。警报一解除,丽尼便往山下跑去,巴金也跟着他跑。在半途巴金被弹坑阻住,只好返回,但因一直惦记着丽尼,午后便又往城中去打听和寻找丽尼所住的地方。他远远地看见这里早成了废墟,只是余烬还在冒着浓烟。有几个人在瓦砾堆里费力地挖掘着,希望能找到自己残存的一点东西。丽尼也在人群里,他神情茫然地呆站着。巴金走近问道:"稿子呢?"他苦涩地笑着摇了摇头:"烧光了,全烧光了。"巴金极其痛惜地说:"这怎么办呢?"丽尼说:"烧了也就算了,这些稿子除了你是没人要的。"巴金觉得被当头浇了一盆冷水,絮叨着:"怎么能算了呢……怎么能算了呢?你再写吧,我等着你的稿子。"他心里有一股难以名状的愤怒,他想起了自己那被"一·二八"淞沪战争的战火焚烧了的《新生》的书稿。后来他只用了两周时间又将它重写了出来。然而这时丽尼却说:"现在为生活奔波,这次我是从湖南随机关迁往四川,很快就要动身了。"巴金无奈,只好鼓励他说:"不要紧,你以后写好了寄给我。我们要的。"他紧紧地握了握丽尼的手,像要把一股力量传送给他的友人,随后他又向那废墟瞥了一眼,自语似的说:"我们的文化不会被任何暴力所摧毁,这些闪光的作品也不该被环境所埋没!"

没过几天,丽尼离开了桂林。

巴金回到住处，见萧珊正捧读着丽尼放在那里的一篇散文。萧珊一见巴金进来，便跳起来嚷嚷着："他的散文写得真美，美得让人陶醉！"

"你已经读过了？"

"我读了两遍。您快看吧！"

巴金坐下来，没休息片刻便聚精会神地读起来。这篇散文的标题是《江南的记忆》。他的目光在一个段落上慢慢地划过：

"……我记得，在一次夜行车上，我曾经一手搂着发热的孩子，用另一只手在一个小小的本子上，握着短短的铅笔，兴奋而又惭愧地，借着月光，写下了几个大字：

'江南，美丽的土地，我们的！'……"

他又念诵了一遍："江南，美丽的土地，我们的！"

"他写得多好啊！短短的一句话里包含着多么深、多么丰富的感情！"巴金发出了由衷的赞美！

"在这里没有夸张，没有雕饰，朴素的语句表达了深厚的爱国之情。"巴金觉得这简单的几个字，写尽了多少次在他胸中激荡着的深情。他回忆起被迫离开广州时的心情，不停地在心里说："广州，美丽的土地，我们的！"甚至在他一生中，走过祖国的每一个地方，这句话都会反复地涌现出来。

巴金和萧珊仿佛都醉倒在芬芳的花丛中了。

但是顷刻之间，细心的"小女孩"发现巴金的脸上露出了隐隐约约的忧郁。她不明白这是为什么，便试探着说："你们这次相聚和离别都太匆忙了……"

"我在想，他的作品写得这么优美动人，为什么总是发表不出来？他几次说：'反正没人要……'"

巴金还记得，在1933年年尾到1934年年初，他把丽尼的散文带到北平介绍给靳以，在《文学季刊》里发表了一组，后来又介绍给上海的黄源，在《文学》月刊里发表了另一组，然后在1935年年底在上海出版了他的第一本散文集《黄昏之献》。巴金不仅是《文学丛刊》丛书的主编,还是这本集子的校对人,他说,他这样做是因为他喜欢丽尼的散文。在这之后他还编印了丽尼的两本散文集《鹰之歌》和《白夜》。当他准备着编丽尼的第四本散文集时,却遇到了今天的浩劫……

"评论界认为,丽尼的散文作品是中国文坛散文诗的先驱之一,它们都是由你编发的,您为这位富有才华而又命运多舛、颠沛落魄的作家总算尽了一点力量,您应当感到慰藉。"萧珊在劝慰着她的"李先生"。

巴金默默地点了点头。

丽尼还翻译了屠格涅夫的长篇小说《前夜》和《贵族之家》,校改了陆蠡翻译的小说《罗亭》,凡读过这些译著的人没有不交口称赞的,他是深受读者喜爱的一位作家。

不久,中华全国文艺界抗敌协会桂林分会成立,巴金和夏衍当选为分会理事,接着到达桂林的还有茅盾、田汉、洪深、欧阳予倩、丰子恺、胡风、周立波、邵荃麟、杨朔、骆宾基、端木蕻良、方敬、叶浅予、关山月等人。

这时文化生活出版社桂林办事处虽然尚未正式设立,但巴金还是设法继续出版了《文丛》和他写的《旅途通讯》。巴金在他写的《文丛》的卷头语中说:"这本刊物是在敌机接连的狂炸中编排、制型、印刷的。我压下愤怒的火几次走过灾区。我看见那残破的房屋,看见头发和衣服还粘在地上的带血的人皮……这景象我一生也不会忘记……我在这个城市里经历过最惨痛最艰苦的时刻……"他从广州带着这纸型又在敌机的连续轰炸下辗转到达桂林,这些纸型有幸能完整地保存下来,得以在桂林出版。巴金以此将抗战的呼声传达给全国的读者,也以此作为对侵略暴力的回答。

巴金就是这样地做着出版工作,而萧珊是这个出版社的义务兵,她也同样要经历那"最惨痛最艰苦"的时刻。此外,她还得揪心地担忧着她的不顾性命的"李先生"。曾记得当萧珊和巴金最初结识时,她便虔诚地接受了他的"做一个战士"的要求,并恳切地祈望他带她到最艰苦的地方,他们都实践了自己的诺言。从他俩一同走过的道路来看,这"小女孩"没有机会得到多少温情,而是不断地经受了血与火的洗礼,同时她也做了自己力所能及的工作。事实证明他们所说的"做一个战士"绝不是一句漂亮口号，虽然他们手中的武器不是枪。我们的"小女孩"和她的"李先生"一样，无愧于一个战士的称号。

国境线上的一出戏剧

巴金和萧珊初初转移到桂林时，这里还是一座比较平静的完整美丽的古城，但在敌机的肆虐下，半座城市变成了废墟，无数的生命毁灭，家庭破碎，巴金有许多熟人都在这灾难中永远地消失了。又是一座悲惨荒凉的城市！文化生活出版社的工作也无法继续下去。巴金的愤怒达到了难以抑制的程度，他呼号着："什么时候才是我们复仇的日子呢？什么时候轮到我们的飞机升到天空去将那些刽子手打下来呢？"

他始终坚信这一天会到来的。他们将继续工作，继续战斗。在1939年的春季，巴金和萧珊经金华、温州回到了"孤岛"上海。这里虽在敌人势力的包围之下，但人民群众的抗敌意志并未被消磨掉，文化界仍然通过各种报刊继续发出抗敌救国的呐喊，这里有着巴金战斗的岗位。至于萧珊，现在对她是一个必要的准备阶段，她要充实自己，她打算到昆明投考大学。

巴金到沪后，仍在霞飞路霞飞坊与索非同住，他又挑起了文化生活出版社这副担子，他为艾芜编发了短篇小说集《逃荒》并作了"后记"。他在"后记"中说："在这时候我们需要读自己人写的东西，不仅因为那是用我们自己的语言写成的，而且因为那里面闪耀着我们的灵魂，贯穿着我们的爱憎。不管是一鳞一爪，不管是新与旧，读着这样的文章会使我们永远做一个中国人——一个正直的中国人。"从这篇"后记"里我们也看到一个为祖国的生存殊死战斗的正直中国人的闪光的灵魂。巴金此时还为另两位并不熟悉的青年编了小说集,并为亡友罗淑编辑出版了《地上的一角》和《鱼儿坳》。巴金就是这样,他不仅为一些成就很高的老作家出书,也为一些不知名的初出茅庐的年轻人出书,热心地关注着他们的成长。由于人手很少,他有时还亲自逐字逐句地做校对工作,哪怕是数百页的长稿也不例外。这方面可说是有口皆碑。应当说这是巴金这位大作家非常独特的地方。

在完成了上述的一些工作后,巴金曾因事去香港小住。当时他有行李寄放在一位老友处。这时他同这位老友发生了一场激烈的争论。原因是这位朋友移情别恋,想推开自己的妻子,而他的妻子当初又是他自己挑选的一位很好的姑娘。巴金的批评很尖锐,最后"劝他多想想自己的责任,应该知道怎样控制感情,等等"。巴金说:"我谈得多,我想说服他,没有用!但是他也不是一个玩弄女性的人。"从这件事情上我们看到了巴金对恋爱问题的极其严肃的态度和强烈的责任感。从这里我们也窥见了巴金是用一颗多么赤诚的心对待萧珊的。他是一位值得无比信赖的恋人,也将是一位忠贞不渝的丈夫。后来,他这位朋友在一篇题作《挚友、益友和畏友巴金》的文章中追述这件往事时写了这样一段话:

> 1939年我出国前,我们又在香港相聚了一阵子。那时,我正陷入一场感情的漩涡中。他和杨刚都曾责备过我,我还狡辩。七八年后,我曾两次在文章中表示过自己的忏悔。1980年在病榻上写《终身大事》,也是希望年轻的朋友不要在这样的问题上走入歧途。

巴金对待朋友又是多么深情,多么负责任啊!那么可以想见,这样的人会怎样对待他的祖国,对待他的人民了。

当萧珊与一二女伴同行,前往昆明投考大学路过香港时,这场争执已经过去了。萧珊为她的同伴王蘅文等介绍了巴金并要求巴金请大家一起喝咖啡。巴金满足了她的要求，即使从这些细微的事情上也可以看出萧珊性格的爽朗和巴金的温和，因为巴金不仅忙碌，而且不太善于交际，可他不愿意拂逆萧珊之意，总是尽量让她快乐。

萧珊到达昆明后，巴金的好友、正在西南联大任教的著名作家沈从文便派人将萧珊接去，安排她住在西南联大的宿舍里。经过统一考试后，萧珊在等待录取通知。这期间，萧珊结识了许多爱好文学的朋友，并通过沈从文认识了不少著名作家。

有一次，西南联大演出曹禺的著名剧作《原野》，沈从文特地邀请萧珊前往观看。萧珊认为机会难得，便又约了一位女友同去。她们在校园里遇见了沈从文先生。沈先生不由得谈起了巴金。沈从文诙谐地说："巴金不仅是一位著名作家，他还是一位优秀的采矿师呢！"萧珊不解地"哦"了一声。

沈从文笑着解释说："曹禺的三部杰作《雷雨》《日出》《原野》都是巴金开掘出来的闪闪发光的金子啊！"

萧珊由衷地高兴，并且很直爽地接着说："我也认为他很有眼光，并且绝无私心。"

"这是句公道话。他永远希望每一个人的才能都得到自由的、充分的发展。为此，他会竭尽全力地帮助，这也许是他的爱的哲学的更高层次的表现。"

萧珊因为急着看《原野》，便将话题岔开了。她问道："曹禺先生正在昆明，今晚他一定会到场的吧？"

"不但到场，他今晚还要亲自登台演出呢！这个戏的导演是文学系教授孙毓棠，金子是由凤子扮演的。"

"哎呀，真是名家荟萃，济济一台，我们可真要一饱眼福了。"萧珊欢呼起来。连她的女友在一旁也禁不住啧啧赞叹："能看到这样精彩的演出真是难得。"

"沈先生，谢谢您，给了我们这么一个愉快幸福的夜晚！"萧珊转过脸对沈从文说。

"该谢的可不是我呀！"

这时萧珊看见礼堂门口，一群又一群的青年学生蜂拥而至。她不理会沈从文的话，只说了句"沈先生，您慢慢走"，便拉着她的朋友一溜烟地消失在人群中。

演出结束后，萧珊钻进了后台。她看见曹禺正在卸妆，沈从文站在旁边同他说着话。他们一抬头看见萧珊便连忙招呼她。萧珊走近说："我们真幸运，能欣赏一场名人演出的名剧。曹禺先生，请接受我衷心的感谢和祝贺！"

曹禺笑着说："我看最应当感谢的是巴金。记得我的第一个剧本《雷雨》写出来时，我还是个年轻学生。剧本放在抽屉里，一搁就是两三年不能问世，巴金看过后便决定立即在他们的《文学季刊》上发表。我的文学生涯从此才正式起步。《日出》《原野》也是经过他的努力才得以面世的。"

"他看见朋友的好作品问世，那种欣喜真是让人难以名状。"萧珊也流露着赞美之情。

"这是真的，远比他自己的新作发表更高兴。他那么善于欣赏别人的才华和长处。"曹禺说。

"《雷雨》这部里程碑式的剧作1934年在《文学季刊》上发表后，为我国的戏剧事业揭开了新的一页。由郑振铎、靳以创办，由巴金做编委的这份大型期刊《文学季刊》，也是在中国文学发展中产生过很大影响的刊物。"沈从文说。他还记得，当时他正住在北平，巴金去北平多是住在他家里，那时他们已是很好的朋友。

曹禺则是在1933年经靳以介绍同巴金认识的。他比巴金小六岁。从此两人便结下了终身不渝的友谊。那时巴金一口气读完数百页的《雷雨》原稿，他甚至为这幕人生的大悲剧落了泪。他曾说他当时受到的震动就像读了托尔斯泰的小说《复活》时一样。他赞赏曹禺"有大的才华"。果然，曹禺的《雷雨》《日出》等在国内外演出都引起了轰动。

巴金于1940年11月19日在写给剧作家吴天的信中提到他去江安看曹禺，和曹禺在那里度过了六天安静的日子，他们每夜在那间楼房里隔着一张写字台对面坐着，望着一盏清油灯摇曳的微光，往往一谈就谈到九十点钟。在这封信中他又对《雷雨》禁不住发出了衷心的赞美之词，他说，"《雷雨》这部感动了千万善良心灵的戏，如今差不多成了和'克腊西克'一样的东西，甚至在远僻的市镇里我们也会遇到他的读者和观众用赞叹的声音提起它。可是六年前在北平三座门大街十四号南屋中客厅旁那间用蓝纸糊壁的阴暗小房里，我翻动那剧本的数百页原稿时，还少有人知道这杰作的产生。我是被它深深感动了的第一个读者"。他说，为它"落泪之后我却感到一阵舒畅，而且我还感到一种渴望、一种力量在身内产生了，我想做一件事情，一件帮助人的事情，我想找个机会不自私地献出我的精力"。在这里我们看到一部伟大的作品在另一位伟大作家身上激发出的崇高的情操和道德激情，这是一种多么感人的景象！在信中他还提到过去《雷雨》在东京上演时他欣喜雀跃的心情，他说："我知道一本好的作品已经渐渐地被人认识了，我知道我自己喜欢的东西也被别人喜欢了。我当时的快乐正像我在那陌生的国土里忽然遇到一个谈得来的熟朋友似的。""我接连看了三天戏，我没有感到些微的疲倦。"并且由于《雷雨》，使巴金和这群上演《雷雨》的人成了好友。后来巴金还一再向曹禺提出要他把他"心灵中的宝贝统统掏出来"。半个多世纪以后，当巴金和曹禺都步入垂暮之年，曹禺在他的书信中曾这样赞叹巴金："他是个巨人，他的创作力是无法遏止的。八十九岁的老人，辛苦了一生，奋斗了一生，与邪恶、腐败、残酷的世界战斗了一生，这是何等的魄力！他不是'志在千里'的老骥，他是在烈火中奔腾的战马！啊，八十九岁的老作家、老战士！"最后曹禺还以感激的口气写道："我真幸运，在我的一生中与许多这样的大人物认识、交往，有的和他成为好朋友，这是难得的机遇。"曹禺给了老友巴金多么真诚而又中肯的评价！

而现在，他们的生活还刚刚翻开前面的几个篇章。

萧珊被录取到中山大学外文系，但不久她便转学到西南联大。倏然间，她已和巴金分别整整一年了。在这段阔别的日子里，巴金在上海霞飞坊的三楼上以全副精力投入了《激流三部曲》之三《秋》的创作。

巴金说过："两年前在广州的轰炸中，我和几个朋友蹲在四层洋房的骑楼下，听见炸弹的爆炸，听见机关枪的扫射，听见飞机的俯冲。在等死的时候还想到几件未了的事,我感到遗憾。《秋》的写作便是这些事情中的一件。"现在他有机会安下心来写了,从1939年10月开始,一直写到1940年5月。看来真是痛快淋漓,但作者说:"《秋》的写作也不是愉快的事。"在《秋》中,高家已到了秋天,已到了树叶飘零的时节;以巴金大哥为模特儿的觉新的生命也到了秋天,到了飘落的时候了。而且现在来写他们,他得让那些已经死去的人活起来,和他们一起欢笑、哭泣,一起忍受折磨,然后再将他们送进坟墓中去。这种痛苦是可以想象的,"就像用刀子割自己的心"。巴金每夜写到三四点钟,然后"带着满眼鬼魂似的影子"上床,甚至在床上也不能闭眼,他不得不像海涅一样反复地吟咏着:

　　我不能再闭上我的眼睛,
　　我只有让我的热泪畅流。

　　试想这怎么能不像他对朋友说的那样:"我昨晚写《秋》写哭了……这本书把我苦够了,我至少会因此少活一两岁。"

　　众所周知,巴金的大哥是服毒自杀的,但现在巴金感到,他最初设计的以觉新自杀、觉民被捕结尾是一个"不能忍受的结局",他自己不能忍受这个结局,也不愿让读者受这个灰暗结局的折磨。为什么会有这样的改变呢?巴金说是由于友情的温暖和鼓舞,"正是友情洗去了这本小说的阴郁的颜色"。他提到了四个人,其中一位便是萧珊。萧珊恐怕是给巴金的心灵带去最多暖色和亮色的一人。

　　巴金讷于言语,却是一个"笔若悬河"的人,他一鼓作气写下来的《秋》竟然长达四十万字,是他的长篇小说中最长的一部。这部书不曾在报刊上发表过一章一节,而是得到开明书店几位老编辑夏丏尊等人的特许,边写边排,4月便由开明书店出版了。这书的内容与抗日无关,但它引起的热潮和对于青年人的抗日情绪的鼓舞却是出人意料的。这工作完成后,他想起了他年轻的"女友"萧珊。而萧珊呢?她自然不像一位三十多岁的成熟男子那样冷静,她除了埋头于繁忙的课程外,往往是借着写日记，自己向自己尽情地倾吐她对巴金的思念和挚爱。当她收到巴金即将到昆明的信件后，竟然像小孩子似的让莹莹的泪珠洒满信笺。接着她又掐着指头计算巴金的途程和抵达日期。晚上，这个向来一挨枕头便被睡神拥抱的姑娘居然失眠了，可她拼命控制着自己，不在床上辗转反侧，以免给同室的姑娘留下笑柄。她想起了巴金在《春天里的秋天》里的一段话："爱情这个东西真古怪。说它像一个游戏倒可以，不过这游戏不是要人玩它，却是它玩人。它玩得高兴时给人一点酒，否则给人一些眼泪。"萧珊想着想着含泪地笑了。

1940年7月，巴金带上他的新作《秋》，由上海乘怡生轮经海防再至河内乘滇越路火车去昆明。沿途旅人相当拥挤，大概是由于战局的影响，人们想趁日军占领海防之前到达昆明。途中还算顺利，但在云南入境处遇上了麻烦。一位为首的官员——后来巴金知道了他姓杨——检查巴金的护照，他的护照上写的是李尧棠，四川省成都市人，三十六岁，书店职员。一位伟大的作家，一位为进步的出版事业正做着巨大贡献的人，他对自己身份的介绍就是这么简单。这杨某人问道："请问你在哪家书店做事？"

"开明书店。"

"我们要看看身份证明。"

巴金十分为难地说："很对不起，我忘记带了。"

"那么请发电报给昆明开明书店，要他们复电证明。"

"我的行期……"

"没有别的办法，这是手续。"

巴金蒙了。眼看着旅客们都纷纷通过关卡进入云南边境了，只有在途中相熟了的两人还站在一边替他着急。巴金紧张得满头大汗，焦急地在行囊中翻来翻去，希望能有一样可以解决眼前困境的东西。忽然，他找到一封信，这是上海开明书店请他转交给昆明开明书店的。巴金急忙把信交给这位官员："请您看一下，这封信能不能证明？"这位杨某翻阅信件，见上面写着这样的话语："请你店转账，付给巴金先生稿费四百元。"杨某和另外两位检查人员将信将疑地打量着巴金。巴金又急忙从行囊中取出刚由开明书店出版的精装本小说《秋》，这是他带来准备送给萧珊的。

杨某忙接过《秋》，看到了书上刊印着的巴金的照片和巴金的亲笔题字，惊喜地同旁边的同事低语了几句，他转过身毕恭毕敬地对巴金说："原来您是大作家巴金，实在对不起，失礼了。请您放心，我们立即妥善解决，决不会误了您的行期！"

这时，同行的旅客已经走完了，杨某忽然热情地邀请巴金赏光到华侨酒家晚餐，以表示他们的歉意，并邀请了巴金的两位旅伴作陪。这三位海关人员便不容分说地簇拥着巴金和他途中结识的两位旅伴一同到了华侨酒家。

在席桌上，大家频频向巴金敬酒，那股爱戴之情使巴金不知如何应对。这个说："我从中学时代就喜欢读先生的小说，您的作品大部分我都读过了，我们非常喜欢和同情其中的年轻人，也特别喜欢您那优美的文笔。"另一个说："您的作品是教师给我们介绍的课外文学读物。"又一个抢着说："我特别喜欢您的《爱情三部曲》和《家》《春》……"

这时巴金才接过话头说："《家》《春》再连同这本《秋》统称《激流三部曲》。很遗憾，由于途中不便，不曾多带几本《秋》来赠送各位。"

杨某说："不要紧，一有发行我们会立即买来看的。先生，您一定想象不到，我们这些年轻人是多么景仰您！"

"真不敢当，谢谢。"巴金连连说着。

另一个却插嘴说："老杨，你说错了。喜欢巴金先生作品，景仰巴金先生人品的，绝不仅仅是我们这代年轻人。我们的父母辈谁不喜欢？我那个还在上小学的女儿也在和我抢着读先生的作品呢！"他转过身对巴金说，"先生，我敢说，您的作品抓住了我们三代人的心了！"

另一位接着说："不错，不错，据我所知，三代人争读巴金作品的家庭多着呢！"

话谈到这个时候，巴金那两位同行的旅伴总算找到了一个插嘴的机会。他们说："李先生，我们一路同行，这么多天，可只知道您是开明书店的一位职员啊！"

巴金只是淡然一笑，还多少显得有些腼腆。

最后杨某说："先生的通行手续马上就送到。"

由于疏忽引起的这场"边境受阻"的风波就这样戏剧性地解决了。

由这个小小的事例也可以看到，巴金的作品在读者中所引起的空前的热潮。他的名字一直是青年人热烈谈论的对象，他们为他着迷。他的作品使年轻人爱不释手、废寝忘食，真可说是无处不读巴金。特别是他的《激流三部曲》中所塑造的典型如觉慧、觉民、觉新、梅、慧、淑英、瑞珏、鸣凤，被人们随时引用来对照自己生活中的人物，他们从这些人物身上看到了自己的命运，他们深深感到，巴金所描写的正是自己亲身感受到的，是巴金喊出了他们的心声。他们也从巴金的作品中吸取了反对封建势力、反对封建家庭、反对封建社会制度的勇气和力量。他无形中成了青年人的导师。的确，"巴金激动了万千读者的心"。如评论家所说，虽然鲁迅的《呐喊》和茅盾的《子夜》被称为文坛重镇，但就其最广泛地为读者所接受这一点来看，巴金可说是独步文坛的。有人评论说："只要反帝反封建的任务一天没有完结，这三部作品就始终有它们重要的价值。"这一评价是中肯的，是很有见地的。话又说回来，即使这一任务早已完成，这些作品的历史价值也是不能抹煞的。

发生在我国边城的这个小小插曲，正好说明巴金在文坛的巨大影响。

巴金乘车离开了那座在一片原始森林中的小城，在进入中国境内时，他轻松地舒了一口气，仿佛要将在孤岛上海郁积下来的郁闷统统吐尽。在他脑际萦回着的仍然是海涅的爱国名诗："祖国永不会灭亡。"

火车刚进昆明站，巴金远远地便看见了那个活泼的姑娘迎着火车走来，向车窗的每个窗口张望、寻觅，接着又跟随慢慢减速的火车往回跑，她频频地向久别的恋人招手，挥舞手绢。在她身旁还有一个女孩，也不由自主地跟着萧珊来去，车一停下，她们便像一阵风似的扑进了车厢里。

她们把巴金安排在事先预订好的旅馆里以后，萧珊的女友向萧珊挤了挤眼睛，同巴金道别一声，便知趣地离去了。

萧珊端详着巴金的脸，发现他黧黑了，消瘦了，忍不住对她尊敬的先生亲切地下起命令来，她叮咛巴金一定要好好休息几天，"决不许"一来就忙工作。她一边麻利地安置行李，一边打开了话匣子滔滔不绝地说着。

她逐一介绍了和她同住一个寝室、彼此非常要好的女同学"小树叶"和杨苡。她说"小树叶"本名王树藏，杨苡是翻译家杨宪益的妹妹，名叫杨静如，笔名杨苡。其实巴金对这两人都不陌生，不过，萧珊可能一直不知道巴金在香港和"小树叶"的丈夫、他的老友之间的那场争论。在当时的三位女同学中，萧珊年龄最小，所以朋友叫她"小三子"。

巴金在旅馆中只住了几天，昆明开明书店的经理卢芷芬为了给他安排一个比较好的写作环境，便建议他搬到书店租来作栈房的一所房屋里去住。巴金说这"是一间玻璃屋子，坐落在一所花园内，屋子相当宽敞，半间堆满了书；房中还有写字桌和其他家具"。卢芷芬夫妇也住在这座园子的另一所屋子里，各方面很照料巴金。

巴金在上海时已经写出了《火》的第一章，来昆明时便随身带来了，这次一住进这园子便开始了他的安静的写作生活。对巴金来说，这是抗战以来极其难得的一段安适的生活。

巴金曾这样描写这个园子："现在园子里非常静。那棵不知名的五瓣的白色小花仍然寂寞地开着。阳光照在松枝和盆中的花树上，给那些绿叶涂上金黄色。天是晴朗的，我不用抬起眼睛就知道头上晴空万里。"这里"间或有两只拖着绒球似的大尾巴的小松鼠在松树枝和藤萝架上追逐嬉戏；有青灰色的白头小鸟在桂树枝上昂起头得意地唱歌；有时则有一对麻雀在叽叽喳喳地相互讲话……然后，它们又都消失了"，把一个静寂的园子留给巴金。这原是一个多么闲适惬意的所在，但是后来仍免不了空袭的惊扰。

在这里很少有熟人来拜访巴金，常客只有萧珊。她偶尔带一两位同学来。有一次她带来了最要好的同学杨苡和"小树叶"。她们是一起来看望卢芷芬夫妇的。萧珊她们都穿着长旗袍，外罩一件短短的绒线马甲。这是那个时代女大学生最流行的服装。这种装束颇能显示年轻知识女性的风韵。他们一起在这个大花园里游逛、谈笑，大家毫无拘束，非常融洽，丝毫不感觉有什么主客之分。

巴金、萧珊和他们的朋友们，如果遇上空袭警报，便一起向野外跑，因为昆明没有防空洞，当然只好"游山玩水"了。有时不得不在郊外度过一日或半日时光，他们除了海阔天空地"神聊"以外，各人总记着带一本书。另外还有一种享受，便是去光顾武成路上的牛肉铺。早晨和晚间便是巴金写作的时间。

他首先写了两篇散文《静寂的园子》和《大黄狗》，接着便继续创作《火》的第一部。他很快便进入了写作状态，黎明即起，聚精会神地伏案挥毫，进度非常迅速，以至把早餐的时间一延再延。一个星期日的上午，萧珊来到了园子里，她听不见一点声息，便蹑手蹑脚地走进了玻璃屋子，伫立了片刻，注视着巴金，可他一点也没察觉。她怕惊扰了先生，便先在墙边轻轻地敲了两下，然后唤道："李先生，您总是这样写呀，写呀，难道您永远也不知道疲倦？"

"小女孩，你知道么，我要趁现在日军还不曾占领海防，敌机还不能常来昆明骚扰，把一部搁在我心里很久了的未完成的长篇写完。"

萧珊翻弄了一下桌上的书稿："您想尽快地写完《火》，这我知道，可也不能不顾健康啊！"

"这几天总有许多人的音容笑貌在我脑中浮现出来，他们就是我的模特儿，我得赶紧把他们写下来。"巴金抬起头笑眯眯地觑着萧珊，"告诉你一个秘密，你听不听？"

"秘密？从来没听说过李先生也有秘密，我要听，我要听。"

巴金低声说："这部作品的主人公冯文淑大致是以你为原型的，特别是这第一部。"

"从您前面发表过的几章来看，冯文淑的经历有和我相似之处。"

"那你就快让我好好地写下去！"

"不行，我不能让您这样辛苦，人总得有一点喘息的时间吧？您别着急，等暑假一到，我就来帮您抄写。这会儿我要陪您到园子里散散步。这么清幽美丽的一个园子，您对它置之不理未免太辜负它了。"她挽起巴金的手臂便朝园子里走去，正在枝头啁啾的小鸟听到脚步声便扑棱棱飞去了。

"你看，它们不愿意和我们分享这园子！"巴金说。

"大概是害怕您把它们写进您的作品中去。"

"那么你怕不怕呢？我现在还要以你的生活和性格发展的逻辑为线索写出一些故事来。"

"那么您先把这些故事讲给我听听！"

巴金一本正经地："那怎么行？"

"我真想听，您一定要讲，一定要讲。"

"我想——如果不是因为你和我的关系，你大概已随着战地服务团到前线去了，是不是？"

"很有可能。"

"但是你更有可能到延安去。"

萧珊亲昵地拉着巴金坐在藤萝架下："李先生，您真是太了解我啦。"

巴金一副很严肃的样子："我还能不了解自己的未婚妻？"

萧珊咯咯地笑起来。她那双明亮的大眼睛一转，突然问道："您写的冯文淑不是有一个叫朱……朱什么的好朋友吗？她又是以谁为模特儿呢？"

"你是说朱素贞？那是后面的事，我脑子里还只有一个粗线条的轮廓，很难说她主要以谁为原型。在这个人物身上，有你的几位好朋友的影子，她们的诚实、善良、纯洁、朴素等等特点常在我脑子里映现……蕴珍，有一点我可以肯定地告诉你，我这部作品里写的都是普通人，都是一些小人物，没有英雄，但其中许多人都是爱国者。"

黄昏时分，巴金送萧珊回到了学校。他在回园子去的路上，脑子里还在回想着白天和萧珊关于《火》的谈话。他感觉这次交谈仿佛帮助他打开了思路，他的思考更深入了一些，直至他躺在床上，还沉浸在一种创作的亢奋中。他不仅构思第一部的人物和情节，甚至考虑到了第二部、第三部中的主要人物、性格和故事发展的脉络。在第三部里，他把一个叫做田惠世的基督徒作为主人公，原型便是林憾庐。他原想写一个信仰宗教者和一个非宗教者思想感情的交流，想驳倒这个友人的说教。但是后来在作品中，巴金的人道主义思想和这个宗教徒的人道主义合流了。巴金以后在关于这部书的一篇文章中说："我的旧作中，人道主义和爱国主义差不多占同样的地位。在这一点上萧珊也有些像我。所以小说里年轻姑娘冯文淑和老基督徒田惠世做了朋友。"巴金还说："我在任何时候都是一个爱国者……我仍然是一个中国人，我的血管里有的也是中国人的血。有时候我不免要站在中国人的立场上看事情，发议论。"这段话其实就是三部

《火》的简要说明。巴金有一颗强烈的爱祖国、爱人民的心，他说他"过去所有的作品里都有从这颗心滴出来的血"，"这颗心就是打开我全部作品的钥匙"。

巴金自认为《火》不是一部成功的作品。它"是为了唤起读者抗战的热情而写的"，"是为了倾吐我的爱憎而写的"。

巴金在昆明用了不到两个月的时间就把《火》的第一部完成了。当年10月下旬巴金离开昆明去重庆时，日本的飞机正从越南起飞，来对昆明狂轰滥炸。巴金行前在和开明书店卢先生谈笑时曾说："我们都是'身经百炸'的人了。"仅仅是"身经百炸"这四个字，就让我们清楚地看到，我们民族的苦难在一个文化人身上已经得到充分的体现了。《火》第一部在当年12月即出版发行。

巴金到重庆后与友人田一文一同住在互生书店的一间房屋里。由于田一文曾参加过"第五战区文化工作团"，巴金从他那里了解到一些战地的情况，作为故事的背景。于是在1941年的3月他便开始写《火》的第二部，仅仅用了两个月的时间便完成了。由于巴金对所写的生活不十分熟悉，他一直说这部作品"是失败的"。但是它所宣泄出来的抗日救国的感情却是非常真实感人的，不论怎么说，这也是一个爱国者对抗日所做的贡献。这也是当时的现实生活所需要的。

1940年12月，有两件事情是使巴金十分快活的。一件是12月7日，中华全国文艺界抗敌协会举行了一次欢迎来渝作家的茶会。巴金出席了这次会议，见到了茅盾、冰心、老舍、郭沫若、田汉、艾青等七十多位作家，而且得以和老友靳以、马宗融欢聚。在这次茶会上，巴金还第一次见到了周恩来同志。巴金感到他那紧紧的握手和亲切的笑容驱散了雾都重庆的寒气。12月中旬，巴金又由重庆去江安与老友曹禺见面，当时曹禺正在江安的戏剧专科学校执教。他们同住了一周左右，巴金为曹禺的剧作《蜕变》写了后记，也把新出版的《火》的第一部赠给了老友。

当巴金不止一次地认为《火》不能使读者满意，也不能使自己满意而常感歉然的时候，他胸中又一次新的创作冲动，开始孕育另一部伟大的作品了。这是在他返回故里的时候产生的。

写小人小事

  1941年1月的一个黄昏，在成都的一条街道上，两旁是倾圮的危楼和艰难支撑着的夹壁房，中间夹着一条凸凹不平的石板道，道上行人寥寥，凄惶无语地垂头走着。远处传来哀婉的川剧琴声伴着时断时续的唱腔，更增加了凄凉的气氛。昏暗的街灯亮了，照出一个人影远远地寂寞地移动着……身影渐渐清晰，这个人穿着棉布长袍，戴着玳瑁边圆眼镜，手上拿着一把伞，走着，走着……

  在另一条街道上，黑漆大门的公馆排列两旁。那个拿着伞的人影渐渐走近了，他的目光在一旁的大门上逡巡。街灯的微弱的光照在了他的脸上，他就是三十七岁的巴金，他的脸上露出了梦一般的回忆的神色。哦，十八年了，我的阔别了十八年的故居啊，你的面貌变了，又仿佛一点也没有变。你在我眼里仍然十分亲切，我认识你，就像认识我自己。十八年来你已经几易其主，记得你曾叫"怡庐"，现在又叫做"黎阁"，名字的变化不过借以确定新主人的所有权罢了。可你还是那副旧貌，"长宜子孙"四个篆体大字仍然嵌在照壁上……你曾经给我留下多少童年和青年时期的让人忆念又让人痛苦的旧梦啊！

  巴金凄然地离开了这座古老的建筑向前走了几步，忽又伫立回首，他看见门内亮起了灯光。这灯光使他忽然想起了欧洲的一个古老的传说：

1941年，巴金回成都与九妹以及大哥的儿女们合影

在哈立希岛上，有位深情的姐姐，名叫爱尔克，她窗前永远亮着灯光。她用这灯光给她航海的兄弟照路。这灯光夜夜亮着，她等待，一直到死，却未曾等到自己的弟弟。巴金望着这灯光，眼眶里忽然溢满了泪水。我怎能忘记，我也有这样一位深情的姐姐。记得那正是暮春季节，在老家的花园里，大哥尧枚陪着新婚不久的三姐尧彩来看我。大哥告诉我，我的三姐是因为我要离开家才悄悄地赶回来和我见上一面。三姐满怀伤感和离绪，泪花在她的眼里打转，她哽咽着说："四弟，你这一去，不知什么时候才能回来！"我当时自信又乐观地对她说："三姐，我一定会回来看你的，到那时我在外面的大世界里已经看到了很多新鲜事儿，我要一一讲给你听。那时你会瞪大眼睛听我讲，你一定觉得很有趣！"三姐破涕为笑："真的吗？四弟，我等着你。""可是，你婚后不到一年半便寂寞地死去了，你没有等到你的弟弟。"三十七岁的巴金痴痴地站立在老家的门前凄楚地

自语,"三姐,请原谅小弟的失信。"这次巴金连他三姐的坟墓也不曾找到,只是他在写《春》里面的蕙表妹时,借用了他三姐的许多经历,她也可说是蕙的原型,这也算是对三姐唯一的纪念了。

巴金这次回来看到的是:"死了许多人,毁了许多家。许多可爱的生命葬入黄土。接着又有许多新的人继续扮演不必要的悲剧。……我去的时候是这样,回来时看见的还是一样的情形。……难道这十八年全是白费?难道在这许多年中间所改变的就只是装束和名词?"

巴金在这个他永远不能忘记的城市里度过了五十个日夜。他还见到了他的祖父留下的遗嘱,要他的后人保留好这份家业,但是他的子孙用行动给他的回答是一个让他在地下彻底绝望的回答:财富并不"长宜子孙"。不劳而获只能"毁灭崇高的理想和善良的气质"。这个"家",不是我应该来的地方。巴金思索着。

巴金在成都还特意去看了罗淑的墓。矮树编成的篱笆围着一个长方形的墓,还立有石碑。巴金曾陪马宗融来过,并建议他在这里栽一些名花,摆放上石桌石凳,有时朋友们来这里聚一聚就像逝者仍在他们中间似的。这次巴金从成都回重庆后又将罗淑的一些零星遗稿加以整理,编成她的第三个集子《鱼儿坳》。

在这一年7月学校暑假期间,巴金再次前往昆明看望未婚妻萧珊。这时她与几个同学已经搬出西南联大宿舍,在一个叫做"先生坡"的地方赁屋而居。这是一座一排三间的三层小楼,中间是客厅,两边是住房。他们搬出的原因是联大宿舍太拥挤,几十人住一间屋子只有几盏菜油灯,图书馆的座位也不够。巴金来的时候,刚好萧珊有几位同学相约到昆明附近的路南石林等地去游览,萧珊特意留下来等巴金,希望与他同去。未料巴金一到昆明就发烧,头昏,无力,只好躺下来一连睡了几天。碰巧又遇到两次紧急警报,巴金无法跑出来。萧珊便坚持留下来陪他,表现了一个女孩子无限的温柔体贴。巴金对这里的环境很满意,他一早起来便对着窗外的平台一任思想在过去未来中自由驰骋,他说:"我的思想已经习惯了东奔西跑,横冲直撞,它时而进入回忆,重温旧梦,时而向幻想叩门,闯了进去。"因为雨季来临,出门不便,巴金全力投入散文的写作。他说他有的是激情,有的是爱憎,写作就像扭开了水龙头,水管里畅快地流出水来。他每天早晨埋头于一张小书桌上总要写满两三页稿纸。

萧珊的几位同学从石林回来了,杨苡也从乡下返回,生活一下热闹起来。杨苡和巴金的交往也许远早于萧珊和杨苡成为同学和朋友。杨苡说:"'一二·九'后,我们向往走觉慧的道路,都暗自写信给我们'敬爱的先生',倾吐心中的一切。"这里说的"我们"是指她在天津中西女中时的同学好友嘉蓁(原名林宁)。巴金对杨苡在生活道路和学习、事业等方面都给予过热情的帮助,而且一直和她保持着通信联系。在巴金1939年8月12日给杨苡的信中曾这样说:"知道你和蕴珍很熟,我很高兴,我早就希望你们能成为好朋友,现在知道了这情形更放心了。"对巴金的到来,杨苡非常兴奋,当然更为好友萧珊高兴。她曾对这时的萧珊有这样一段生动的描写:"你穿着矮领子的花布旗袍,梳两根短辫,一双美丽动人的大眼睛,清澈纯真,还有你那常被我们赞美的酒窝嵌在散发着青春光彩的脸庞上……那是你的黄金时代,学业、友谊、爱情都在丰收。"

萧珊不仅学业成绩好,还挤出时间阅读了大量的中外文学名著,与一批爱好文学艺术的同学组织了一个"冬青文艺社"。几乎每晚都有同学夹着书本到"先生坡"来。据杨苡的回忆,"汪曾祺、巫宁坤、杜运燮都是常来文艺社的好友"。萧珊性格活跃,喜欢发议论,还常常写诗,此外她还学会了烹饪、缝纫、编织,总之,对一切事物都要细心研究,兴味盎然,表现了对生活充沛的热情。

一群年轻人在一起,常常互相打趣,互相起外号。他们叫刘北汜为"礼拜四",称杜运燮为"都都",呼施载宣为"小弟",这只是因为他曾演过《阿Q正传》中的小D,后来他便干脆以"萧荻"为笔名。人们叫陈蕴珍"小三子"。由"小三子"而"萧珊子",而"萧珊",这便是萧珊这一笔名的由来。后来人们常常是不称"蕴珍",而直接呼"萧珊"了。

就在萧珊的男、女同学返回"先生坡"的第二天,便有一场热闹的聚会,这是杨苡发起的。她对大家说:"同学们,巴金先生来了,老忙着写作,太冷落我们了,我提议,请他来谈谈他的创作计划和结婚计划。"

"我来补充一下,还要请他谈谈创作心得和恋爱心得。"一个男同学大声地说，接着大家都齐声附和。

杨苡走过去拉萧珊："就由你去请，请不来可不行。"

萧珊大大方方，毫不推辞。她笑嘻嘻地走到巴金的居室，一本正经地向巴金鞠了一个躬，叙述了同学们的要求。巴金倒有些迟疑了。萧珊不容分说便挽着他走出来，一群年轻人早已聚集在客厅里，见巴金走进来，一下子便把他团团围住了。

巴金不知所以地说："同学们，让我说什么呢？"

"小树叶"说："请您谈谈创作计划好吗？"

"不行，不行，创作和结婚两个计划都要谈。"杨苡说。

"我先谈谈创作计划吧，其实很难说有什么计划。我想写一些随笔和杂感……又想写一个长篇，还没确定……"巴金的口头表达不像笔头那么流畅。

杨苡又说："您的长篇是不是写您和萧珊的玫瑰色的幸福故事？"

"我和萧珊的幸福故事就留待今后的生活慢慢去写吧。这次我打算写别的。我还要做一次人类苦难的歌手。今年1月，我到成都去了一次，去看看那个已经崩溃了的'家'。它再次激起了我的创作冲动……这也许是最后一次了。"

"巴金先生，您是不是说还要以您的大家庭的故事来写一个长篇？"杨苡问。

"看来，我现在就得预先向你们透露我职业上的秘密了。"

"小树叶"说："能预知您的秘密，我们很荣幸。"

巴金从容地叙述着："这次回到成都，这是我离开了十八年后第一次回去。这个城市成了寄生虫和吸血鬼的安乐窝。他们有的还囤积居奇，做黄、白、黑生意，也就是黄金、白银、烟土生意，成了发国难财的暴发户。总之，这里散发的铜臭气让人窒息。我也看到了我的'家'，它已经分崩离析、四零五散了，这原是意料中的事，是社会发展的必然，但它造成的悲剧却还不曾结束……"他静默片刻，仿佛沉入了回忆，随后又接着说，"我刚到家几天，便听人说到了五叔的死……有一天，一位亲戚请我到一家饭馆吃饭，我的一个堂兄弟忽然走进来，一句话不说就朝我跪下叩头,我猛然一惊,但接着便恍然大悟了。这是旧礼节,老规矩,这证实了我五叔的死。"

"您要写您五叔的故事?"一个同学插嘴问。

"我五叔的死使我萌发了一个念头:写一个杨老三的故事。这杨老三是一个以我五叔为原型的人物。我五叔是我第二个祖母唯一的儿子。他清秀、聪明,极受祖父宠爱。他是一个被金钱毁掉了的浪子。他撒谎、欺骗、偷窃、打牌作弊,无一不精,当我祖父发现了他这一切劣迹后,终于为他而发狂。大家庭分家以后,他把家当花光,被妻儿赶了出来,便流落成了一个小偷。冬防期间警察局为了避免他惹麻烦,干脆把他抓进牢房里,后来被传染上疾病,死在里面……"

"这又是一个大悲剧……"有人慨叹地说。

"可是亲友中没有一个人对他的死表示怜悯和惋惜,因为他不曾做过一件对人有益的事。现在一个文学形象已经在我脑子里活起来。"

"您能不能先谈谈您的艺术构思?"杨苡步步进逼。

"我不是一个事先打好提纲然后照着写作的作家,我往往一面动笔写着,下面的情节如何安排还不知道。不过,因为我对我写的人物非常熟悉,对他们又有感情,对他们活动的环境也很熟悉,所以写起来非常自如。同学们,即使我现在把脑子里的故事原原本本讲给你们听,你们会发现将来的小说和这故事大不相同。因为人物一活起来,他会自己行动,不受作家原来构思的限制……"

"您说人物活起来?"

"比如说,我现在脑子里常常出现这样一种场景:夜晚,在一座颓败的庙宇里,供桌上的一个土瓶里插着一枝鲜丽的茶花。一个衣衫褴褛的乞丐(杨老三)手中拿着一本石印的《唐诗三百首》在凄凉地吟咏着:

> 共看明月应垂泪,
> 一夜乡心五处同。

杨苡欢呼起来:"真是绝妙的构思,一下便把这个人物的身份、教养、遭际、经历全表现出来了，真不愧是大手笔！"

"的确很生动！"一直作为旁听者，从未参加议论的萧珊也忍不住赞扬起自己的未婚夫来。

"我还设计，他有一个十三四岁的小儿子，他是个很上进的孩子，但是他和这个堕落的父亲之间有着难以割舍的极为动人的亲情，他一心要挽救父亲，一心要改变父亲的命运。因为他父亲喜欢茶花，他不惜闯入他们已经卖掉的公馆里去，和这家新主人以及他们的仆人们发生冲突，仅仅是为了折一枝茶花……"

"这小儿子是一片衬托红花的绿叶，起着烘托性格的作用，仿佛还有性格对比的作用……"同学们七嘴八舌地说着。

"后来他父亲因为不愿拖累小儿子悄悄失踪了，这小儿子竟然因为找不到父亲，无法救父亲而觉得活着没意思……"

"这真是催人泪下的情节。在那个冷酷的社会，冷漠的人情中间，这也是一种改变人心的力量。"不知是谁动了感情，说出了这番话语。

巴金紧接着说："杨老三在悄悄离开那座破庙时，把那枝干枯了的茶花也带走了。"

"这将是一部非常成功的作品。"杨苡仿佛在作总结，但又接着问道，"杨老三的悲剧是不是说明财富并不'长宜子孙'？"

巴金并不回答她的问话，只是说："能够长存的是更重要、更崇高的东西。"

这次活动就像一次"杨老三的故事"的作品讨论会。可是巴金一直没有动手写这部作品。在这昆明的雨季里，巴金一面抱怨着："听到淅沥的雨声……真叫人心烦。""这雨不知要下到哪一天为止。"一面却拼命写他的散文，一连写了十九篇。等到雨季过后敌机来轰炸时，他便再也没有这么安适的写作环境了。他的散文的丰收还真得感谢这雨季呢！这十九篇是《风》《云》《雷》《雨》《日》《月》《星》《狗》《猪》《虎》《龙》《醉》《生》《梦》《死》《死去》《伤害》《祝福》《抛弃》，这是事先想好了的。编成集子后，只有最后四个略有改动。这是一些充满诗意和富有哲理意味的优美散文。

早晨，在女生住房外的露台上萧珊在做健身操。嘴里却念念有词："倘使有一双翅膀，我甘愿做人间的飞蛾。我要飞向火热的日球，让我在眼前一阵光、身体一阵热的当儿，失去知觉，而化作一阵烟，一撮灰。"她停下来，擦了擦额头的汗，禁不住自语："多美啊！"杨苡走出来，口中也在背诵着："生命是可爱的。但寒冷的、寂寞的生，却不如轰轰烈烈的死。"

萧珊惊异地回过头看了杨苡一眼，问道："杨苡，你念叨的什么？"

杨苡并不理会她，一面活动着腰身，一面继续背诵着："倘使有一双翅膀，我甘愿做人间的飞蛾……"

萧珊和杨苡不约而同地笑了，接着又不约而同地齐声朗诵："我要飞向火热的日球，让我在眼前一阵光、身体一阵热的当儿，失去知觉，而化作一阵烟，一撮灰。"

萧珊刚念完便接着追问杨苡："你是什么时候背会了这文章的？"

"怎么？难道这是不许可的？作家的作品可不能作为他的未婚妻的专利品！"杨苡调皮地反唇相讥，接着又说道，"你读完后放在桌上，我就接着读。我对你说吧，现在这些警句已经钻到我们这些同学们的笔记本中去了。"说罢哈哈大笑，忽又自我纠正，"不、不、不，我是说，这些警句已经钻到大家的头脑中去了。"两个人都忍不住畅快地笑起来。

萧珊忽然止住笑声感慨地说："他这个人可真有点……"

"你说什么？"

"为了一种追求，粉身碎骨都不在乎的劲头。记得前年在广州，敌机不停地在头顶上盘旋、投弹、俯冲扫射，他照样在编稿发稿，仿佛什么也没听到，他说，只要机器没被毁掉，它就得转动，他在争夺时间……"

"是啊，他说了，他'怀念上古的夸父'。他把多少读者的心抓住了，把多少青年人的心抓住了，这除了因为他的作品，更因为他的人品，他的精神……"杨苡忽又诡谲地眨眨眼，"萧珊，最近他写了那么多散文，你一定要设法拿出来让我们大家'奇文共欣赏'啊，可不能由你一个人独享！我老实告诉你吧，你若是不肯为我们服务，我自己也会去偷来看的。"

"啃,我们的杨苡还真有一套咧!"

又是一个清晨,大雨哗啦哗啦地下着,时而传来震耳的雷声。萧珊轻手轻脚地走进巴金的房中。巴金正在书桌上东翻西翻,在寻找着什么。萧珊问:"李先生,您在寻找什么?"还不待巴金回答,一道闪电的白光在阴霾中亮了一下,接着是一声炸雷的巨响,萧珊道:"好响的雷呀!"

"震撼心魄的巨响,真让人痛快!"

"先生,我在问您,您刚才在桌上寻找什么呢?"

"我的'龙'腾入空中去了,我找不到它了!"

"什么?先生,您的龙?您是说那篇文章吧?"

"哦,是的,我是说题目叫作《龙》的那篇文章不见了。"

萧珊像在舞台上表演,摆出一副身段,朗诵道:"就在这样的黑暗中,我听见一声巨响自下冲上天空。泥水跟着响声四溅。我觉得我站的土地在摇动了。我的头发昏。

"天渐渐地亮开来。我的眼前异常明亮。泥沼没有了。我前面横着一片草原,新绿中点缀了红白色的花朵。我仰头望天,蔚蓝色的天幕上隐约地现出了淡墨色的龙影,一身鳞甲还是乌亮乌亮的。"

"你这个顽皮的小女孩,那篇短文又到了你的手中了?你居然又能背诵了?"

"您的作品决不会留着自己欣赏的吧?就让我们这些近水楼台先得这轮明月吧!我想,您不会不允许我们先睹为快的。"

"可我写完以后自己还不曾看过一遍……"

"回头我会还给您的。先生,您文章中写的那条为了追求丰富的充实的生命,为了不愿意在别的水族的痛苦上面安放自己的宝座,因此深陷在泥沼中的龙,真让我深感同情,它终于在一声霹雳中腾空而起了,它终于抖掉了身上的污泥,在蔚蓝的长空中得到沐浴,现出它乌亮的身影,这是何等地鼓舞人心。先生,您使我联想到我们这深陷在战争泥沼中的国家民族,她也将会冲上蓝天,摆脱了一切耻辱和灾难。"

"哦,你是这样想的?"

"也许我对您文章的理解并不完全正确,也许它蕴涵着更深更阔的内容,我只谈我的感受,这是我初读之后受到的最初的教益。"

"小女孩,我真得谢谢你的鼓励。"

"先生,您甭谢我。我看我们得——用您的话说'先喂饱肚子'。"

"是的,可现在雨还没停。"

"先生,我带了一把伞来,这个给您用。"

"我们合用这一把伞吧!"

"不,我不用。先生,您的文章中不是这样写着吗:'我常常吞下许多火种在肚里,我却还想保持心境的和平。有时火种在我的腹内燃烧起来……为了浇熄这心火,我常常光着头走入雨湿的街道,让冰凉的雨洗我的烧脸。'"

"蕴珍,你的记忆力真让我吃惊。"

"因为我爱这文章,所以我的记忆力就特别好,否则,就很难强迫它记住。先生,您在我的心中已经播下了许多火种,您难道不曾看见,我的脸在发烧?我也想让这雨水洗洗我的脸,让我胸中沸腾的热情暂时平静一下。"萧珊说着,略带娇羞地去挽巴金的手臂,在他的耳边低声说:"您这篇散文中还有一句非常精彩的话:'我的脚上却睁开了一双更亮的眼睛。'亲爱的李先生,只是因为有了您,只是因为和您在一起,我的脚上也睁开了一双更明亮的眼睛。我不会迷路。我永远和您一同前行,您不会再觉得您的路'是用寂寞铺砌的'了吧!"

一向表情严肃的巴金也对着萧珊露出一个絮然会心的微笑。

仿佛话题总也离不开文学,这也并不奇怪,他们的相逢、相知原是从文学开始的。

巴金的这组散文编成的集子《龙·虎·狗》于1942年1月由文化生活出版社在重庆、上海同时出版。

在1941年的9月间,巴金曾与王文涛同去桂林,为的是重新建立文化生活出版社桂林办事处。这次萧珊曾随同前往。这是他俩第二次同去桂林,如巴金所说的那样:"我们两次在桂林像朋友似的住在一起。"这次不过住了二十余日,萧珊必须赶回昆明上课,遂匆匆离去。

萧珊离开后,巴金便着手写小说《还魂草》和散文《废园外》。他说这小说是在1941年第四季度写成的。因为与巴金毗邻而居的是小说家王鲁彦,他正在创办《文艺杂志》,便要求巴金为创刊号写一篇小说。这两篇作品都是控诉日机滥炸和平居民的暴行的。据巴金说他之所以写这样的作品是由"身经百炸"的卢芷芬先生联想起来的。《还魂草》中用两个女孩的友谊揭露日军的罪行。巴金写得很顺利,因为他在写自己熟悉的人和事,写自己的感情,写他追求了一生的友谊,他又一次和他的人物一起哭和笑。巴金很喜欢他这篇作品。

巴金曾经说:"(写)这一类看不见英雄的小人小事作品大概就是从《还魂草》开始,到《寒夜》才结束。"他还进一步申明自己的观点:"我始终认为正是这样的普通人构成我们中华民族的基本力量,任何困难都压不倒中华民族,任何灾难都搞不垮中华民族……40年代开始我就在探索我们民族的力量的源泉,我写了一系列的'小人小事',我也有了一点理解。其实这样的探索在1935年就开始了。"

散文《废园外》写他从被炸毁的废园的墙缺口看到园中的一大片欣欣向荣的绿叶和一簇盛开的深红色的花,这旺盛的生命力使这园子仿佛已从敌人的炸弹下复活了。他想象着,在一星期前有人从精致的屋子里推开小窗眺望园景,赞美的眼光便会落在这一簇花上。也许还有人整天倚窗望着园中的花树,把年轻人的渴望从眼里倾注在红花绿叶上面。可是那些太阳旗的空中武士毁了这一切,他们制造了三具尸体,包括那姓陈的少女。他们以野蛮丑恶毁坏了善和美。

1942年4月,短篇小说集《还魂草》出版,6月,散文集《废园外》出版。

同年的夏季,巴金在重庆曾与老友曹禺会面,那是为了将《家》改编为剧本的事。后来曹禺曾在一篇题作《为了不能忘却的纪念》(亦即剧本《家》重版后记)的文章中回忆说:"我记得是1942年,重庆的酷热如蒸的日子,我在重庆附近唐家沱的长江上浮泊着的一只江轮里,俯扑在一张餐桌上写这个剧本。""当我终于完成《家》这个剧本,我送给巴金同志看时,心里很是不安的。我怕他不同意我的改编,尽管大致情节与人物都是根据原作,但终有些不同的地方。而我的老友巴金同志读完后,便欣然肯定。这使我终生不能忘怀。'文人相轻'这句话对于巴金同志这样胸襟宽阔的人是完全不适用的。"

巴金一生追求友谊,珍视友谊,他也赢得了所有朋友的爱戴和尊重。很不幸,当1943年刚刚到来不久的时候,巴金又失去了一位老友——也即《火》第三部中田惠世这个人物的原型——林憾庐。当时巴金正住在桂林东江路福隆街,与林憾庐紧邻。林憾庐的突然去世使巴金极为悲痛,他在2月4日寄给杨苡的信中有这样几句话:"我写不下去了。我一个老朋友昨早晨病故,棺材还停在这儿。今天下午或可抬出去。我昨前两天跑了个够,今天还不能休息。想到一个人很快死去,不免有生命易逝之感。"最后,他唯恐这阴郁的情绪影响杨苡,为了安慰和鼓励她,他又补上两句:"但是我还有够多的生命力,我还要勇敢地活下去。"他亲自为朋友的安葬奔走、张罗。在参加了朋友的葬礼之后,他更痛定思痛,一句话不停地在他的脑际回旋:"你的死使神圣的抗战失掉了一个热烈的拥护者,使为正义奋斗的人失去了一个忠实的朋友。"他哀痛地低语着:"……伴着你的一片黄沙,一堆山影和几棵枯树……原谅我这个自私的人,我独自享受了温暖的灯光和热腾腾的浓茶……"

"憾翁"之死使巴金陷入痛苦的回忆中。他常常责备自己,对于朋友的去世不应总想到个人的私谊,不应总痛惜自己的损失,但他仍然不能不痛切地数算着:这几年我已经失掉了不少能够了解我、鼓舞我、督责我、安慰我、帮助我的友人,极有才华的女作家罗世弥,被称作"生命的象征"的陈范予,直到眼前这位"为工作牺牲了健康、安乐和家庭幸福","从不怨恨别人,只是苛责自己的基督徒林憾庐"。这损失如何能够估量?巴金永远是一位最深情的友人,以至他每失去一位朋友就像失去了他生命的一部分。他又是一位最能发现别人的长处、最会欣赏别人的才能的人,每当他失去一位友人,他便为国家民族的损失而惋惜而痛心。他常常反复地回忆每位友人的卓越之处,认为他们的作为都是自己做不到的。他又常常十分苛刻地挑剔自己,认为不该对朋友付出得太少太少……

为了弥补失去友人的损失,为了倾泻失去友人的悲痛,他总是把自己的工作担子加重再加重,不如此便觉有负于这些为理想和事业已经献出了生命的友人。就在这一年,巴金给杨苡的信中曾有这样几句话:"这里天气最近突然变冷,我住在高楼,晚上北风带着怒吼摇撼壁板,两腿几乎冻僵,但我仍然还坐到深夜,这点勇气,我是有的,盼望你也有。"这些话是他勉励朋友的,也反映了他艰苦工作的实际情况。仅在1943年之内,他便译完了屠格涅夫的长篇《父与子》和《处女地》,以及德国作家斯托姆的短篇小说集《迟开的蔷薇》。

花溪小憩的三天蜜月

到1944年，巴金和萧珊的恋爱已经八年了，这和我们的全面抗日战争经过了同样长度的时间。八年的抗战是艰苦的，悲壮的。巴金他们的马拉松式的恋爱在人们看来却是奇异的，不可思议的。为什么爱情迟迟不引向结婚？又没有其他复杂因素的滞碍。这些年无论分离和相聚，他们的情感都是亲密和谐的，他们的步履始终是协调一致的，经济状况也并非很拮据。那么，为什么要坚持"像朋友一样地住在一起"来度过这漫长的岁月？关于这段爱的历程，为什么作家不给我们留下一些详细的、动人的、令人钦羡的记载，而交给我们的是一首费解的"朦胧诗"？这一点一直是巴金的读者、亲友，甚至研究者感到惊讶和困惑的。我以为，这个神秘的"结"一定系在人物的心灵中。这个"结"是由人物的信念、品格系成的。巴金认为，在这种残酷的战争环境中，自己有责任和人民一同投入抗战，一同受苦，一同牺牲，一同承受战争带来的一切灾难，却没有权利享受个人的幸福。在这时，"自我"显得很卑微，很渺小，他们不要求花前月下，喁喁情话，更不愿用"小我"的一切去搅乱群众抗战的视线。萧珊对此始终抱的是深深的理解、赞扬、支持和同心以赴的态度。所以巴金和他的"小女孩"可以在敌人的狂轰滥炸下不顾性命地工作。除了忙碌着出版事业，源源不断向各地输送着大量的书籍外，他便是写作，就如他过去说过的那样:"我不停地写,忘了健康,忘了疲倦地写,日也写,夜也写,好像我的生命就在这些白纸上面……我简直变成了一架写作的机器。"不论是人们公认的杰作,或者是他自认为"失败"的作品(例如巴金所说的失败之作《火》,人们却称之为"民族希望之火",这是很恰当的),无论是小说、散文,甚至被称为"自然主义"的某些通讯、特写或杂记,倾诉的都是人民的苦难和爱憎,记录的是人民的抗争和那破碎山河的血和泪,谴责的是一切摧残生命、摧残爱、摧残美的罪恶力量。关于巴金的这段感情生活,即使那时的书信不遗失,人们也很难得到常人所期望的东西。

1944年,抗战虽仍处在艰苦的阶段。但是,胜利的曙光似乎已经出现在地平线上,随之,巴金和萧珊的恋爱也到了成熟的季节,巴金已将满四十岁,萧珊已二十七岁,爱情应该开花结果了。这年5月,巴金通过胞弟李济生给朋友们发了一份"旅行结婚"的通知,然后偕同萧珊从桂林向着所谓"地无三尺平,天无三日晴,人无三分银"的贵州出发。他们有时乘坐火车,有时又改乘汽车甚至邮车,经过崎岖难行的山路,长时间的辗转劳顿,才到达了目的地贵阳。这旅行真不轻松!不过这对于酷爱大自然的巴金和活泼好奇的萧珊仍然是一次愉快的旅行。巴金觉得能有机会看看田野庄稼,观察一下人民的生活和情绪也是很有意义的。巴金还记得,他前一次去贵阳住了几天,这个一向被人贬抑的地方赐予他的却是这样的日子:"头上没有一片云,天空是淡青色的。阳光给树叶薄薄敷上一层金粉。大群苍鹰展开两翅在空中自由地翻腾,麻雀在屋檐上愉快地讲话。一阵风吹到脸上,就像是一只熟悉的手在轻轻抚摩。桃花盛开,杨柳也在河畔发芽。我呼吸着春天的空气。""晚上我又看见更美丽的星天。其实这是月夜,但是我更喜欢提说星星,一钩新月,好些星星,蓝天显得很亮,星星像灯一样地挂在我的头上,好像我们随便拾起一个石子掷去,便可以把它们打落下来。"多么醉人的春日和春夜!多么美好的记忆!也许正是这记忆召唤着他们到这里来度过他们一生中最重要的最美好的春天。

1944年5月8日,巴金和萧珊在贵阳的"花溪小憩"结婚。这"花溪小憩"是建筑在花溪公园里的一座花园洋房,没有楼,房间也不多,虽是对外营业的宾馆，客人却很少。他们来的这几天，几乎见不到什么客人。因为这里没有食堂，一日三餐都得走半个小时到镇上的饭馆去。他们的婚礼没有举行任何仪式，没有办一桌酒席，甚至没添置一件新衣。巴金这样描述当时的情景："我们结婚那天晚上，在镇上小饭馆里要了一份清炖鸡和两样小菜，我们两个在暗淡的灯光下从容地夹菜、碰杯，吃完晚饭，散着步回到宾馆。"

夜晚，园子里洋溢着百花的芬芳，星月的清辉轻轻地洒落下来，没有一声人语，只有溪水在大声地欢唱，仿佛在为这对新人演奏着婚礼进行曲，把一个宁静幸福的春夜全留给他们。在居室内，巴金和萧珊依偎着坐在一把长长的藤椅上，在一盏清油灯的微光下谈着过去的事情和未来的日子。萧珊转动着一双明澈如秋水的大眼睛兴致勃勃地谈着，巴金则安详地坐着，用温柔的目光凝视那一脸的纯洁和天真。

萧珊忽然说："我提一个条件……"

"怎么，还要约法三章么？"巴金打趣地问。

"不是约法三章，只是一条。"

"请讲！"

"从今天起，我是您的妻子了，再不许叫我小女孩了。"

"可是我这一生永远忘不了那个忽闪着一双大眼睛的小女孩……"

"刚说着，您就犯禁了，该不该罚？"

"该罚，我以后一定记住，再不叫你小女孩了，因为你已经不是一个小女孩，而是一个妻子了。"

萧珊一下跳了起来，嚷嚷着："可是您又接连重复了两次！"

巴金拍了拍脑门儿："瞧，我这脑子！"

萧珊纠正说："瞧您这嘴！"说着在上面轻轻吻了一下。

两人不禁对视而笑。

这一晚，仍像平时一样，萧珊说话多，巴金总是喜欢倾听，偶尔谈谈他的创作。他对生活没有什么要求，只是觉得自己还有很多精力和感情需要消耗，他准备写几部长篇或中篇小说。而萧珊则要去四川旅行，去拜会一下她的婆婆（巴金的继母），一位慈祥的老人。巴金这样回忆当时的情况:"我们在花溪住了两三天,又在贵阳住了两三天,然后我拿着我舅父的介绍信买到了邮车的票子。我送萧珊上了邮车,看着车子开出车场,上了公路,一个人慢慢走回旅馆。"这婚礼的简单和蜜月的短暂都达到了常人难以想象的程度。有人揣测,这大概因为巴金是个不喜欢热闹,厌烦礼仪形式,又不善于交际应酬的人,是个不愿意为自己的事麻烦别人的人,所以他远离了他朋友聚集的城市桂林,来到这僻静的"花溪小憩",简单朴素地办完了自己的"终身大事",又匆匆地结束了蜜月,便各自去忙碌自己的事了。这种猜测看来不无道理。可是萧珊呢?她的性格似乎是很活跃很喜欢热闹的,她为什么要和巴金共同商定这样的办法?为什么还心安理得、情绪愉悦地这样地做了呢?我想,我们不曾忘记,在他们相处的这几年颠沛流离的生活中,他们对战争给人民造成的贫困是多么了解,对群众低下的生活水平是多么了解。他们一定认为,只有举行这样的婚礼才是最幸福的。还有,让我们再看看巴金给杨苡的信中的那几句话吧:"人不该单靠情感生活……把精神一半寄托在工作上,让生命的花开在事业上面,也是美丽的。"这是一种信念,也是坦诚心灵的自白。不正是这一点吸引了萧珊么?她太理解她的李先生了,她景仰他高尚的精神、情操,愿意效法他,紧紧地追随他,希望自己也能升华到那样的境界。巴金告诉萧珊,等她离开贵阳以后,他打算去住院治疗鼻子的疾病和"水囊肿"。这时萧珊多想留下来照顾他、陪伴他,但是她没有这样做,因为她已经听李先生告诉她,这次他们由桂林来贵阳旅行结婚的途中,他在火车和汽车上,偶尔想到那个尚未动笔的中篇小说"杨老三的故事"(后来定名为《憩园》),忽然激动起来,再也丢不开它。萧珊知道,这种创作冲动一来,就决不能干扰它,他即使是住在医院中,那些情节、人物还是会在他脑子里活动的。所以萧珊十分顺从地离开了他。巴金是一位感情含蓄内蕴的人,但他在送萧珊时,还是看着她上了邮车,车子开出车场直到上了公路,他才慢慢走回。仅仅这一点已可见他那一片深情。待到6月他动身离开贵阳时,还特意去"花溪小憩"住了两天,他这样记述着:"我在寂寞的公园里找寻我和萧珊的足迹,站在溪畔栏杆前望着急急流去的水。我想得多,我也写得不少。"这"花溪小憩"给他留下了多少难忘的宁静温馨，在他生命的记录中占着多么重要的位置啊！

萧珊走后，巴金在等待医院的床位时便迫不及待地开始了《憩园》的创作。不过，那仅仅是两天的时间，写作也只是开了个头。5月15日，他住进贵阳中央医院，动了两次手术。出院后便在中国旅行社招待所里住了十多天，继续写《憩园》，从早到晚，只有在三顿饭前后放下笔，到大街上散步休息休息。奔涌的创作激情再也遏制不住，他恨不得一口气把小说写完，一直写到深夜。他说："《憩园》里的人物和故事喷泉似的要从我的笔端喷出来。我只是写着，写着，越写越感觉痛快，仿佛在搬起压在头上的石块。在大街上散步的时候，我就丢开了《憩园》的新旧主人和那两个家庭，我的脑子里常常出现中央医院第三病室的情景，那些笑脸，那些痛苦的面颜，那些善良的心……"这看来是一种很奇妙的现象，《憩园》还没结稿，另一部作品的人物、画面就挤进作家的脑海中来了。其实两部作品同时进行的作家岂止巴金一人，法国作家大仲马不也是这样吗？巴金是一位诗人气质浓厚的感情型作家，强烈的生活感受很容易唤起他的创作激情。《憩园》虽未完稿，但已经到了瓜熟蒂落的时候，那些人物按照自己的性格逻辑在发展，在往前走，甚至不受作家的左右，作家只需把他们的足迹按到纸上就行了。在这种写作状态下完成的作品往往是非常成功的。所以，在这时，第三病室的情景的出现，并不会影响《憩园》的创作。

巴金原打算从贵阳返回桂林，继续他的工作和写作，但萧珊两次写信要他去重庆，说许多老朋友都盼望见到他。于是他改变了原订计划，拟于6月下旬去重庆。在一个晴朗的夏日里，他终于搭筑渝道上的邮车奔往重庆了。途中，他随身带着一锭墨、一支小字笔和一叠信笺，即使是在小客栈里，仍未停止写《憩园》。同年7月，《憩园》完稿，于10月由重庆文化生活出版社出版。

旧家庭中唯一的新式媳妇

巴金到达重庆后，同萧珊住在民国路文化生活出版社重庆办事处楼下的一个小房间里。这间斗室只有七八个平方米，里面只有一张床、一张条桌和几只凳子。萧珊临时托人买了四只玻璃杯，这个小家庭就算安置好了。巴金风趣地对萧珊说："这就是我们暂时为自己造起的窝。嘿，蛮舒服嘛！"萧珊反驳道："您这位大作家真是不讲究修辞，别用'窝'这个字眼好不好？如果照您这种说法，请朋友到我们家来做客，不是要说请到我们的'窝'里来做客了？"萧珊说罢哈哈大笑。巴金道："你已经是家庭主妇了，还这么调皮，真拿你没办法！"当时办事处经理田一文认为让这对新婚夫妇住在这样的地方，实在太简陋了，他决定把自己在楼上的房间让给他们，可是巴金和萧珊都坚决不同意。他们就在这个新家里开始了他们的生活和工作。巴金一面处理出版社的一些事务性工作，一面校正译稿，还兼着校对。萧珊也帮着看看校样。不久，桂林沦陷，巴金只好安心地住下来。他们在这里生活一点也不寂寞，不断有朋友来访，首先是老友靳以和马宗融一得到消息便兴冲冲地赶进城来看巴金。马宗融拍着巴金的肩头高兴地说："终于把你盼到重庆来了，这下好啦，我们进城不怕没处落脚啦。"靳以也说："是啊，从北碚进城开会，要是赶不上车也赶不上船，就来这里和老友通宵畅谈。"萧珊听了忙说："李先生，您看，两位复旦大学的教授都喜欢我们这个地方！"后来果然这两位教授和住在出版社斜对面作家书屋里的冯雪峰都成了这里的常客。

冯雪峰是巴金1936年认识的朋友，但是他很早就读过雪峰的诗集。巴金第一次见到雪峰就认为他是个耿直、真诚、善良的人，并且始终尊敬他。有一夜，靳以、马宗融要搭船回北碚复旦大学去，天亮前上船，就决定在巴金的住处烤火，喝茶，摆龙门阵，要谈个通宵。正巧这时雪峰走过出版社，进来看巴金，得知他们要畅谈一宿，就留下来参加，结果他们一直闲谈到天将发白靳以和宗融上船的时候。

巴金和雪峰每次见面都是海阔天空无所不谈。他们之间离不了四个字，即"互相信任"。

萧珊的老同学杨苡和她的诗人丈夫赵瑞蕻也常来这里做客。他们第一次来访是巴金和萧珊刚刚在这里安家不久。杨苡在几十年后还能清楚地回忆起那时的情景：他们在文化生活出版社重庆办事处那个摇摇欲坠的小木楼里重聚，一见面，杨苡便打趣地喊萧珊"新娘子"，两人闹作一团。晚上，赵瑞蕻睡在田一文处，巴金则一夜不睡写他的书。杨苡穿着萧珊的土布睡衣，两人在一张小床上抱膝对坐，无休无止地谈起了她们的"悄悄话"。她们吹熄了灯，让月光从小窗洒进来，在这种梦幻似的境界里，两个"小女人"互相吐露着自己的幻想和心事。萧珊天真地向已经做了母亲的杨苡探问说："我也得生小孩吗？我可不愿意像你似的，这么年轻就拖个孩子，那太可怕了！"还不待杨苡回答，她又自言自语地说："有小孩多烦呀，真烦死了！"然后，她们又从生活谈到了战争，她们都抱怨这个战争太长了。萧珊忽然感叹说："你不觉得我们一生中最好的时光都在战争中度过了么？""的确是这样，你已从一位十九岁的小女孩成为'巴太太'了。可我还记得你刚从上海到内地时的样子。你穿着巴先生给你买的黑皮革短大衣，目光四射地、充满好奇地接受生活给你带来的种种考验。我真佩服你，甘愿抛弃上海的舒适生活到内地去过你从来没经历过的艰苦的日子。你到底是爱国女中的学生，懂得爱我们的祖国！""瞧你说的，那时我只觉得有一腔热血和一身用不完的精力，觉得真应当像一个战士那样地活着。""是啊，是啊！"杨苡一下兴奋起来，她记起了一件往事，遂抓住萧珊的手臂用力地摇着:"我还记得,有一个春天的夜晚……哦,让我想一想,那大概是1940年,你也参加了那次有名的火把游行。""是的!"萧珊漫应着。"你举着火把,好像同行的还有树藏、北汜、王文涛等……这天晚上我在临街的一家大饭店的楼上听到你们的口号声,我跑到窗子前,打开一扇……在队伍中间,你举着火把,挺着胸,非常严肃又自信地迈着你特有的步伐向前走着。大街两边的行人被你们的游行吸引住了,他们停下脚步,纷纷掏出纸币,我们的人民是爱国的,一刹那间,几乎所有楼上的窗子里都飞下大大小小的纸币,几乎所有的人都跟着喊口号,一切为了坚决抗日,枪口对外……""瞧你这激动劲儿!"萧珊把一只玻璃杯递到杨苡手里。杨苡却不肯打住话头,又说:"我猜想你那时一定想象着你的巴先生就走在你身旁!""我相信他是支持我的行动的,那一晚我真的开夜车给他写了一封长信描述那晚上的一切……"萧珊也沉入对往事的回忆中。

两人渐渐静默下来,天际已开始泛起鱼肚白。

早晨,巴金唤她们吃早饭,两人才从朦胧中醒来,急忙起床去漱洗。巴金笑着说:"我写到半夜了,还听见你们俩在说话,大概是一夜没睡吧?"杨苡也笑着说:"巴先生,您大概也是写了一整夜吧?"巴金没吱声,算是默认了。田一文、赵瑞蕻、杨苡、巴金、萧珊五个人一起吃早餐:稀饭、辣豆腐乳。巴金还特意去买了几只咸鸭蛋,哪知切开全是臭的!于是萧珊笑个没完没了,还嚷嚷着:"巴先生好笨啊,买了臭鸭蛋招待老朋友!"嚷得杨苡他们都不好意思了,可是巴金却笑嘻嘻地说:"陈蕴珍倒会说现成话,夜里你们不睡,早晨不起,还不是靠我给你们弄早饭!"这"臭鸭蛋事件"以后便成了萧珊打趣巴金的笑料。

可巧,中午曹禺来了,他一进门便大声地呼唤着:"李先生,我是来'打牙祭'的!我们早就说了,李先生到重庆来了,以后我们可有地方'打牙祭'了。"萧珊一面给客人让座,一面接嘴说:"李先生,客人来了,您请客人来'打牙祭'可别再买臭鸭蛋了!"曹禺不解,忙问:"怎么,'打牙祭'请吃臭鸭蛋?"萧珊赶紧说:"今早晨有两位朋友在这儿用早餐,李先生买的咸鸭蛋全是臭的,一切开,满屋子臭不可闻!"说罢哈哈大笑，巴金也跟着笑，曹禺也忍不住笑了。笑了一阵巴金才说："蕴珍，你怎么单提这件事……"三人忍不住又笑起来。

巴金正直、坦诚、热情、宽厚的性格魅力很自然地成为一种吸引力和凝聚力，使文学界的朋友们不由自主地常常聚集到这里，他们在文生社的礼堂里就各种问题交换意见。人们说："自从巴金来到重庆后，重庆文化生活出版社就成了这时的'作家之家'了。"文化生活出版社一下子活跃起来，热闹起来，老舍、叶圣陶、陈白尘、曹禺、洪深、刘白羽等常常在这里聚会畅谈。

有一天，何其芳从陕北来看巴金，他手上提着大大小小的口袋，笑着说："芾甘，听说你们到了重庆，我赶着来看看你和你夫人。"说着，他把口袋一个个打开，里面装的是小米、红枣等土产。他说："这些都是我从延安带回来的，请你们尝尝。"巴金连连说："这可真是难得，谢谢啦，谢谢啦！"说着又转对萧珊介绍说："何其芳先生是我在1932年就认识的诗人和作家，那时他还是一位穿长袍的斯斯文文的大学生，但已经是诗人了。"何其芳也对萧珊介绍说："我的《画梦录》就是芾甘给编发的。"巴金也说："那时我们文化生活出版社出了一套以发表当代作家作品为主的《文学丛刊》，除了鲁迅、沈雁冰等老一辈作家外，他和曹禺、靳以、李健吾、卞之琳、萧乾都是我们《文学丛刊》的主要力量。"随后何其芳又对巴金谈了不少解放区的情况。在这之后不久，周恩来在曾家岩"周公馆"设便宴宴请在渝的作家，由林伯渠、王若飞作陪。巴金也是被邀请的作家，何其芳还专程前来陪同巴金一道前往，并告诉巴金和他同席的是老舍、曹禺、夏衍、刘白羽等几位作家。

1944年岁尾，由于蒋介石的军队在湖南打了败仗，衡阳的守军降敌，于是国民党军队开始了湘桂大撤退。日军进入贵州，贵州、湖南、广西的百姓相继逃往四川。重庆的街头，店铺的檐下，旅馆的门前，都三五成群地聚集着难民，时局非常混乱。在中国的抗日战争中，巴金一向抱着乐观的态度，他相信我们这个民族的潜在力量，也相信正义的胜利，但目前国民党采取的逃跑政策，却使他既愤怒又失望。当时的文艺界人士都有些彷徨，不知如何是好。12月，重庆文艺界举行座谈会，周恩来应邀出席了会议并讲了话。他用八路军抗战取得胜利的情况鼓励大家，并用一些具体事例说明敌人貌似强大，实则虚弱，指出了继续抗战的道路，让大家在困难时看到光明。巴金曾这样记述当时的情况："他的态度恳切，话语明确，通过一个晚上的交谈，他把他那坚定的信心传染给我们了。我们感觉到他是我们可以依靠的巨大力量，在危难的时刻他可以领导我们前进。"

正当巴金不断地和新老朋友聚会并忙于他的各种活动的时候，萧珊独自去了一趟成都。她要去拜见她的婆母，并看看他们的老家。巴金在那个"家"里生活了十九年，那是一个使巴金爱恨交加的地方。萧珊觉得，因为那里的一些人都和她的巴先生有着血肉联系，自然跟她自己也是关系密切的，她想了解那里的一切。本来，她的脑子里就装着许许多多关于那个家的故事，有的是听巴金口头讲述的，有的是从巴金的作品中看来的，有些事情经过了她这个文学爱好者的思索、想象，便很自然地又进行了一次加工和发酵，似乎变得更丰富、更精彩了。她对那里充满了好奇心，甚至对那个城市也觉得不同一般，她急于和它见面，现在她终于抓住了这个机会。

年轻的萧珊穿着紫红色的驼绒旗袍，外罩一件咖啡色薄呢长大衣，提着一只小小的手提箱，她精神奕奕地去扣响母亲住宅的门环了。（当然这时母亲早已不住在老家的宅子里，而是租用了别人的部分房屋）稍待片刻之后，门开了，她立刻看到了继母那带着微笑的和蔼的脸。老人家的形象在她脑子里已映现过多少次了，今日一见，她觉得和自己的想象毫无二致，仿佛她们早已经见过面了。一种亲切感驱除了陌生和拘束的感觉。她轻柔地叫了一声妈，接着又作了自我介绍。母亲把她引进了厅堂，萧珊把巴金写的信交给了母亲。老太太亲热地拉着萧珊坐在她的身边，眼里盈溢着喜悦的泪花说："哦，蕴珍，我们终于见面了。"然后她张罗着摆出茶点，自己很快地看了看信。她说："你大嫂知道你今天到，她出去买菜了。"接着她又询问了一些巴金的近况和他们夫妇的生活情况。萧珊详尽地述说了一切。老人家欣慰地笑了。她又握住萧珊的手说："蕴珍，你们这样幸福，我真高兴。你是我们这个旧式家庭里唯一的新式女子，你没有受到封建绳索捆绑的痛苦，你还能发挥自己的才干，干自己想干的工作，这真是太好了!"她轻轻地拍拍萧珊的手背,接着说:"你再也不会像尧棠在《家》《春》《秋》中所写的那些女孩子一样做封建势力的牺牲品了。"说完,她轻轻地舒了一口气,她为萧珊的幸福感到由衷的快乐。萧珊也对着母亲温柔地笑了笑。这时候谁会想到,数十年后她会成了封建反动势力的牺牲品!难道那些脸上贴着"革命"金字标签干着罪恶勾当的人不是封建反动势力的余孽吗?

萧珊看见对面的墙上悬挂着一幅红梅,不由得仔细地凝视着。母亲说:"这幅画是你大嫂画的。你这大嫂读过书,会作诗,从年轻就喜欢画画,人们都称赞她有艺术的天分。等你休息几天,让她把画都拿出来让你看看。"萧珊高兴地应着,她早就听巴金说过嫂嫂长于绘画。她一边欣赏着,心里想,如果嫂嫂不是这旧式家庭里的媳妇,如果她生在一个好的时代里,她还可以继续深造,她会成为一个很有成就的女画家哩。她的脑子里随即映出了一张带着甜甜的微笑的纯洁的脸,显得非常年轻,仿佛还带有一点孩子气,这相貌让人一见便喜欢。这大概是萧珊从巴金的作品里得到的印象。这时母亲却说:"可怜你大嫂一人抚养孩子,有时还得靠卖画贴补一下家用。她现在出老相了,耳朵听力也差。"正说着,大嫂提着一篮菜进来。母亲说:"蕴珍来了。"萧珊忙迎上去,两人亲热地拉着手说着话。大嫂又去拿热水瓶续茶,接着便钻进厨房忙碌起来。萧珊要帮忙,她无论如何不让。母亲说:"因为她听力不好,交谈多少有些不方便。她前几天就和我商量,要做点家乡风味的饮食来招待你,你就等她去做吧。"

婆媳二人仍像母女似的并坐谈心,母亲一边用她那双带着温暖春风的手抚摩着萧珊的手,一边讲述老家的往事,她说:"尧棠是他爷爷非常喜爱的一个孙儿,他爷爷总是说,'这个孙子真是让我又生气又欣慰……'听说尧棠的母亲生他的头一天晚上做了一个奇怪的梦,在梦里听送子娘娘说:'这个孩子本来是给你弟媳妇的,因为怕她不会好好待他,所以送给你。'她常常又高兴又爱怜地说:'想不到却是一个这样淘气的娃娃。'"妈妈说着笑了,萧珊听着也笑起来。

萧珊吃了一顿地道川味的丰美饮食。在抗战时期,母亲和嫂嫂这样款待她，她觉得很不过意。萧珊在成都的日子里，她的饮食起居是受到无微不至的照顾的。母亲和嫂嫂大概认为，萧珊一直跟着巴金在硝烟烽火中过着颠沛流离的艰苦生活，现在该尽量地给她补一下。有时母亲也亲自下厨烹调，做一些具有独特风味的名小吃让萧珊品尝，萧珊撒娇似的拉着母亲的手说："妈妈，这样下去，我会长成一个小胖子呢！"母亲却说："难得你有机会回家一趟啊！"

因为侄女侄儿有的在重庆，有的在绵阳读书，家里只有母亲、大嫂和萧珊三人。大嫂除了操持家务，还忙于画画。萧珊有时静静地坐在嫂嫂旁边看她画画，但更多的时间是和母亲聊天。有一天，母亲提起了尧枚，她说："尧枚这孩子真可怜，因为是长房长孙，他不知受了多少气，承受了多大的压力，最后终于走上了……"老人大概意识到不该重提这让人断肠的往事，她把"绝路"两个字咽了回去。她沉吟了片刻，大概是想改换话题，却一时转不过弯儿来，她又说："尧枚自幼聪明，读书成绩好，他高中毕业考试，名列全校第一。你父亲很得意，可是没有让他继续读书深造。那时尧棠才十二岁，他倒知道你大哥的心意，他对你父亲说：'大哥要到上海或北京的著名大学去读书，他想学化工专业。'"

萧珊说："听说这是他最喜欢的一门专业。"她心里却凄然地想着，如果他不是被迫辍学，去挑起这个封建大家庭的重担，如果他不受长辈之命去"光宗耀祖"，他会在这个专业上有成就的。谁能料到他竟服用大量安眠药毒杀了自己。一片阴云遮住了萧珊的脸。

"可尧枚自己倒不敢向父亲提出要读书，他凡事都顺从长辈。那时候我们这些做长辈的哪里知道年轻人的心思。你父亲看到尧枚聪明，就让他赶快成家立业，好撑持起这个家，于是就急急忙忙给他定亲成亲。当时媒人给介绍了两家姑娘，一家姓张，一家姓毛，两家条件都不错，一时委决不下，只好让祖宗来决定了。"

"由祖宗来决定？"

"你爹拿出两方小红纸片，上面各写一个姑娘的姓名，他把小方纸片叠成一个小团，摆在供奉着的列祖列宗的牌位面前，然后他就祷告说：'我正在为尧枚张罗婚事，今有张、毛两家姑娘，她们都知书识礼，她们的家庭和来做媒的人也同样体面,不知哪一家才是上好的姻亲,难以作出决断,祖宗在上,请为他定夺。'然后他拈起一个纸团。"

萧珊忍不住笑起来:"一个人的命运就决定在这纸团里了。"

"当时家里的人也影影绰绰知道尧枚和你们一位凤表姐感情很好,兄弟妹妹们也都喜欢这位表姐,希望她能做他们的嫂嫂。这就是尧棠在《家》里面写的那位梅表姐。可是我们这老一辈的人就只知道父母之命、媒妁之言,葬送了多少年轻人。幸而你现在这位大嫂性格很好,又有学识,对你大哥温柔体贴,你大哥总算得到了一个知己,日子过得有了生趣。"

"妈妈,我听说大哥去世之后留下了一些债务,人家逼债逼得很厉害,这才把他送上了绝路。"

"是啊!"老人长叹了一声,"当时生活的重担是你大哥挑着的。当他发现无法维持下去时便自戕了。他死后留下的账单,既有我们欠人家的,也有人家欠我们的,欠人家的必须还清,人家欠我们的可多数收不回来了。当时逼得最凶的是你们的一位堂姐,她不曾嫁人,一生独身,人很秀美,又会作诗词,主要是受当时的家庭环境的压抑,性格变得冷漠了,所以她说:'人在人情在,人死人情两丢开。'"

萧珊突然回忆起来:"我记得李先生说他有一位独身的堂姐诗作得好,好像有这么两句:'往事依稀浑似梦,都随风雨到心头。'"她觉得这感慨是多么深沉!

"她也是这封建家庭的一个受害者。正因为我们还清了她的债,别的债主就更有话说了。"

"听说妈妈把家藏的古字画卖掉还清了债务。"

"不仅仅是古字画,家里能变卖成钱的东西统统变卖了,才还清了所有的债。"

"唉!"萧珊也忍不住长叹了一声。

"其实有些债还是你大哥代人承担的呀。"

"正派人总是吃亏的。"

萧珊觉得不该再问这些烦心的事。可是婆媳一见面,难免要回忆往事，这关于老家的往事中又有多少是不让人烦心的呢？

晚上，萧珊在床上躺了很久，一直难以入睡，连房中那些旧式家具都像在无声地叙述着什么。它们都看见过那一幕一幕的人生悲剧，看见过那一个个年轻美丽的生命被风霜刀剑摧折，或者因为没有阳光空气而枯萎凋谢。大哥尧枚、三姐尧彩仿佛都含着泪向她走来，接着是梅、慧、鸣凤、淑贞，生活中的人物和小说中的人物都混在了一起，本来嘛，是小说中的人物，也是生活中的人物。……萧珊原是一位感情丰富又富有文学想象力的年轻人，如今在这个城市里，在这个原是那些文学形象生存过的环境里，她怎能不进入了他们的生活？萧珊无法使自己镇静下来，她尽量不在床上翻腾，唯恐影响了母亲。直到黎明时分，她才进入了梦乡：她和她的李先生一同去探望大嫂，而大嫂居住在农村的一所破旧的宅子里，她正患重病，不，她是临近分娩了。当萧珊正要去和大嫂握手时，大嫂痛苦地呻吟起来，一下跌倒在地下，萧珊忙去搀扶，却怎么也扶不起，便大声地喊着李先生、李先生……她被自己的呼喊唤醒了，这时她听见母亲一边叫着"蕴珍"一边走过来。她说："蕴珍，我在这里，你是做梦了吗？"说着，老人家已走到了她的床前。她一下翻身坐起来，见窗纸已经发白，连忙回答说："妈，我做了一个梦。"她没说是怎样的一个梦，心里却想，大天白亮倒做起梦来了。

妈妈说："时间还早，再睡一会儿吧！"

萧珊觉得昏昏沉沉，但她不愿再躺下，她说："妈，我想去天井里活动活动。"说着便下床出去了。雀鸟的鸣叫，清新的晨光，使她舒服多了。她走向正准备打扫院落的一位老人，叫了一声大叔，寒暄两句，接着便询问道："你还记得轿夫老周吗？"

老人有些诧异，抬眼看了看萧珊，苍老的脸上的笑纹动了动，很和气地说："当然还记得他，不过他已经过世好多年了。记得尧棠小时候喜欢和他在一起。"

"是啊，他多少次说起，小时候去帮轿夫老周烧火，老周便对他讲：'你记住，火要空心，人要忠心，要好好地做人，不要骗人，不要亏待人。'他说，除了母亲和他的一位朋友外，老周也是他的一位先生。"

"尧棠从小就不轻视、不亏待下人,他把下人也当成他的朋友。"

萧珊自语似的说:"的确,那些善良的老仆人对他的影响很大,他常说,是他们给他的童年增加了色彩,留下了永远的纪念。"

这老人似懂非懂地频频点头,显得很欣慰似的。

一番随意的闲聊,无形中拉近了这两个陌生人之间的距离。老人丢开扫帚,要去给萧珊端椅子,萧珊阻止说:"待会儿我要出去,改天我们再聊。"

萧珊一直想去探访这个和她有着特殊关系的城市,她想走遍它的大街小巷,在这里一一寻找青年巴金留下的足迹。这个念头是那么强烈,一直在她心里东突西撞,使她丢不开。一天早饭后,她对母亲说:"妈妈,我想出去逛逛,看看市容。"

母亲说:"等你大嫂有空时陪你去吧!"

"不用大嫂陪,我只是随便逛逛。"其实萧珊急于想见的是巴金家的老宅。她一出门便向人询问到正通顺街怎么走,尽管别人细心地指点了,她还是弄不清楚怎样"向左拐","向右拐",怎样"抵拢"之后,又怎样"对直走"……她只能边走边问,不断地看看墙上的路牌。这个城市里有柏油马路,也有石板小街,有许多夹壁房。忙忙碌碌奔走着的行人不少,衣着多半破旧,看不出什么繁华景象。她慢慢地游逛着,询问着。终于有一个人回答是"快到了,走完这条长街,再转一个弯儿就到了"。萧珊加快了脚步,她走进了这条坐落着一些公馆的街道,也远远地看到了那座大门,那座曾被巴金在小说里、在口头上详细描述过的大门。她心里突然产生了一种很特殊的感觉,就像要去会见一位分别太久太久的亲人,怯生生地,急于见到,又害怕见到。黑漆铜环的大门已经向她迎来,她的心兴奋地跳动着去拥抱了这座老宅——那高高的灰砖门墙,那白色的影壁,那嵌在影壁上的四个大字,这一切既陌生又熟悉。她无法走进去亲近它,因为它已属他人。但她知道,走过一个小小的院落,进了二门是一个石板铺成的天井,对面便是大厅……她低头沉思,缓慢地走着,脑子里出现了一种景象:在漆黑的夜晚,一个穿着长袍马褂的年轻人悄悄地走进了大厅,在一溜排列着的几乘轿子之间找到了自己的一乘,便掀开轿帘钻了进去，片时，便听见痛苦的呻吟声，又像是低泣，接着便是打碎轿子的窗玻璃的响声……这年轻人便是被环境逼迫得一时神经失常的尧枚。萧珊感到一阵寒战。

萧珊仰头看看天，天一片灰蒙蒙的，一种说不出的压抑和郁闷。其实她早就听巴金说过，成都的天气总是这样，的确她来了这几天，还不曾见到一个晴朗的日子，但是在母亲和大嫂的温暖情意中她不曾感受到气候的阴郁和初冬的寒意，今天她第一次感觉到了。

萧珊的手下意识地在眼前挥动了几下，仿佛要挥去这种感觉。她忽然想起了这庭院一侧的那间木板壁玻璃窗的小房间，一缕回忆，一种猜想，引起了一股喜悦之情。所保存着的关于这个老家的回忆原是很难引起喜悦情绪的，而只有这间房不同，因为这就是年轻的巴金居住过的地方。当他还是一位十几岁的少年时，他已经看到了社会的不公平，懂得了旧的社会制度的不合理，在这里，他开始写出宣传反抗、宣传革命的文章，他已经懂得用他的笔作为武器；后来，当他已成为有着很高的世界声誉的作家时，他仍认为他不是作家，他的笔只是他斗争的武器，是他宣泄爱憎的工具，他那些洋溢着真挚热情的文字曾鼓舞过一代又一代的青年。萧珊心里在自语：一个腐朽的封建家庭的叛逆的子孙，一个腐败垂死的社会的叛逆者，我为你骄傲，我的李先生！

她的心在这老宅的园子里徜徉，它沿着石子小径走着，走过精巧的假山、水池、一排排紫薇、一株株茶花、一片片梅林，眼前展开的是一片幻境，和在这里扮演过的旧日的故事。她忽然又看到了那口水井，旁边仍然立着一株枝桠虬结的老树，树上有一枝很粗的枯枝，这是伙夫们挑水时挂扁担的地方。这棵老树记载着那些仆人们的多少劳苦和辛酸，那些为巴金深深热爱的，那些以纯朴的心灵和智慧启迪过少年巴金的人。

在这里，萧珊就像一个梦游者。幻觉和现实的界限模糊了，巴金所叙述过的家族历史和他创作的艺术境界的界限模糊了，他的亲属和他小说中的人物的界限模糊了。萧珊就这样似真似幻地游荡一阵，她不记得她是怎样回到妈妈和大嫂身边的。

大嫂因为没能陪萧珊去看老家，心里一直感到歉然，今天碰巧是一个比较晴朗的日子，她要陪萧珊好好游览一番。她盘算着先游哪一处名胜古迹，可萧珊说："今天天气好，先出城逛逛好吗？我想看看那条以濯锦得名的锦江，看看它怎样洗出了那么多美丽的丝绸。"大嫂笑了，两妯娌沿着江边榆柳的树阴信步走去。江水潺湲多姿，清澈见底，三五带篷的船只在悠然自得地划行着，时而有渔家姑娘在船头打水淘米洗菜。大嫂见萧珊看得神往，便说："你多住些日子，等你侄女放假以后陪你坐船去一些县城玩玩。"

萧珊笑了："那太好了，听李先生说船上的饭菜特别好吃。"

"是啊，饭菜都特别清香。"大嫂沉思了一会儿忽然说，"四弟总是忙于写作，还有那个出版社。这次他若是一起来了，那就更好了。"

"以后我会说服他一起回来的。"

大嫂一抬头忽然看见一只正在掉头的渡船，她提议说："我们坐渡船过河，从对岸回去好吗？"

"好啊，总算坐了锦江上的船了。"

在这渡船上悠悠然地漂荡着，萧珊心里想，这个城市经历了那么多次残酷的轰炸，经过了这么长的艰苦的战争岁月，可它仍然保持着它的从容、镇定、纯朴、自然，可见它有着多么深厚的文化底蕴啊！

萧珊没能在成都久住，12月下旬她便回到了重庆。

在寒夜中孕育着杰作《寒夜》

在萧珊去成都的日子里，巴金除工作外，还经常和许多新老朋友相聚，倾心畅谈。这个最重视友谊的人，从朋友那里享受到了莫大的欢乐。但是不久，他却又一次尝到了失去友人的悲痛，他的老友王鲁彦因患肺结核死在乡间。他是从报纸上得知这一消息的。他还记得，那年在桂林，在一次聚谈之后，老友支着手杖一拐一拐地离去时那歪斜着走路的身影消失在逐渐加浓的夜色中。那时巴金已经预感到诀别的日子不会太久，现在这个不幸的时刻终于来了。他觉得他的心痛起来，泪水模糊了他的视线。他清醒地意识到，跟随着朋友的遗体也埋葬了自己的一些快乐年轻的岁月，在那里面也许有着金沙似的闪光的东西。他忘不了他年轻时从这位友人的作品中得到的鼓舞和教益。他痛心地数算着，到此刻为止，他已经哭过老友罗淑，哭过陈范予，哭过林憾庐，为什么这种悲痛如此迅速地又落到了他的头上？

这时候他还不曾料到，不久，他即将用同样痛苦的心情，用同样的血泪，像哭鲁彦一样去哭另一位友人缪崇群。这个日子在1945年1月便降临了。1月18日，他正在重庆文化生活出版社的斗室里看报，突然他的眼睛定住了，他取下眼镜，揉揉眼睛，又擦擦眼镜，重新仔细地看那条消息，那是用小五号字排印的短短三四行字的讣告。巴金在恍惚中执拗地对他的老友呼唤："你不能用这模糊的铅字向朋友们告别，你决不能！"他的颤抖的手臂颓然地落下，报纸也随之飘落地下。他一直不肯相信这条消息的真实性。然而过了三个钟点，一位和崇群同住一处的友人左兄的快信到了，信上这样写着：

"崇群今晨三时二十五分长逝于江苏医院，因医院不能久停，无法俟友好齐至一瞻遗体始行安葬，爰定后日（十七日）上午九时落土，心痛笔重，容缓详告。"

这时，巴金再也不能不信，这位心灵纯洁（这原是缪崇群赞誉巴金的话，巴金却认为只有崇群才可以接受这个评语）的友人已经一声不响地悄悄走了，这次真的是永别，他们之间十四年的友谊就这样结束了。巴金禁不住责问自己：对于这个曾在艰苦的生活中挣扎，在社会的轻蔑的眼光下一天天衰弱下去的友人你给予过什么帮助？你给他的只是一个空的希望，你只会让他相信"在'未来'里我们可以在一起过着比较理想的生活"，但这只是一张没兑现的支票。你曾打算到渝后设法为他安排一个较好的生活，这也不曾实现。有一个时期你逼着他写文章，但也只给他印过四本小书。而他却是一位可以为朋友舍去最后的汗衫的人。巴金更痛责自己：他患病，你不知道，你原该到床前照料的，可是你没能这样做。他的死，你也不曾去和他诀别，更没亲自送他的棺木入土，你的过错再也没有弥补的机会了。现在距离老友的逝世已经过了四天了，你还能做什么？哦，不，不能这样就完了！他猛地从椅子上跳起来，我一定要去找到他的坟墓，去和他作最后的诀别！

巴金和萧珊在北碚郊野的一个斜坡上找到了它。在两座荒冢附近，有一座新坟，坟前摆放着两个纸制的花圈。如果他不是看见花圈上写着老友的名字，他怎么也不会相信，这样一个松松的土堆就永远隔断了他亲密的朋友。萧珊在坟前摆下了果品和鲜花。两人默默地伫立着。巴金忽觉有一个瘦削的、佝偻的身影在慢慢地移动，不断轻轻地发出咳声，一张温和善良的脸满是病容，嘴角流露着凄凉的微笑——巴金差一点呼出他的名字，可是这影像倏忽消失了。巴金的脚移动了一下，仿佛要去捉住那个影像，但是，他忽然又看清了花圈上的名字，他心里对自己说："在这个世界上再也不会有这位老友了。"他趔趄了一下，萧珊伸过手去挽他的臂膀，他凄然地对萧珊说："这就是我那位写过多本散文集的朋友的结局吗？他的散文那么有特色却不被人赏识，我读他的文章仿佛在听他谈话，亲切、温柔，还夹杂了一点哀伤。那些洋溢着生命的呼声、充满着求生的意志、直接诉于人类善良的心灵的文字，那些有血有泪、有骨有肉、亲切而朴实的文章，都是他心血的结晶，它们会随着明星长存，会伴着人类永生。"

萧珊垂下头看了看手中的《眷眷草》，她想起了他们在桂林的相聚，想起了他那真诚的神情，想起了他赠送的那块弹片，她的眼泪不禁扑簌簌滚落下来。

巴金和萧珊在这荒凉的郊野慢慢地走着，他们都悲痛得说不出什么话来。巴金心里却一遍又一遍地悲叹着："崇群兄，我不是在哀悼你，应该哀悼的倒是我自己，我失去了我的一部分，我最好的一部分；我失去了一个爱我如手足的友人。那损失是永远不能补偿的了。"过了一阵，巴金突然像控诉似的呼喊着："在这寒冷的暗夜里，我已经失去了多少友人，他们都是和我相交十年以上的老友，世弥、憾翁、范予兄、鲁彦兄，还有这位善良纯洁的崇群兄，他们都是一些有理想有才华的'小人物'，他们都被社会弃置于一个角落，任其默默地凋谢枯萎。范予、鲁彦、崇群都因贫困劳累而死于肺结核。还有我那可怜的表弟也死于同样疾病。这些友人和亲人的不幸刺痛了我的心。多么黑暗多么寒冷的夜啊！除了用笔控诉，我无法排解胸中的块垒。"

萧珊问道："你不是已经开始写一本题作《寒夜》的书了么？在这本书中你是不是写你这些在寒夜中逝去的友人呢？"

"这本小说当然不是专写某位友人，但却是我这些在寒夜中死去的友人呼唤我来写这本书的。"

就这样，原于1944年初冬已经开始写作，后来中辍了的这部新著《寒夜》，在巴金的心中进一步孕育成熟了。

但是1945年是动荡不安的一年，也是大转折的一年，巴金作为一位著名作家，他除了写作，还必须参加一系列的社会活动，他的脉搏和社会的脉搏是息息相通的。这年2月，他和老舍、茅盾等三百一十二人在重庆《新华日报》联名发表了《文化界时局进言》；5月4日，和郭沫若、胡风、老舍、邵力子、王平陵等人出席了有一百多人参加的中华全国文艺界抗敌协会在曹家巷文化会堂举行的抗协成立七周年暨第一届文艺节纪念会。抗协自1938年成立以来，一直由老舍主持工作。他顶住压力，排除干扰，把这个文艺界统一战线的抗战团体办得很有活力。巴金说，当时在张家花园的聚会好像是欢乐的节日，那时总是老舍主持会议，周恩来先生讲话。巴金正是通过和周恩来的接触开始了解毛泽东思想的。同年6月24日，巴金又同郭沫若、老舍、叶圣陶、洪深、陈白尘等二十三人发起，为茅盾五十寿辰在重庆西南实业大厦举行了庆祝会。

1945年8月15日，日本天皇发表"停战诏书"，宣布对中、英、美三国投降。一时间举国欢喜若狂，鞭炮声震动了整个山城，报童叫卖"号外"的声音，百姓欢呼的声音连成了一片，人们额手称庆，互相祝贺，颠沛流离的日子终于结束了。胜利广场上聚集着狂欢的人群，昼夜不肯离去，无论男女老少都在唱歌跳舞，以倾泻这用八年的血泪换来的欢乐。这时的巴金也深切地感到头上的梦魇去掉了，浓墨似的暗夜发白了。但是，当狂欢过去以后，巴金看到的现实却使他非常失望：政治腐败、官僚荒淫，物价飞涨，民不聊生，依旧是"坏人享乐，好人受苦"。看来，"单是'胜利'两个字并不能解决我们的一切问题，我们狂欢得太早了"。

8月27日，重庆的《新华日报》登出了一条重要消息：毛泽东即将来渝。次日午后，毛泽东与周恩来、王若飞等一同由延安飞抵重庆，准备同蒋介石进行和平谈判，共商国是。这一重大事件，为全国人民热切关注，人们把国家民族的前途和希望都寄托在这次谈判上，人们渴望能尽快地改变现状，渴望着永久的和平和幸福的生活。毫无疑问，巴金也具有同样的心情。由于一段时期以来，他和周恩来有过多次的接触，对于共产党的各种政治主张有了初步的了解，他对未来的期望，更多地放在这一新的政治力量上。

毛泽东在重庆下榻于上清寺。通过周恩来的安排，他在这里分批接见了各界知名人士。9月初，巴金和文化界的几位著名人物一同受到毛泽东的接见，这是他第一次见到毛泽东。当毛泽东热情地握住巴金的手的时候,两人曾有过非常诙谐的对话。毛泽东说:"巴金先生,听别人说你年轻时也信仰过无政府主义,是这样吗?"巴金说:"是呀,听说你从前也信过……"毛泽东爽快地笑了,他立刻说:"是的,那时我们对什么都有兴趣。"这一次接触比起过去从传闻中和周恩来的介绍中得到的印象就更具体、更生动了。

同年的10月10日,中华全国文艺界抗敌协会更名为"中华全国文艺界协会",简称"文协"。这个协会曾在张家花园组织了多次活动,周恩来总是应邀参加。10月21日周恩来又在文协与大家相聚。出席会议的有郭沫若、老舍、叶圣陶、巴金、冯雪峰、胡风等。周恩来向大家介绍了延安的文艺工作者为工农兵服务的情况。他提到的作家中有的是巴金非常熟悉的,他们的成就使巴金很钦佩,他渴望有一天自己也能走在这条道路上,全身心地投入劳动群众中去,写他们,为他们而写,丢开他这支写惯了旧的痛苦生活的秃笔,去反映和歌颂新的生活、新的时代。

在这段时间里,除了社会活动,巴金把他的精力几乎全用在了文生社的工作上,他在1945年7月7日给杨苡的信中说:"我在书店做了快一年的校对……我的一部小说因此至今不能交卷。"这本小说是指他的中篇《第四病室》,虽然他的《寒夜》在1944年初冬已经起了头,但随即搁置下来,因为他在贵阳住院时的那些人物形象时时出现在他的脑际,感动着他,所以他又动笔写《第四病室》。现在,为了文生社的生存和发展,又不得不放下他的写作而陷入出版社的一系列事务性工作中。不仅现在如此,过去也如此。他在1944年12月14日给沈从文的信中有这样一段话:"天天对自己说要写信给你,却始终没有机会动笔。这两个月我相当忙,虽然并没有做过什么了不起的事情,只做了一些苦恼的工作——看校样,而且大半是疙里疙瘩的译文,要改,不知从什么地方下手改,又觉得:连自己也看不懂,更不好意思拿去折磨读者。最近这里印了一本熟朋友的译稿,以为一定很好(他从前著译都很不错),想使它早些出版,没有看就拿去付排,等校样送来一看,简直不知说些什么,从头到尾,完全照原文按字排列,就像在查字典一样。对着这大叠校样,我真不知道应该怎么办才好。就为了这些事情,我才许久不回你的信。"一个大作家竟为了校对工作受这份罪，更何况还有选纸张、跑印刷、算稿酬等等琐碎事务。当然，为出版工作他也享受到不少快乐，自从他主持文生社工作以来，曾推出过那么多优秀作品，有老一辈作家的力作，也有年轻作家的处女作，其中不乏里程碑式的作品，有著作，也有译作。出版好书，这便是他最大的快乐和幸福。1947年2月27日他给田一文的信中就提到："最近发排新书有下列数种：（一）袁俊译《吾土吾民》；（二）萧乾著《人生采访》；（三）冯至著《山水》。卞之琳的《窄门》不久也可付排了。今年'文生'可以出几本好书。"对于出好书他是这样的津津乐道。而且他还有独特的组稿方式，照他自己用的字眼就是"逼"。他在1942年4月16日写给沈从文的信中殷殷劝说沈从文："我极希望你能把生活好好安排，多写几个长篇出来。我不相信一提笔就会叫人想疯。……我们纵使不能点一盏灯给那些迷路的人指点前途，却不妨在山道上放一缸水，一把瓢，让那班口渴的行路人歇歇脚，饮口凉水，再往前走。文学是团结人群的，是一件使人头脑清醒的工作，而且是需要着理性和智慧来完成的。你极聪明，又不是不明白，而且有大的才能，因此你是极适宜于做这种工作的。那么你为什么要长久搁笔呢？望你仔细想想。"在另一封信中他又追问："你还在写小说么？我们希望你不要放下你那管笔。"他对老友可以直言不讳，多少劝告，多少鼓励，多少鞭策！这字里行间倒真有几分"逼"的意味。他又问道："《长河》不知你如何打算，倘使交给我印，我可设法在桂林印出。我很高兴为几个熟朋友印书，也希望因此逼几个熟朋友多写点东西。"1946年3月，他还把远在海外的老友萧乾发表的报告文学从报纸上剪下，编成《南德的暮秋》，放在《文学丛刊》第八集，在文化生活出版社出版。巴金关心的不只是朋友，而是整个文学事业的发展，是整个进步出版事业的发展，多么伟大无私的品格！

1945年初冬，巴金重新拾起那部中断了的《寒夜》想继续写完它。但因抗战胜利后和他居住在上海的三哥尧林取得了联系，三哥的来信中说他刚刚大病初愈，希望巴金早日返沪，兄弟团聚。因此，巴金急切地想去上海探望三哥和仍在上海的老友们。对于文生社友人陆蠡的失踪，他曾听到各种传闻，也急于去探寻一个究竟。另外，他想尽快地在上海恢复文化生活出版社。令人气愤的是当时的飞机票和船票多被"官"字号的人抢先占去，巴金一时无法回沪，只好将已经怀孕的萧珊送到成都由继母照料，他则继续在重庆等票。

一个停电的夜晚，巴金烦闷地独自在街头徘徊，冷雨不停地下着，他听任雨水淋透了他的头发，好像要借此浇灭心头的怒火。一群人凄凄惶惶地走着，巴金的脚步也随着人群移动着，在经过胜利广场时，他不由得惊叹，曾几何时，这狂欢过的广场竟变得这般凄凉！这时，突然有一只枯瘦的手伸到他面前，他吃了一惊。一个老妇神情凄楚地哀求："先生，我们是从桂林逃难出来的，请你帮帮……"

巴金摸了摸口袋，空空的，感到很窘，无奈地向前走去，却听见身边另外两个人的对话：

"你哪天离开重庆？"

"走不了，车票、船票、飞机票都轮不到咱老百姓买，'劫收'（接收）大员们正四处去忙'劫收'呢。"他咬牙切齿地说出"劫收"两个字。

盼望了八年的全面抗战胜利，原来不过如此！

巴金的心里不知是怒，是忿，还是悲哀，他的脚步很沉重。

直到这一年的10月底，他才终于购到了两张船票，便又兴冲冲地将萧珊接回，准备一同返沪。不料这艘船不过是一只小火轮，无法睡卧，妊娠中的萧珊是无法乘坐的。萧珊只好在重庆等待，巴金一人去了上海。《寒夜》的写作也只好再次搁置下来。

11月1日巴金回到了上海。他和三哥尧林仍与友人索非同住在霞飞坊五十九号的房子里。兄弟两人在战争年代里长期分别，有时连信息都不能通。今日相见，尧林显得异常兴奋，常同巴金谈心到深夜。他的身体已经相当衰弱，脸色苍白，双颊凹陷，显出苍老。但仍然是那一脸温和、疲倦和寂寞的微笑，依然没有半句抱怨的话语，那笑容却泄漏了他一生经历的孤寂和苦闷。看着这副面容，巴金感到无限酸楚，又深为忧虑，于是竭尽全力为他增加营养，希望经过一段时间的调养后他能逐渐恢复起来。

在此期间，巴金一面筹备恢复上海文化生活出版社，一面去看望文学界的许多朋友和接待友人的来访。另外为探询陆蠡的下落，他四处奔走。

得到的消息总是使他的心一次又一次地沉入悲痛和绝望中。有关陆蠡的各种说法虽然细节上略有不同,但是,一个共同的结论是不容置疑的,这个正直的人为了尽力避免造成文化生活出版社的损失,为了避免殃及他人而义无反顾地毅然面对敌人的残暴和狰狞,义正词严地申明了一个爱国者的鲜明立场,他当面指斥敌人:"汪精卫是汉奸,大东亚战争必然失败。"因此,据说他的唯一罪名是口供强硬。他终于消失在日本宪兵队的牢房里了。

巴金还记得那年,他要经过海防转昆明,离开上海时便是三哥尧林和陆蠡将他送上轮船的,他们站在岸上向他微笑,他怎么也想不到这便是他和陆蠡的永别。巴金永远不会忘记这个友人,这是一个"貌不轩昂,语不惊人,服装简朴,不善交际"的普通人,然而在平凡的外表下装着的却是一个崇高的灵魂。他是一个喜欢埋头做事,不求人知,心地坦白,忠诚待人的人。巴金把他视作"值得骄傲的朋友",盛赞他的"刚直、侠义",说他有"优美的性格,黄金的心"。陆蠡有写作才能,却不肯轻易发表文章。他曾出版过《海星》《竹刀》《囚绿记》三本散文,翻译过屠格涅夫的《罗亭》《烟》和拉马丁的《葛莱齐拉》,受到读者的重视。陆蠡失踪四年来,巴金和朋友们对他的怀念、找寻、等待从未停止过。他们登过报,各处打听过。现在巴金明知自己的苦苦寻找已经无望,仍时时幻想着奇迹的出现。

接踵而来的另一件不幸是三哥尧林的病情日益危重。尧林仍不愿入院治疗,经巴金多方劝说,实际上已到了支持不住的地步,他才答应住院,在朋友的帮助下住进了一家条件较好的医院。他的病房面向一个小花园,推开窗便可看见一片令人愉悦的绿色。这里非常安静,正适合三哥的性格。巴金和朋友们都希望三哥至少在这里住两个月,以帮助他恢复体力。但是谁曾料到他入院不过七天便与世长辞了。多少年来,在诸弟兄中对巴金关怀最多、相知最深的除了大哥尧枚便数三哥了。巴金的哀痛是可以想见的。三哥去世的那个晚上,正巧巴金不在他身边,值班照料的朋友来电话说:"三哥完了。"巴金痴痴地站在电话机旁不知道应该做什么好。当他在医院看到那用白被单蒙着的身体时,不平地问自己:这就是死么?可是，三哥，你原说过你等着我回来有许多话要对我讲，有一些梦要我帮忙实现。现在这一切都没做到，为什么你就这样默默地走了！你留下两部未完成的译稿——冈察洛夫的名著《奥布洛莫夫》和威尔斯的长篇小说《莫洛博士岛》，一部已译完待整理的中篇小说《女巫》（亚·库普林著），一本已付印的三幕剧《战争》，一本法国通俗小说《无名岛》和十多篇零碎的短篇译文……还有那个称你做"亲爱的爹爹"的女孩，她原是大哥的女儿，从小"过房"给你的。她喜欢音乐，像你一样；她热诚待人，像你一样；她正直，她无私心，也像你一样。你们在一块儿，应该是一对最理想的父女。你为什么不留给她一个机会，让她对你倾吐她的胸怀叙说她的梦景？难道你不挂念她？巴金沉痛地自语："死毁坏了一切！"他回想着，三哥一生独身，全身心地扑到工作上，他教书育人，深受学生的敬重和爱戴，但从不让人把自己看作青年的导师，甘心过着谦逊平凡的生活。他翻译的冈察洛夫的名著——长篇小说《悬崖》和中篇《阿列霞》以及多部已在付印的著作，是他燃尽自己留给世人的永不消失的纪念，而他带走的则是朋友和学生对他的敬爱和怀念。从今以后，他那颗顾念别人多于顾念自己的心，他那温和的寂寞的微笑，却被永远地埋葬了。巴金亲自料理了三哥的后事，将他安葬在了上海的虹桥公墓。回到寓所，他又拿出三哥赠予他的遗物——在燕京大学毕业时因成绩优异而获得的奖励——金钥匙，轻轻地抚摸着，不禁悲叹为什么你的生命这样短促，凭着你的智慧和才能，你原可以做更多的事啊！

由于萧珊临近分娩，巴金又急忙赶回了重庆。

前　夜

巴金把萧珊送进了宽仁医院。1945年12月16日，他们的女儿便出生了。

有一次老舍到他们的住处来探望，正见萧珊抱着尚在襁褓中的婴儿，便饶有兴味地凑上前来观看这个初生的孩子，赞道："真是个可爱的小家伙！"他在孩子的小脸蛋上用手轻轻抚弄了一下问道："她叫什么名字？"

巴金回答说："为了纪念我刚刚去世的三哥李尧林，给她取了个乳名叫小林。她的学名是李国煣。"

"李国煣？"

巴金见老舍没听清这个名字，便顺手蘸着桌上的水滴写出"国煣"二字。

老舍一看，朗声笑起来，说道："巴金兄，你为什么给孩子取了这么个名字？"

巴金说："按照我们大家庭的排行，她应当是'国'字辈，而下面一个字又必须带'火'字旁，所以就取了这个名字。"

老舍嘴里念着："国煣，国煣，国家的事儿已经够让人烦的啦，你还给孩子取这样一个名字！"

巴金苦笑着说："正因为国家的事儿够让人烦了，我才想到这样一个字。"

这一个"烦"字代表着巴金这个时期的心态。早在1945年10月2日巴金给沙汀的信中曾有这样的话语："生活如常，不好不坏。只是心里相当烦。"

可老舍再三说："这么可爱的孩子，可不能叫这么难听的一个名字。"

因此，从这以后"小林"叫上了口，便没用"国烦"二字了。

巴金和老舍一直是比较相知的朋友。在较早的时候，老舍有一篇评论巴金的小说《电》的文章，这篇文章不仅评论了文，也评论了人，他绘声绘色地写出了自己对巴金的印象。他说："巴金兄是个可爱的人，他坦直忠诚，脸上如是，心中也如是。我只会过四五次，可是第一次见面就使我爱他。他的官话，要是我给打分数，大概过不去六十分。他匆匆忙忙地说，有时候我听不明白他的话，可是我明白他的话中夹着的笑；他的笑是那么亲热，大概无论谁也能觉到他那没能用话来表现清楚的一些热力，他的笑打入你的心里。"

这是多么坦诚又多么入木三分的描绘！两个人都是这样，无怪他们能结下终身不渝的友谊！

1946年4月底，巴金安排萧珊带着未满半岁的女儿小林先回到了上海。而他自己则在重庆滞留了二十多天。这期间他曾和张澜、沈钧儒、郭沫若、茅盾等联名发表了《致美国国会争取和平委员会书》（载《新华日报》），出席了全国文协在张家花园召开的庆祝文艺节大会和文联社发起的文艺座谈会，听取了周恩来的讲话。

后来巴金在一篇纪念文章中曾这样记述了当时的情景："1946年有一个晚上，总理在文协讲了话，最后出来，走上张家花园通大街的一级一级的石板坡，后面只有一个同他来的同志，总理披着一件旧的黑大氅。我怀着崇敬的心情走在他的身旁。重庆的夜使人有一种透不过气的感觉。四周非常静，再看不见一个人影。总理脚步稳定地慢慢上坡。我问他什么时候去南京，他告诉我明天去。""在重庆，国民党反动派活动猖獗，他们什么事都干得出来,我真有点替总理担心。但是我知道总理在任何危急紧张的情况下,总能够沉着应付,他从来不为个人的安危操心。""在快到最后一级石梯的时候,我说:'斗争很艰巨,希望多多保重。'总理满怀信心地说:'只要坚持斗争,人民一定胜利。'上了坡,我看见他同另一位同志上了车走了,我突然觉得十分孤寂。我感觉到我多么敬爱这一个人,这样一位完全没有私心的人……"

5月下旬,巴金回到上海,这时"最大的快乐"便是和一些留在上海的朋友见面,畅叙在战争期间的生活、工作和种种遭遇。一直滞留孤岛上海的索非,是巴金青年时期结识的朋友,也是在上海长期同住在一所房子里的亲密朋友。当三哥从天津来到上海后也住在这里,得到索非夫妇许多关怀和照顾。现在他和黎烈文要去台湾,曹禺和老舍则去美国讲学,靳以还在重庆,仍在复旦大学任教,这些好友的分散,不免使巴金有些怅然,这时留在上海的只有郑振铎、李健吾、许广平、唐弢等。郑振铎担任着全国文协上海分会主席的职务。这个分会是1945年12月成立的,当时巴金还在重庆,但他仍被选为理事。不久,沈从文忽然从昆明飞抵上海,并将由此去北平,去北京大学任教。他虽然在上海逗留的时间不长,巴金和萧珊仍然感到非常高兴。此间,留渝的文化界朋友也陆续到了上海。

6月4日,这一天是诗人节,正巧又是旧历的端午节,文协在金城餐厅举行聚餐会,郭沫若、茅盾、巴金、胡风、冯雪峰、马思聪、许广平都到会,参加这次盛会的共有文艺界、新闻界及各界人士百余人。

接着,巴金和萧珊又设宴欢迎由渝赴沪的靳以夫妇和自英国回国的萧乾及其未婚妻。

6月14日,开明书店也在上海金城餐厅举行盛大宴会,一方面为欢迎来沪的著名作家,另一方面为柳亚子夫妇祝寿。到会的有茅盾夫妇、郭沫若夫妇、田汉夫妇、陈望道夫妇及靳以、吕叔湘、王鞠侯、翦伯赞等,巴金也偕萧珊欣然赴会。这是抗战胜利后久别的友人们一次难得的欢宴,人们倾心畅谈,直到晚九时许方才散去。

当然,还有一个巴金决不会忘记探望的人,那就是他已逝的三哥李尧林。1946年11月的一天,巴金和萧珊带着女儿小林去扫墓。在这之前,巴金经过精心设计，为三哥整修了坟墓，请钱君匋写了碑文。墓上用大理石刻了一本摊开的书，上面写着："别了，永远别了。我的心在这里找到了真正的家。"这字句是巴金从他三哥的译文中选出来的。巴金想，他这个只想别人，不想自己的四十二岁的穷教师在这里总可以得到永久的安息了。

在以后的清明节，巴金仍然偕同家人去为三哥扫墓，这在巴金已经成了惯例。他"总想把他的'真正的家'装饰得更美好些"，便仍用三哥自己的稿费做了一个石头花瓶，摆放在墓前。每年清明和他的忌日他们一家人都要带来鲜花插在瓶内。巴金的手足情深也可略见一斑了。

巴金依旧为文生社的工作忙碌着。虽然"上海纸价猛涨"，"排字工人缺乏"，"排一本书就得花百万光景"，有时"为了印新书，还借款，煞费踌躇。印书渐渐变成了奢侈的事情"，这种种苦况在巴金的信件中多有所反映，但他还是毫无怨尤地挑起文生社全部社务这副担子，艰难地撑持着，继续多出书，出好书。

虽在酷暑中，他仍为已故的老友王鲁彦编辑出版了《鲁彦短篇小说集》，为缪崇群校阅和编成散文集《碑下随笔》，并作后记说明书名的由来，一是因缪崇群已作古，是碑下之人；二是作者在创作这本文集时，住地在重庆金刚碑，它位于北碚和北泉之间，山顶上有一天然矗立的巨石，俨若一座石碑，而缪的宿舍就在这金刚碑之下。巴金是怀着强烈的思念之情编成和出版这本文集的。他说："对于我，他的友情是不曾死的。"他还为罗淑出版了译文集《白马甲兵》，为老友卢剑波编辑出版了小说集《心字》，为三哥李尧林整理出版了译著《月球旅行》《伊达》，为已去世的素不相识的青年作家郑定文编辑出版了小说集《大姊》。巴金因为编辑工作的繁重和看校样过于劳累，病了两个多月，可是不等完全恢复，他却又督促自己"得加紧工作了"。通过巴金这艰苦卓绝的工作，让我们看到他这些已逝的老友都还活在他的心里；也正是由于他这份工作，使这些已逝的作家通过他们的作品仍活在读者的心里。巴金用他的行动为我们这个时代呼唤这样无私忘我的文化工作者！

因为巴金是一个作家，除了编书、出书，他还要写自己的作品。从抗战胜利回到上海的这两三年中，他翻译了王尔德的童话和散文诗，后结为《快乐王子集》，1948年3月由上海文生社出版。此外，他还翻译了俄国作家库普林的小说《白痴》、保加利亚作家奈米洛夫的小说《笑》、俄国民粹派女革命家妃格念尔的回忆录《狱中二十年》和德国作家洛克尔的《六人》，皆陆续出版。1949年2月，他又开始翻译屠格涅夫的半自传体小说《蒲宁与巴布林》和高尔基的回忆录《回忆契诃夫》等文，1949年12月上海平明出版社出版。

巴金的创作和翻译工作就像他的出版事业一样，时常受到人们的高度赞扬，而且人们在赞扬他的作品时又不由得同时称道他严肃的工作态度，甚至直接赞誉他高尚的人品。

1946年9月17日，唐弢在上海《文汇报·文化街》发表文章称："巴金对自己译作极认真，又诚恳地向读者负责，所以重版一次，即思修改一次，作家中对自己译作屡印屡改者，当推此公为第一名。"同月26日在上海《大公报·大公园》又有董桑的文章称"巴金是具有光辉成就的作家"，包含在"几十本著作译作里"和他为人所持的基本态度上，认为他"热情、用功"，有"严肃的责任感"。他主持的文生社在全国出版界和从事文艺工作的人的心上"都植下了不可磨灭的印象"。他主编的《文学丛刊》"无一不带着辉煌的光芒出现在中国出版界上"。也有的文章在记述文化生活出版社的历史时，极力称赞它"努力介绍新作者"，"比其他的出版社魄力大而'勇敢'"。

同年10月，赵景深发表《关于巴金的十封信》，以书信的形式对巴金的小说散文的表现手法、艺术技巧、艺术风格进行了分析评论，称赞他"写得很美"，但"从不雕琢字句"，文字的风格"流丽"，一泻千里。巴金一向主张，无技巧便是技巧，他自己的作品正是达到了这样的境界。

同年12月，上海《幸福》月刊"作家印象栏"有天行的《记巴金》，说巴金"热情""真挚""诚恳""忧郁"，"不爱说话"，而作品"流畅"，"充满了人间的苦闷和哀愁，但有一贯的对人间的爱的感情流注着"，他对人间的爱和对真理的热情"引起了青年的共鸣"。也正是在这一年，巴金的《春》《秋》由陈西禾和李健吾分别改编成话剧。1947年上海世界书局出版的李一鸣的《中国新文学史讲话》，对巴金的小说评价很高，认为它的"质"和"量"都惊人而且题材极新，"全是向旧社会挑战的呐喊"，在艺术性方面，"文笔秀丽，技巧纯熟"。作者认为巴金在新文学作家中是"极有地位的一个"，他的"前途更无可限量"。

《巴金选集》的编者题记里也有这样一段文字："巴金是被许多爱好文学的青年所热烈崇拜的作家"，因为他的小说"充满了青年人的热情和热力"，他"最能探讨现实的青年的问题，同时也很能抨击不合理的社会制度，他对于青年人的人生观，往往在一个曲折的故事里指出了正确的路径"。

在这一两年中，上海竟有这么多文章评论巴金和他的作品，可以看出巴金在国内引起的反响，以及评论界对他的推重。当然，在这众多的赞扬声中，也夹杂着一声尖厉的喊叫，说他是"该捉来吊死的作家"。巴金给了这人一个绝妙的回答，他说："我从来不是一个伟大的作家，我连做梦也不敢妄想写史诗"，"我没有在小说的最后照'批评家'的吩咐加一句'哎哟哟，黎明！'"这是因为"那些被不合理的制度摧毁、被生活拖死的人断气时已经没有力气呼叫'黎明'了"；他又说，"我还要奉上我这本新作《寒夜》"，"恭候着莫名其妙、耿庸之流来处我以绞刑"。巴金指出，"读到自己所不喜欢的文章就想把作者'捉来吊死'，这样的人并不是今天才有的。我们自己的老古董秦始皇就玩过'坑儒'的把戏，他所坑的'儒'自然是那些和他不同道的、不拥护他的人"，但"秦始皇的霸业也仅能传至二世"。巴金犀利的文笔比起那剑拔弩张的号叫有力多了，它让人拍案叫绝！

巴金在1947年5月24日写给法国学者明兴礼神父的信中说："我喜欢罗曼·罗兰的早期的作品，比方他所著的《约翰·克里斯多夫》、三部传记、大革命戏剧。他的英雄主义给了我很大的影响，当我苦闷的时候，在他的书中我常常可以寻到快慰和鼓舞，他使我更好地明了贝多芬的'由痛苦中得到快乐'；靠着他，我发现一些高贵的心灵，在痛苦的当儿可以找到甜美，可以宰制住我的痛苦。他可做我们的模范和典型。'爱美，爱真，爱生命'，这是他教给我的。我从他的作品中吸取了勇气。"（这段文字见于明兴礼著《巴金的生活和著作》,巴金曾注明"这不是我的原文")巴金是在1946年会见这位法国学者的,在巴金谈到他童年的生活和大家族的崩溃时,明兴礼从"他四十岁的面孔上,发现了一位青年的巴金,他与青年的巴金一般年轻,有的是朝气和热血"。

后来明兴礼写成了专著《巴金的生活和著作》,由王继文译成中文,1950年上海文风出版社初版。该书以八章二十六节的篇幅,完整地介绍和论述了巴金的生平、思想信仰、作品的思想内容和艺术特点。他认为巴金的作品是"强有力"的,是"多情感"的;"在他的每部作品里都清清楚楚地将自己表现出来"。巴金"希望每个人都得到幸福""光明和生命","这是巴金从心中射出的一把火箭,穿透他的全部作品,集中了他的理想"。在艺术性方面,他认为巴金的小说能"表现人物个性","注重心灵的描写","富于诗意","文笔自然而流畅"。他认为"巴金小说的价值,不只是在现时代,而特别在将来的时候要保留着,因为他的小说是代表一个时代的转变……"

巴金的作品在日本也受到热情关注,日本作家饭冢朗翻译介绍了他的《憩园》,并从比较文学的角度发表了《论岛崎藤村、巴金、希尔热的〈家〉的浪漫主义》,还在《随笔中国》第三期发表了《从〈家〉到〈憩园〉》的文章。

巴金从早到晚总是在繁忙中度过,在深夜的平静中却常有一种莫名的郁闷和愤懑袭来。黑暗腐败的社会现实不断刺痛他的心,虽然时值酷暑,可他的心里仍有重庆寒夜的感觉。

一个月夜,惨白的月光透过帘帷照进房中。在婴儿床上睡着的女儿小林,呻吟了一声后又入睡了。巴金看了看身边的萧珊,也睡着了。巴金十分烦躁,不能入睡,便悄悄下床,在室内轻轻地来回踱步。他又走到窗前,撩起窗帷,将两肘压在窗台上,埋下眼睛去俯视那个睡去了的弄堂。一股凉风吹到了他的头上,四周极其寂静,他仿佛觉得"夜"迈着轻微的脚步从他身边走过……他打算再看一次弄堂,然后上床安睡,但这时他忽然想起,六年前他将离开上海时也曾悲愤地站在这窗前,一站站了半夜。那时和这时,是同样的月夜,同样的弄堂,但他的心境却不同。那时,纳粹的黑云遮蔽了大半个世界的天空，日本侵略者的魔爪快要伸到了他的咽喉。那时他虽然有一腔悲愤，可还看见"希望"在远处闪光；今天八年抗战胜利了，他又回到这旧居，可是，他却只有一种受骗之后的茫然感觉。他问自己："我的希望逃到哪里去了呢？"他的耳边突然响起一句悲愤的话语："胜利，究竟是谁的胜利？"哦！他记得老友叶圣陶曾告诉他，这是夏丏尊弥留之际的一句慨叹。

巴金又在室内凄然地徘徊着。他忽然听见悲哀的哭泣声，忽远忽近地传来，时而是女人的哭声，时而是男人的哭声。

巴金问："是谁在哭？"

没有回答。

巴金心里的声音说："是我那逃走了的'希望'在哭么？是八年的'苦难岁月'在哭么？"巴金毛骨悚然了。他又问："你们为什么哭泣？"忽然有个声音回答说："你对我们描写过光明和幸福的美景，可是我们只看见官僚发财，投机家得利，接收人员作威作福欺压良民……他们洋房、金钱、女人，应有尽有。还是坏人享乐，好人受苦。汉奸摇身一变，升了——我们粉身碎骨，肝脑涂地换来的就是这些？"

巴金说："你们问我有什么用？你们究竟是谁？"

"难道你忘了我们？我们是断掉的手和腿，是弹片撕掉的肉和皮，是烧成了灰的骨头，是像水一样流出来的血，我们是被砍掉了的头，被活埋了的尸首，是睡在异乡荒冢里的枯骨！"

巴金痛苦地抓住自己的头发，然后又侧耳细听。他听见那凄惨的声音述说着：

"我们把一切贡献给了抗战，可是除了饥饿、痛苦、贫困，还有什么？独立与自由在哪里？光明与幸福在哪里？"

呜呜的哭声又传来了。

巴金浑身打颤："我再也受不了啦！"

猛然间，雄鸡高叫起来，声音洪亮。

巴金仿佛从噩梦中醒来，房中最后的一线月光消失了，他睁大眼睛站在黑暗中。

前夜

巴金将以上感受写成了散文《月夜鬼哭》。

他诅咒黑暗，希冀着光明。雄鸡一唱天下白，他看见黑夜已接近尽头，黎明即将来临，一个理想社会将要诞生了。他要为迎接它的到来而战斗。

1947年7月16日，巴金和茅盾、叶圣陶等二百六十人联名发表了《中国文化界反内战、争自由宣言》。

同年7月19日，巴金和郭沫若、茅盾、叶圣陶、胡风等十三人致电联合国人权委员会，控诉国民党特务暗杀李公仆、闻一多的罪行。

物价飞涨，货币贬值，使人们的生活处在惶恐中。人们一拿到薪水，就得忙着兑换银元，稍一疏忽，大堆的钞票就会在霎时间变成废纸。我们的大作家巴金和年轻的母亲萧珊也不得不参加这种战斗，去消耗宝贵的精神。据说有一次，巴金领到的稿费一下贬值到只够喝两杯咖啡。他们也必须学着去买大头银元。

市场上人群拥挤，有的用口袋装着，有的用自行车载着，全是成捆的钞票。有的人手上拿着银元，丁零零地互相碰撞着，借此显出银元的质量以广招徕，也有生意人嘴里咕噜着："好成色的袁大头！"有人在议论："怎么又涨了？""再涨也得买！总不能看着钞票成废纸。"有的人在哀叹："这日子怎么过？"对巴金来说，这项工作更多一层麻烦：他领到版税后，必须先到银行兑换现钞，然后背上一捆捆的钞票去市场换成银元，或者购买生活用品。每次走到街上，巴金总得记着去看一看兑换的牌价。这种兑换的苦差多数落到萧珊肩上。对于这位忙于照顾孩子，又缺少经验的年轻主妇，往往有朋友主动上门帮忙。与他们为邻的科幻文学和儿童文学作家、开明书店编辑顾均正夫妇便常来关心他们一家的生活，为他们"出点主意帮点忙"，这样他们"才能勉强打发动乱的日子"。

这几年以来，巴金对"寒夜"的感受实在是太深刻了，《寒夜》这部小说的主人公汪文宣的形象时时在他眼前出现，他的忍气吞声和委曲求全，他的挣扎和无奈，他的血痰和他的苦泪……巴金觉得汪文宣时时在向他哭诉，那些在寒夜中死去的友人在向他哭诉，希望他为他们喊冤、控诉。他只要一提起笔，这些人的故事便会顺着笔端流淌出来。于是，每一个夜晚他都投入了《寒夜》的写作。尽管上海酷热如蒸，他仍坚持不辍。他边写边在文协上海分会的刊物《文艺复兴》上连载，从夏写到冬，在12月31日这部现实主义杰作完成了。1947年3月由上海晨光出版公司正式出版。它和《憩园》一样，成为巴金小说创作中的一个新的高峰，成为中国现代文学史上卓越的代表作品，这部作品后来被人们改编为话剧和电影，与广大观众见面。直到上个世纪即将结束的最后年代——1999年，当人们回眸20世纪中文长篇小说的创作成就，重温那些曾经激动过几代读者，现在仍继续给人以巨大精神力量的辉煌名著时，巴金的《家》和《寒夜》仍以其忧国忧民、蕴涵深厚的爱国主义和人道主义精神，以其震撼人心的艺术魅力同时入选"20世纪中文小说百强"的前茅。

有人说这是一本悲观的小说，甚至巴金自己也称它为"绝望的书"。但是，黑暗到了尽头，黎明就出现了，后来在日译本的书带上就写着"希望的书"。日本朋友的慧眼让巴金得到多大的鼓舞啊！社会的发展也有力地证明了这是一本"希望的书"，因为这本书所呼唤的就要到来，中国人民很快就迎来了一个崭新的中国。

萧珊刚学着做母亲，一下便挑起了照顾三个孩子的担子，在当时的具体环境中，这是多么艰难、多么沉重的一副担子！但是，出于义不容辞的责任感，出于天然的母性，她毅然地接纳了两个无父无母的孩子——巴金的老友马宗融和罗世弥的遗孤，18岁的女孩马小弥和10岁的男孩马少弥。

翻译家、作家、学者马宗融原在复旦大学任教，因同情和支持学生的民主运动，反对当局逮捕学生而被解聘。巴金和萧珊曾前往劝慰。后来他们全家去了台北，在台湾大学中文系任教，马宗融不习惯那种沉闷的空气，更因爱国教授、传记文学作家许寿裳被暗杀而陷于苦闷和悲愤之中，"酒越喝越多，身体越来越差"，终于病倒。不久又带病回到了上海，住在北京路回民联络站，贫病交迫，十分潦倒。巴金和萧珊时常去看望他。巴金在他的怀念文章中曾记述了当时的情形："他躺在床上，一身浮肿……他伸出大手来抓我的手。"巴金这时已经感到"火在逐渐熄灭"。果然，1949年4月上旬，这位性格刚直、不随流俗的知识分子，终因不容于时，郁郁而逝。他不曾死在重庆的寒夜里，却死在胜利后上海的寒夜里了。他身后十分凄凉，留下的遗物只有从台北带回的两箱书籍，此外便是两个孤儿了。巴金亲自参加筹备并出席了公葬仪式。那天参加葬礼的人不少，因为马宗融嫉恶如仇，富于正义感和同情心，学生们喜欢他，朋友尊重他，许多人来为他送行。萧珊忍不住叹息和流泪，她悄悄对巴金说："想不到，一个当过部聘教授的高级知识分子就这样结束了一生。"当巴金将这位老友安葬在徐家汇回民公墓里以后，便对萧珊说："马宗融大哥丢下两个孤苦的孩子走了，再难我们也得抚养他们。"

萧珊默默地点着头，她心里早已把两个孩子看作自己的亲骨肉了。她立即在霞飞坊的寓所里为这姐弟俩安排好了居室，又同巴金一起去把他们接了过来。

小弥已经是一个懂事的姑娘了，她对巴金说："李叔叔，现在生活这么艰难，我和弟弟都跟着您过活，您怎么养活得了？"

巴金安慰说："孩子，别想那么多，我会有办法的。你父亲、母亲和我都是几十年的故交，你们就是我的孩子。"

萧珊也亲热地搂着两个孩子的肩头说："阿姨和你李叔叔已经为你们安排好了一切，你们就安心地在家里住下吧！"

巴金和萧珊都下定决心培养两个孩子健康地成长，使他们将来能成为像他们父母一样有益于社会、有益于祖国和全人类的正直人，以此告慰老友的亡灵。

但是，1949年正值新旧交替之际，人民解放军已经横渡长江，南京解放了，上海形势紧张，据巴金记述当时的情况："稿费的来源断绝，我没有收入，又没有储蓄，不知道怎样度日。我和萧珊正在为这个发愁，均正夫妇来了，告诉我们，开明书店发给他们'应变费'十天一次十块银元，他打算代我向书店交涉'借支版税'。我当然同意。第二天他就给我送来大洋十元，说是借支办法和他们一样。我感谢他，我的困难终于解决了。我大概借支了两次'版税'，上海就解放了，我们都有活路了。"

两只孤苦伶仃的小鸟终于有了一个温暖而又安稳的窠巢。

热情迎接新生的人民共和国

1949年5月27日，上海整夜响着密集的枪炮声，巴金和萧珊因为惊喜和兴奋，几乎一夜未眠。他们知道，这枪炮声正为大上海进行一次洗礼。黎明时分，枪炮声渐歇，巴金室内的电话铃声响起来。上海解放了！《大公报》的一位朋友打来电话报告喜讯。巴金放下电话，急忙去告诉萧珊，两颗心灵中有着一个共同的意念："一个新的光辉的时代开始了。"

他们终于送走寒夜，张开双臂迎接光辉灿烂的黎明。

午后，巴金与一友人同往南京路看解放军入城。街道上人潮涌动，当解放军威武雄壮的队伍走过时，群众夹道欢迎，人们一边拼命地摇动小旗，一边大声欢呼。巴金也在迎接的人群中，他眼里噙着泪花，不停地摇晃着手中的小红旗。他想呼喊的是这样一句话："谁也难以拉我移居海外，人民拥护共产党，我应该和人民在一起！"但他的话语被喜泪噎住了。

不数日，友人何其芳便从北平来信，亲切地询问他的近况。这给巴金心里又添了一缕暖意。接着又收到周恩来从北平发来的电报，邀请他参加全国第一次文学艺术工作者代表大会。这个会以郭沫若为总主席，茅盾、周扬为副总主席。

在大会开幕的那天，巴金遇见了老友叶圣陶。叶圣陶对巴金来说，介乎师友之间，巴金总是称他为老师，称他为叶圣老。关心文学的人都知道，叶圣陶是巴金的伯乐。他是巴金第一部小说的责任编辑。巴金认为，这位师友给他的鼓励和帮助，对他的影响，不仅仅是在写作方面。巴金说："他是我的一生的责任编辑，我的意思是——写作和做人都在内。"他感激这位师友能让他在这两方面都在"正路上继续前进"。他说，这样的朋友，这样的老师他不止一位。"我每向前走一步，总要想到我那些朋友，我那些老师，特别是我的'责任编辑'，那就是叶圣老。"

这次见面，巴金格外高兴，他紧紧地握着叶圣老的手，想通过自己手的热和力把兴奋的情绪，把最深的感情传递给自己的老师。几十年的友情在巴金心里激荡，他绝不会忘记，自从叶圣老把他送进文坛以后，不论他们是否晤面，老师都一直在暗中注视着他，他理解老师对他的关切之情。1949年初，北平刚解放，叶圣陶和几位朋友从香港到了北方，当时因为有人传说巴金去了台湾，叶圣陶非常着急，便写信给黄裳，向他打听这事，黄裳把这信给巴金看了，他心里的感动是可以想象的。刚刚过了几个月，他们终于在这次文代会上见面了，真有说不完的心里话。最令人兴奋的是，他们脚下是同一块解放了的热土，他们头上是同一片明朗的天空。他想他们将在同一条光明大道上为着一个共同的目标携手前进，为着共同的理想奋斗终身。

另有一件事使巴金既觉诧异又感遗憾。在七百多人的代表中竟然没有沈从文的名字。沈从文不仅是巴金非常尊敬而且称赞他"有大才能"的作家，是他所信任的亲密朋友，也是为文学界和读者界所承认的写出了许多优秀作品的作家，是作家中具有代表性的人物。据说解放前他曾积极奔走营救身陷囹圄的革命女作家丁玲。沈从文待人的态度也是极受友人称道的。在这样的会议上见不到沈从文，他内心有点怅然，他能想象，这位老友也一定是惆怅的。于是巴金约了靳以、李健吾等老友一同去探望沈从文。沈从文脸上依然荡漾着他惯有的那温和善良的微笑，他和他的夫人张兆和也仍像往常那样热情地接待朋友，探询过去的一些老友的近况。这次见面时间不长，也没来得及深谈。直到不久后巴金再赴北平开会，他才有机会多次去看望沈从文并了解了一些情况：有人在报上发表文章，以尖锐的言辞批评了沈从文，而他自己又无力为自己辩解。巴金还从侧面了解到，在他最痛苦的时候曾切破手臂的血管，打算结束生命。最后他还是坚强地活下来了。此时巴金所能给这位朋友的，只是一些发自内心的开导和劝慰。

随即巴金便被卷进会议和社会活动中，"解放"这股春风吹得他醺醺欲醉，他一个又一个地参加各种会议，一篇又一篇地写着热情洋溢的发言稿和感想，对这个渴盼、追求了一生的人民共和国发出倾心的深情的礼赞！

在文代会上，代表们听取了郭沫若的总结报告，周扬谈解放区文艺的报告，茅盾谈国民党统治区文艺斗争的报告以及许多个人的专题发言。

在听取周恩来政治报告的过程中，毛泽东来到了会场，讲了极其鼓舞人心的话：

> 你们开的这样的大会，是很好的大会，是革命需要的大会，是全国人民所希望的大会，因为你们都是人民大众所需要的人，你们是人民的文学家，人民的艺术家，或者是人民的文学艺术工作者的组织者。你们对于革命有好处，对于人民有好处。因为人民需要你们，我们就有理由欢迎你们。再讲一声：人民欢迎你们！

多么简单的话语，但又是多么有分量、多么激动人心的话语！会场内响起了雷鸣般的掌声和欢呼声。只有借着鼓掌和欢呼作为闸门，才能让这些文学家、艺术家们把身上已经达到沸点的热烈感情倾泻出来。

7月17日晚，巴金为这个大会写了一篇书面发言，题目是：《我是来学习的——参加文代会的一点感想》，载《人民日报》20日"全国文代大会代表对大会的感想"栏里。这篇发言稿一如既往地保持着巴金谦虚、真诚、热情的风格。他说，参加这样一个大规模的集会，还是第一次，在这个大会上他的确得到了不少东西。他主要谈了三点感想："第一，我看见人怎样把艺术跟生活揉在一块儿，把文字和血汗调在一块儿，创造出一些美丽、健康而且有力量的作品，新中国的灵魂就从它们中间放射出光芒来。第二，好些年来我一直是用笔写文章，我常常叹息我的作品软弱无力，我不断地诉苦说，我要放下我的笔。现在我却发现确实有不少的人，他们不仅用笔，并且用行动，用血，用生命完成他们的作品。那些作品鼓舞过无数的人，唤起他们去参加革命的事业。他们教育而且还要不断地教育更多年青的灵魂。第三，我感到友爱的温暖。"

7月23日，巴金出席了全国文学工作者协会的成立大会，被选为文协全国委员会委员。巴金一向不喜欢抛头露面，他总是谦逊地、安静地坐在一个不显眼的地方，但朋友们并未因此忘记了他。在会场上，他听见朋友亲切地呼唤自己的名字，说请他在会上讲几句话，这是朋友对他的尊敬和由衷的情意。可是，巴金却逃掉了，他十分无奈，无法制伏自己的这种性格。他虽没在会上讲话，心中却洋溢着浓浓的感情，以至觉得对朋友们欠了债。这种感情不能不倾吐，后来他在《一封未寄出的信》这篇散文中作了热情的倾诉。他说到当时的心情："我不会讲话，站在讲台上我讲不出一个字。我有过这样的经验。因此我不愿拿我的缺点再去折磨别人。"他对解放区和部队的文艺工作者表示了发自内心的钦佩，他说："我们同是文艺工作者……我的笔蘸的是墨水，你们中间有许多人却用笔蘸着血在工作。我写的书仅仅在一些大城市中间销售，你们却把文艺带到了山沟和农村，让无数从前一直被冷落、受虐待的人都受到它的光辉，得到它的温暖。我好像被四面高墙关在一个狭小的地方，你们却仿佛生了翅膀飞遍了广大的中国，去散布光明。"巴金真诚地表示："因为有你们这样的文艺工作者活在新中国的土地上，我才觉得做一个文艺工作者是一桩值得骄傲的事情。"巴金深切地感到在新中国文艺工作者有着多么广阔的天地。而他的写作也开始站在了一个崭新的起点上。他以后的创作实践证明，他是努力沿着这个方向前进的。

就在这个月内，中国文联正式成立了，巴金当选为文联全国委员会的委员。

建国之初，国事繁忙，百废待兴，大会一个接着一个。由于巴金的成就和影响，他一次又一次地被邀请参加各种会议，8月刚返回上海，9月初再赴北平出席全国文联代表大会和中国人民政治协商会议第一届全体会议并当选为全国政协委员。这期间他会见了文艺界的新老朋友，和胡风、曹靖华、徐悲鸿、郑振铎、田汉、茅盾、艾青、史东山、马思聪等合影留念，这不仅是他影集中的重要的一页，也留下了他生活中值得纪念的一页。

在1949年10月1日，巴金和一些作家、艺术家应邀登上了天安门城楼，参加庄严隆重的开国大典。他们站到了观礼台上，站到了毛泽东、刘少奇、周恩来、宋庆龄的身边。巴金望着猎猎飞舞的红旗，望着欢呼的人群，听着毛泽东那洪亮的、震撼宇宙的声音："……中华人民共和国成立了！中国人民站起来了！"和随之而来的春雷轰鸣般的欢呼"毛主席万岁"的声音，以及毛主席回答"同志们万岁"的声音，巴金觉得这真是一曲旷古未有的宏伟庄严的交响乐。他觉得处在这样伟大的历史时刻，他的"心要从口腔里跳出来了，人要纵身飞上天空了"！他感到个人的感情消失在群众的感情中间、融化在群众的感情中间。他认为："我青年时代所憧憬的每个家庭都有住宅，每张嘴都有面包，每颗心都受教育，每个人的才智都能得到发展的那个理想社会真的要到来了。"

短相聚长别离的日子

在最繁忙的时候，巴金也不会忘记给妻子写信。他是一个感情内蕴的人，也是一个感情非常细致的人。对妻子，他心里常常存着一份感激。他感谢妻子对他的帮助，更感谢妻子对他的深深的理解。妻子和他之间的默契，常使巴金感到极大的安慰。他深知，在他的生活中萧珊总是十分妥善地为他处理着各种琐碎的事务，毫无怨尤地分担了他肩头的重担，使他从无后顾之忧。

1949年9月20日，巴金在给萧珊的信中说："文生社的薪水我始终说不要……你退回去很好。而且事实上对文生社我以后也无法尽力，更不好白拿钱。"

人们都知道，多少年来，无论在多么困难的情况下，巴金都竭尽全力支撑着文生社的工作。在全面抗战八年腥风血雨的岁月中，他冒着生命危险承担起一切社务，甚至在逃难时还携带着出版社的纸型。它出版过许多新老作家的好书，也出版了宣传抗日的刊物，让全国许多城市都能听到他们抗战的呼声。但现在文生社内部的情况使他失望。在这封信中他向妻子述说了对文生社工作的看法和自己的心情。他认为，"不'预支'版税，以后就很难拉到好稿子。现在别的地方都'预支'版税"。他很了解知识分子的状况，他知道"写文章的人特别感到钱的需要"。他对妻子表示：

巴金与萧珊

"对文生社的前途我颇悲观。我也预备放弃了。本来在这个时候我们应有新的计划,出点新的书……以后不知道怎样才好。实在可惜。"

在信的最后他告诉萧珊,他已托人给小林带去一只小毛狗,给萧珊刻了图章,给少弥买了宝剑。这些小小礼品中包含着多少温情!

从1950年以后,巴金的家书突然多起来,那是因为他在为国事奔忙,他和萧珊正过着聚少离多的日子。

1950年,巴金参加了以郭沫若为团长的中国代表团,出席第二届保卫世界和平大会。出发前周总理在中南海接见代表团成员,已经是午夜了,总理还与他们谈了两个多小时。巴金说:"我听着,听着,仿佛见到一片晴空。""那一夜我坐在后排,总理进来的时候没有看见我,还拿着名单问我来了没有,见到我又问起我的生活和工作的情况。我从中南海出来,凌晨的寒气使我感到一阵冷,可是我心里却十分暖和,好像看见了几个小时以后就要上升的朝阳。"回到旅馆后,巴金立即伏案疾书,写他那封《给西方作家的公开信》,巴金说明,这里所说的"西方作家",是指那些没有参加"和大"的资本主义国家中有良心的作家。

在信中,他用带着自豪,也饱含痛苦的心情介绍了自己的国家:"我从中国来。这个国家在从前被西方人当作谜一样看待。这个国家有着悠久的历史和曾经发过灿烂光辉的文化。这个国家有着广大的山明水秀的国土和众多的刻苦耐劳的人民。但也就是这个国家,它的人民几千年来受尽了封建制度的剥削、榨取,一代一代地在专制独夫的残暴政治下面憔悴死亡。他们忍饥受寒,像牛马似的劳动,换取他们的简单的生存,但是他们也从没有失去斗争的勇气。反抗的火不断地在他们中间燃起来。殉道者的血不停地流着。终于到了这一天,人民的力量成了一股铄金熔铁的烈火,烧尽了一切专制政治和封建主义的恶草毒树。一个新的中国,人民的中国产生了。"

然后他又提到他所居住的上海,"一只一只的远洋轮船,载来一批一批的冒险家",这里成了"冒险家的乐园",而我们的人民则被欺压、被榨取,"小孩挨饿,妇女受辱,和平的人民被人枪杀,人们最可宝贵的东西——劳动力毫无原因地被浪费,被糟蹋……","然而今天这一切都像梦魇似的消灭了",也跟我们别的城市一样,"新的上海产生了"。中国人民的斗争"只是为着一个和平的企图:把中国建设得更好、更美","也给世界留下一个榜样:一个古老的民族怎样新生"。

巴金握着笔的手还在迅速地从纸上划过。

东方已逐渐露出了晨曦。

两个服务员走到巴金住房的窗前,他们静悄悄地看着巴金,其中一位说:他一直写到天亮?你瞧他的神情多兴奋!

但是这封长信还没有写完。

一辆国际列车正冲破西伯利亚的严寒迅速地前进着。车厢中坐着四十六岁的巴金,他仍然显得精神焕发,他的手灵巧地适应着火车的颠簸,不停地书写。他写道:"作为一个作家,我认为我的任务是宣传和平,我认为我的任务是把人类团结得更紧密。……作为一个中国人,我可以说我们比谁都更爱和平,更需要和平(在我们的丰富的文学遗产中,就有不少光辉的非战的诗篇)。因为在和平中我们才可以找到建设的机会,而且我们是经过长时期的战争之后才得到和平的。"

"作为有良心的作家,我们有责任团结全人类,帮助全世界的人民团结起来。撇开思想、宗教、语言、肤色的差异,只要是善良的人,只要是爱和平、爱人类的人,让我们团结在一起为保卫世界和平而奋斗。"

"我还记得我动身到华沙来的时候,我的五岁的女孩依恋不舍地拉住我的手不肯跟我分离。我爱我的女孩,每个父亲都爱他的女儿。年轻的一代的确是可爱的。我们这一代已经受够苦难了,可是我不愿意看见孩子的小眼睛上有一滴泪水,我不愿意让谁伤害一根年轻的头发。我们应该给我们的孩子创造一个更好的世界,一个更美的将来。为着年轻的一代我们应当贡献我们的精力和生命。倘使我们能够在和平的斗争中献出自己的一份力量,倘使我们能为年轻的一代争取到和平,我们可以说是尽了父亲的责任,也可以说是尽了作家的责任,尽了人的责任了。"

这一篇洋溢着浓厚的感情和极富说服力的和平宣言终于完成了,他舒了一口气。这时他想起了10月30日他在北京动身上车前挤出一点时间写给萧珊的那封非常非常简短的信:"珍,现在是八点三刻,我们就要动身上车站了。车十点开。以后越去越远。我们在梦里见面吧。路上也许没有写信的机会了（车上得准备写一篇文章）。而且恐怕以后也无法写长信。"时间这么紧，紧得他没有时间写一句话问问他那才出生三个月的儿子小棠——后来的青年作家李晓。信后只写了一句："问候母亲和大家。"巴金的继母邓景蘧是在小棠出生后不久，为帮助萧珊料理家务，才带着女儿——巴金的同父异母妹妹李瑞珏一同到上海来的。

仅仅隔了一天，也就是在11月1日，巴金在到满洲里的列车上又给萧珊写了一封信，他写道："直到现在为止东北还不算冷。天气好，火车穿过一望无际的大草原，令人想起高尔基的小说。"这儿指的是高尔基写草原生活的小说。记得他在翻译这部作品时曾说过要尽量"保留一点俄罗斯草原的声音和香气"，注意不"失去整个的情调"。在这里他仿佛有了一种亲身感受。"想念你们，我不知道在什么时候才看得到你的信，更不知道什么时候才听得到你的声音。明天要出国境了。车上只供应清茶，我今天都找你包给我的沱茶来泡着喝了。家宝送了我许多香片，是他新买来的。可是我不大喜欢喝香片，而在国外恐怕难弄到开水。所以家宝的茶叶也许还得带回上海喝。……想念你们，也想念一切朋友。"

这次去华沙开会，是巴金第一次出国远行。他知道他留给萧珊的是多么深的系念，所以他尽一切可能给萧珊寄去一封封短简，哪怕是只言片语，它也会带给萧珊多少快乐和安慰。巴金从莫斯科给萧珊寄出一信，报告他在这里的生活："同来的分住在三、四、五、六、七、八、九楼。所以房门一关，一个人一个世界。""旅馆旁便是歌剧院。歌剧院旁边是小剧院，正在演契诃夫的《结婚》。这与西伯利亚的积雪的草原相比，真是两个世界了。""据说有二千多人代表一百三十多个国家开会，这真是个大会了。"

也许真的航运还不很方便，萧珊当时没有收到这封信，她于11月21日急急地从上海发出一信。在这封信里我们不仅看到了巴金和萧珊之间无比深挚的感情，感受到了这个幸福家庭的让人陶醉的温馨，也看到萧珊在普普通通的家事叙述中所表现出来的文学才能。如果她不是后来被残酷地剥夺了年轻的生命，她一定能再为我们的文学百花园增添一些非常绚丽的花朵。她的信的语言是朴素的，毫无雕饰的，又是绘声绘色的。她估计巴金已到波兰了，便对巴金说："我认识的波兰是在你的小说中，翻译小说里，历史教本里，但都不是新波兰。"她叙述到自己生活的一些细节，她知道这是巴金最关心的："窗外有好月光，月亮是一个，也能照到你。……小弟在屋内刚睡熟，发出小鼾声，真是你的儿子，这么小就有鼾声。这孩子在泻肚，虽然肚子不好，依然胖。你回来的时候准认不得他。但是你什么时候才能回家？我很寂寞。这几天我连袁雪芬的通讯都感到亲切，因为那里面亦有你。

"明天是三哥的忌日，依你的嘱咐，明天我将招待他们来吃一顿饭。

"小妹常想起你，常常说要跟爸爸写信，这对她自己也是一个安慰。她已经会写许多字了，常常得到'☆'。可是娇得很。跟婆婆没有感情，婆婆常逗小弟。小弟愈长愈像你，会笑出声来，很好玩，有时睡中醒来，独自甜笑，美极了。——昨夜午夜醒来，睡不着了，其实才十二点，很早，如果你在家中可多好！——非常非常的想你。"这信中没有一个"情"或"爱"的字眼，却通篇流露着纯真动人的感情。

在得不到信的时候，萧珊只能不断地翻阅报纸，希望从有关保卫世界和平大会的报道中追寻到亲人的踪迹。可是"和大"结束了，报上就找不到什么有关的消息了。她只好自己写信，她在信中说："太久了，没有一个字从你那里来，想想有点不自在。""明天是你的生日，你在什么地方？""明天也是小弟四足月的日子，我要请大家吃面，祝你长寿。""孩子很乖，很想你。你有信来的时候，我告诉她'爸爸想念小林'，她快活得很，逢人就说，爸爸今天有信来，爸爸想我。'……小胖子还是很胖，但是懂事多了，能有意识地笑出声来，有时我还觉得他好像认识我的样子。"一幅幅生动的画面飞向远在异国的巴金，世界上有什么能比这样的画面更甜美的呢？

11月12日巴金随代表团乘火车离开莫斯科前往华沙，13日抵达。16日举行"和大"开幕式。中国代表团成员十七人，有郭沫若、金仲华、巴金、袁雪芬、黄宗英、任德耀、刘良模、马寅初、盛丕华等人。巴金在这个大会上留下了一张有纪念意义的照片。他坐在中国代表团的席位上，穿着深色带条纹的西服，白衬衣，打着有条纹的领带，两手交叉胸前，互相轻轻地握着，神情十分专注。显得年轻，富有活力。黄宗英坐在他的旁边。大会的主持人是世界著名科学家约里奥·居里。出席大会的有近八十个国家的代表团。会上听取了主持人和各国代表团团长的发言。继苏联代表团团长法捷耶夫的发言之后，中国代表团团长郭沫若发了言。11月22日大会通过了第二届保卫世界和平大会告全世界人民的宣言和智利代表、著名诗人聂鲁达提出的关于声援受迫害的和平战士的提案。大会胜利闭幕。

当天夜晚，他们登上了华沙胜利广场临时搭建的检阅台，和华沙人民共同庆祝"和大"的胜利闭幕。因为拥挤他们来迟了一点，他们上台时正碰见苏联诗人西蒙诺夫从最高一级台阶上下来，"他的小胡子上还留着微笑"。台下，穿着各种服装、举着各色旗帜、唱着欢乐歌曲高呼着"博古伊"（波兰语：和平）的游行队伍浩浩荡荡，台上台下的人们都为和平的胜利而欢呼！巴金无比激动，他觉得想跟所有的人握手，也觉得所有的人都想跟他握手。他称这一天是一个节日，是全世界人民的节日，它表达了全世界人民憎恶战争、热爱和平和保卫和平的不屈的意志。

为了纪念这个欢乐的夜晚，巴金写了一篇文章，题为《华沙城的节日》，巴金在文中谈到，他今天看见了新华沙的微笑，但他还记得旧华沙所经历的那些痛苦的日子。

巴金这样写道："所有这些人，这些英勇地战斗死去的人，这些无辜地被屠杀的人，这些在悲痛中被敌人折磨而死的人，以及从这里，从华沙城被押送到集中营和毁灭营去，死在毒气房里，身子被烧成灰，脂肪用来制造肥皂，头发用来织成床毡的人，不管是男、是女，是老、是幼，不论他们是犹太人或者波兰人，他们一定会想到今天！他们一定会相信今天！今天的欢乐跟他们的痛苦是分不开的。今天在华沙城欢呼的人也一定没有忘记他们。"

11月23日，巴金随团参观了在波兰的奥斯威辛集中营。在这里有近六百万犹太人被毁灭，纳粹还屠杀了不少波兰人和吉卜赛人以及一些战俘。巴金把他在这里收集到的一些图片逐一撰写了说明词，结集出版，题作《纳粹杀人工厂——奥斯威辛》。在书的"前言"中他提醒人们："在法西斯主义不曾完全消灭之前,这种罪行还是会发生的。"这是巴金用他作家的良心发出的呐喊。这文章的第一读者当然还是萧珊。他担心她那女性柔软的心脏怎样能承受这些令人发指的画面!

11月26日,巴金随代表团乘火车去莫斯科参观访问。他们参观了莫斯科红场、列宁格勒冬宫、列宁故居,并在列宁墓前献花,在农民起义领袖蒲加乔夫受刑台前凭吊,另外还参观了彼得大帝铜像、高尔基艺术剧院、柴可夫斯基音乐厅,观看了舞剧《天鹅湖》和《青铜骑士》,欣赏了苏联著名演员米海洛夫等的独唱和芭蕾舞艺术大师乌兰诺娃的舞蹈。

12月21日,巴金随代表团返回北京。出席了北京各界庆祝中国人民抗美援朝取得的胜利和欢迎"和大"代表团回国大会。

12月30日,巴金终于回到上海。

接着便是一系列的会议排满了巴金的日程表。

有人说,"这是个开会的年头"。由于巴金担任着许多社会职务,他的会议自然不少。仅就1950年和1951年他被任命的职务就有"人民胜利折实公债上海市推销委员会委员""华东军政委员会文教委员会委员""中国保卫世界和平委员会上海分会理事""上海市文联副主席""中华全国世界语协会理事""上海市反革命案件审查委员会委员""华东抗美援朝总分会委员""北方老根据地访问团华东分团副团长""中苏友好协会华东总分会理事""华东文联筹委会副主任""华东毛泽东思想学习委员会委员""中苏友协上海分会理事"等。此外还有在此之前被任命的职务。由这件事可以看出,一是巴金的声誉,二是政府对他的重视。巴金是个做事严肃认真的人,他能清楚地记得这些任务,并一一去完成它。1951年7月2日,在他给杨苡的信中说,"我事太多,收到的信也多","除了熬夜什么事都无法做"。这就是名人的苦恼。但巴金这位作家是不允许自己放下手中的笔的。他在无数会议开会的过程中或间隙中不断地写作发表了多篇散文、杂感,平均两三日或三五日即有一篇文章。此外,他继续完成、出版了不少译作,如高尔基的《回忆托尔斯泰》《回忆布罗克》《回忆屠格涅夫》,高尔基的《草原集》,在俄国被称为"社会心理小说"创始人的年轻作家迦尔洵的短篇小说等。

在这段时间里，巴金终于辞去了文化生活出版社董事的职务，以后又辞去了总编辑的职务。1950年5月，巴金曾从冯雪峰处得知中国出版总署署长、老友胡愈之托他找巴金去担任一家即将成立的出版社（人民文学出版社）的社长，巴金说自己不会办事，请他代为辞谢。这样，巴金仍集中精力，当然是熬夜，一步一个脚印地实践着自己的誓言：为人民而写作，为时代而写作。

巴金参加"和大"回国以后，国内相继开始了土地改革、镇压反革命、知识分子思想改造等一系列运动。1951年5月20日，《人民日报》发表了毛泽东为该报所写的社论《应当重视电影〈武训传〉的讨论》，由此，全国便开始了对《武训传》的批判运动。巴金曾经观看过孙瑜编导、赵丹主演的这部电影。赵丹饰演的武训那老泪纵横受尽侮辱仍坚持讨饭办学的鲜明形象，给他留下了深刻的印象。巴金认为"赵丹的演技到了家"。不过巴金不曾发表评价该片的文章，也不曾对此公开发表言论，他实在很幸运，但他心里不能不警告自己。接着《人民日报》《文艺报》又发表文章批判萧也牧的小说《我们夫妇之间》。1951年7月丁玲在她写的《在前进的道路上——关于读文学书的问题》和《跨到新的时代来——谈知识分子的旧兴趣与工农兵文艺》的文章中谈到巴金的作品，认为"巴金写的那种革命，上无领导，下无群众，中间只有几个又像朋友，又像爱人的人在一起革命，也革不出个名堂来"。她又说：巴金的作品虽然"对我们革命起过好的影响，但他的革命既不要领导，又不要群众，是空想的，跟他走是永远不会使人更向前走，今天的巴金，他自己也就要纠正他的不实际的思想作风"。这对巴金又是一个震动，引起他再一次深思和自省。其实当巴金憧憬的新时代到来的时候，当中华人民共和国成立的时候，他曾和人民群众一起欢欣雀跃，一起欢呼，决心跟上新的时代，决心做一个新时代的鼓手。甚至远远在这以前，他已经下过这样的决心了。而且他曾多次以诚恳的态度剖析自己过去的作品，苛刻地指出其中的缺点和问题，他说："……我的作品中思想性艺术性都薄弱，所以我的作品中含有忧郁性，所以我的作品中缺少冷静的思考和周密的构思。"当他到沂蒙山区等地访问时，他便是带着一颗至诚地向群众学习的心，带着一颗锻炼改造自己的心下去的。他和靳以、方令孺（均为复旦教授）从山东潍坊到沂水的途中遇上大雷雨，他便首先带头跳下汽车，以免车子超载发生危险。他们冒着酷暑骄阳步行去接待军烈属，虚心地了解老区人民的斗争历史。他尽力使自己的思想感情能和人民群众沟通。真的，今天的巴金，他自己也真诚地"想纠正自己"。可是别人苛刻的目光还是在追随着他。

深入朝鲜战地

1951年11月17日，全国文联举行常委扩大会议，决定首先在北京文艺界组织整风学习，组成以丁玲为主任的文艺界学习委员会。为了组织文艺工作者深入生活，全国文联组织了朝鲜战地访问团，丁玲动员巴金参加这个访问团，巴金认为这是锻炼自己、改造思想的一次好机会，便欣然决定去朝鲜前线。中宣部决定巴金担任访问团的团长，作家葛洛任副团长兼党支部书记。成员中有古元、白朗、黄谷柳、罗工柳、王希坚、菡子、逯斐、辛莽、寒风、艾芜、西虹、高虹、西野、王莘、伊明等著名作家、音乐家、美术家。

巴金终于要去朝鲜前线了，萧珊在忙着为他整理行装。她一边整理一边叮咛说："朝鲜很冷，在二三月里还是冰天雪地，你一定要多带些冬衣。"

"你别担心，听说要发给我们厚厚的棉军衣呢！"

"过去你总说要做一个战士，这一下真像一个战士了。"

"我还要从头学呢！"

这时他们那将近一岁零四个月的儿子小棠正摇摇晃晃地走到桌前，踮起脚去拿桌边上的玩具枪，巴金笑笑说："瞧，我的儿子也要拿枪了。"他拍拍儿子的头说："咱们父子一块儿学习好吗？"这句话把满怀离愁别

1951年，巴金一家游览复兴公园，阳光明媚

绪的萧珊也逗笑了。

　　巴金于1952年2月12日到达北京，住在北官房二十号文学研究所的宿舍里，开始赴朝前的学习。在这段时间里，巴金除了学习、开会外，有时去拜访老朋友。曹禺和他来往较多，又是请吃涮羊肉，又是请看京戏，有时累了，便在巴金的住处休息。有一次是曹禺夫人译生在巴金的床上午睡，曹禺伏在桌上午睡，巴金靠着墙打盹，这是一幅多么生动的画面，可以题为"作家午休图"哩，他们这种亲密无间的友谊也实在让人艳羡。

　　从巴金登上北上的火车，他和萧珊便开始了一生中最长的一次远别。过去，他们的大好年华是在战争的硝烟中度过的，他们的爱情经历了抗日战争的全过程，那时他们几乎没有时间和精力考虑个人感情问题，但是他们生生死死，相伴相随，多少年相濡以沫，他们的根须已经长在了一处，枝叶已经连在了一起，铸成了深刻的、成熟的，无可取代的感情。现在巴金要独自去战火纷飞的前线，她虽表示支持，却无法排解纷乱不安的心绪和满怀离忧,她想如果自己能同去该多好!巴金一方面雄心勃勃,颇有战士即将出征的感觉,但多情自古伤别离,他岂能例外!他完全理解妻子的心情。所以在2月11日的当天,巴金在火车上便给萧珊写了第一封信。信很短,因为车震动得厉害,他无法把字写成形,只好勉强打住了。2月12号他又给萧珊写了一封长信,还未等到回信的时间,在14号又写了信,并且给萧珊和两个孩子买了礼物准备托人带去。直到15号晚萧珊从外面回到家,才见到了巴金的信。她捧读着,眼泪不停地涌出来,她顾不得拿手绢,用手抹了一下继续读:"我很想念你们,尤其想念你。每次分别心里总充满着怀念。无论到什么地方,我总会记着你。"读了一遍,又读一遍。她几乎无法控制自己的感情。这时她多么想能紧紧地拉住巴金的手,她的心不断地对巴金说:"我真怕没有你的信的日子。……你不知道有时候我多么的需要你,我多渴望你能更爱我一点,我好像还是一个没有长大的小女孩子。"无论怎么揩拭,她的泪水还是不断地流。萧珊一向最怕别人看见她哭,但是这一次,却被女儿小林瞧见了,这小女孩很好奇地问:"妈妈,你为什么流眼泪了?"萧珊感到很无奈,她能对一个小女孩说什么呢?而小林在得知爸爸有信时,总是蹦蹦跳跳,快活得很。她怎能理解妈妈的眼泪?萧珊转过头,偷偷地又揩了一次泪水,再读下去:"你好好念俄文吧。希望我回沪时你已可以做我的'教师'了。这不是说笑话。"巴金的确不是说笑话,这是一种勉励,也是一种信任。可是萧珊读到这里却莞尔笑了。她很难想象给她的李先生做"教师"。也许爱情这东西就是这样,总是让你又哭又笑。巴金告诉萧珊,他又给小林、小棠买了玩具,而且自己检讨说:"在这方面我的确有点毛病,看见玩具,又想到两个孩子,没法跟他们见面,买了玩具就仿佛见到他们的笑容似的,这种父亲的心的确可笑,以后当改掉。"萧珊又笑了,笑得那么开心,那么甜蜜!她决定要把小林的一件趣事告诉巴金,让这位"有点毛病"的父亲也快活地笑个不停。那就是今天小林一直向她追问着一个问题:"乌克兰是不是一个人?"萧珊无论如何也解释不清。想到这里,萧珊自己也禁不住露出微笑。

就在读到巴金来信的当晚十一时零五分,她冒着深夜的严寒写了回信。直到手指冷僵了才停笔。

作为一个家庭主妇,她没忘了告诉巴金:"成都大嫂、三三都有信来,钱都收到了。""少弥十九日回学校。"她把交学费的事和家里的开支说了说。

现在,在巴金和萧珊之间,感情的缠绵超过了一对年轻的恋人。巴金在2月18日一天中就给萧珊写了两封信。但他自我改造的决心似乎并不弱于感情。在他刚到北京的那天,曹禺便劝他下工厂,可巴金还是想去朝鲜锻炼一下,认为这样对自我改造有好处。他一到北京,正碰上北京的天气奇寒,可他还是穿着上海穿的那身衣服,友人要借给他一条毛线裤,他始终不肯接受,因为他想锻炼自己。他已经不喝茶了,因为这里少有"滚开水",他说生活习惯是可以改的。而且在这么冷的天气自己动手洗衣服,他的动作显得笨拙又有点草率,大概是为了节约时间。但他还是强迫自己干,因为他认为艰苦一点有利改造。

18日晚上他便想去离他的住处很远的友人家取萧珊的信(大概是因为怕自己的行踪不定托友人转交)。因为开小组会没去成。于是他在夜晚又给妻子写信,他娓娓诉道:"珍,的确,我多么想见你,想跟你单独在一起谈四五个钟头。我知道没有人像你那样地关心我,也没有人像我这样地关心你。在上海时那么多事情分割了我们,我就很少有时间单独跟你在一起。这次分别我心里最难过,因为分别时间最久,而且对前面的工作我全无把握。我无经验无工作能力和方法,有的就是热情和决心。不过我总会尽我的力量去做。""出国后恐怕难有时间给你写信,想到你几个月会得不到我的消息时,我真没法安定我的这一颗心。珍,你要忍耐,你要相信未来,万一你几个月得不到我的信,你也不要挂念我,以为我出了什么事。""不要常常想我。要好好地生活。活得硬一点,努力念俄文。""我一生一直在跟我自己战斗。我是一个最大的温情主义者,我对什么地方都留恋。我最愿意待在一个地方,可是我却到处跑过了。我最愿意安安稳稳地在上海工作,可是我却放弃一切到朝鲜去。我知道我有着相当深的惰性,所以我努力跟我自己战斗,想使自己成为一个更有用的人。"

在一封私人信件中,在一封匆匆写成的家书中,我们看见了巴金那颗鲜红的透明的心，看到了一个知识分子追求崇高境界的那份虔诚，看到了一个高尚的灵魂为了祖国，为了事业，为了现在和未来，为了使自己变一个样，以便更适合需要，他愿意放弃他最不能割舍的一切。当然，他也知道，自己给萧珊带来了多么大的痛苦。他只能用最温柔的语调祈求萧珊谅解："不要责备我离开了你，不要责备我在上海时没有好好陪你玩，跟你多谈话。你想到我现在受着多么深的怀念的折磨，你会原谅我的。我只有想到好好地把工作做完跟你快乐见面的一天。"他的信后附言中说："托便人带来一小盒上面写着'蕴珍'的小玩意，你可以随意处置。……两盒玩具小林挑剩了给小棠，小棠现在也玩不了什么好东西。"

　　2月22日，萧珊在家里等巴金的信等了一整天却没有见到捎信的朋友，她急不可耐，便赶去看这位朋友。她觉得他是从她的李先生那里来，看见他就像看到了李先生的影子。她听这位朋友说巴金曾经这样地自语："所以我迟结婚，一有了家，人就有所牵挂。"萧珊在23日的信中说："你不知道我多么感动，如果不是因为人多，我也许就会哭出来。""孩子很想你的，有一天，我叫她给你写信，她就说：'我不写，我一写信，我就要眼泪汪汪。'那么你为着我们而保重自己罢！听说你一直在跟天气斗，你到现在还没有穿上羊毛裤吗？我以为这不应该。"她觉得她的李先生有点苦刑主义精神。她在结尾责备说："衣服你又何必自己洗，这不是辛辛苦苦的官僚主义吗？"

　　在萧珊写这封信的同一天，巴金又给萧珊写了信，还未来得及发，24日在信后又附了言，并且说："我想你的信下午会来的。"

　　近几日，萧珊每天都在报纸上搜寻朝鲜战场的消息，虽然巴金还在北京，但她觉得他仿佛已经到了朝鲜，他已经是驰骋于战场上的一个战士了。她把朝鲜战场的任何消息，都同她所敬爱的先生联系起来。报上连日登载着美军在朝鲜发动细菌战的消息，萧珊感到非常恐怖，她不知道巴金是否已打了防疫针、他打的防疫针是否正好可以对付美军撒下的那种细菌、巴金对这个问题到底重视不重视！总之她忧心忡忡，常想：如果是我去朝鲜会好得多，李先生总是不大会照顾自己。她想起她对巴金的许诺，要活得"硬"一点，老是这样惶惶不可终日怎么行，这个家上有老，下有小，全靠她支撑照顾。于是她对自己说：组织上会照顾到他们的安全，他们的安全一定有保障的。

巴金怎样呢？因为行期逼近，他觉得自己一切都未准备好。从各方面了解的情况看，访问团出去以后，在城市里大概先有一些活动，会有大场面，甚至会要他在这种场合讲话，这是他在上海时没有想到的。现在他认为，这一"关"是最不容易过的。他一向将此视为畏途，现在他更为此惶惶不安。至于到了战场上，这倒是巴金早有思想准备的。在他决定去朝鲜时就已横下一条心，要像一个英勇的战士一样，要做一个值得他的祖国信任、值得他的蕴珍爱的人。他是抱着自我牺牲的精神出来的，在弹雨中他决不会畏惧怯懦，如果死神降临，他也决不会却步。所以这次和萧珊分别，他总是充满怀念，他总是尽可能地多给萧珊写信。他从上海来北京，这是一次分别，现在"动身期近，这等于再别"，所以他非常难过。出发的日期确定在3月7日，他在26日匆匆地写了几句："真要'远'别了。……这是第十一封信……以后还可以寄出三四封信。"

一向是理智控制感情的巴金，在读到萧珊2月25日的信时，也忍不住流了眼泪。信上的字迹在他模糊的泪眼中映现，他好像看到了爱妻的脸，听到了女儿的哭喊声。萧珊说："妹妹吵着要我念给她听，这一次我是念给她听了，她听我念到'学好了，爸爸更喜欢她'，她就大哭，大叫爸爸。幸而有萧荀在一边，不然我也将哭起来。""你记不记得十几年前你讲给我听过'七重天'的故事？半年是不是很快呢？我们分开已是半月了，对于我，这已经是长得不能让人忍受的了。"巴金在他一人居住的小屋子里悄悄地自语："我还记得'七重天'的故事。现在我真到战地去了。我会念着你，想着你们。你们也会给我更大的勇气。"

夜已经很深了，他还在给萧珊写信，他告诉她："昨天在文联，舒群（他是副秘书长）问起我走后家里需不需要什么，我说不需要，他要我把地址写给他，你的名字也写给他了。他们以后如果告诉你什么消息，自然很好。要是寄钱便可以退还。"那么巴金的经济情况怎样呢？他的肩头仍挑着一副沉重的担子，成都方面还有九妹和嫂嫂一家需要帮助，上海还有老、小六七口人。他曾在另一信中提到："开明因中图欠款一部分改作股款，所以最近很穷，这期版税恐难结出……我想版税虽减，我们好好生活，当不会有问题。而且我这半年可以不用钱。"但给九妹的钱却必须每月在15日以前寄出。他又叮咛萧珊："我后来又在顾师母处拿过七十万元（相当于现在七十元——编者注）。这笔款子仍请你汇给顾先生。……顾师母还要拿钱给我。我没有要，其实，我身边只有两万了。但我想拿了钱还是会花掉，所以没有拿。"巴金为了国家和人民可以付出自己的一切，可他从不索取。他为国事东奔西走，可他不拿国家一分钱工资，他只靠着手中的一支笔，靠稿酬养活一家人。这在全国的作家中恐怕是绝无仅有的。

他将越去越远了，经过沈阳、安东他就要出国境了。此时，他更加难释远念。他谆谆劝告他的"小三子"："有几句话每次都忘了对你说。我劝你把脾气改一下，不要对人板面孔，也不要对人发脾气。你想想，我现在做的都是我不习惯而且不会做的事，那么你也会把这点小脾气改了。"他又安慰说："你觉得你的俄文进了一大步的时候，我就会回来了。"对于这个比他小十三岁的妻子，他像个长兄，虽然挚爱，却又严格要求，特别在这长久分别的时候，他纵然千叮咛万嘱咐，仍无法排解心中的惦念。明天下午他们便要出发了，他要抓紧时间写一封告别信。他写道："珍，拿着一管新华笔，在明亮的电灯下，对着从抄本上裁下的纸，我不知道写什么好。你明白我这时的心情，我的确有千言万语，却无法把它们全倾泻在纸上。从明天起我们离得更远了，但这不过是一个开始。……到3月下旬，那才是我的新生活的开始。"他知道，在那个时候他有可能无法跟萧珊通信，甚至几个月无法通信。在战场上有什么机会写信寄信呢？况且一到部队就得多跑多看，他"预备把全个身心放到工作上去"。信快要写完了，那浓浓的柔情顺着笔端流淌，全部浸泡在纸上："我的心里永远有你。在艰苦中，我会叫着你的名字。在任何环境下我都要做一个值得你爱的人。"

他就要去做一个战士了，像所有的普通战士一样，为着祖国的所有母亲和所有孩子们。他写完最后一句话："现在是6日夜十一点半，你应该安睡了，愿你安安稳稳地睡到天明。"

巴金离开上海已经一个月了，可他们还没迈出国门，这时他倒着急起来，希望能尽早赶到自己的岗位上，可以安心做事了。部队生活单纯，免去了许多应酬，会使他感到轻松，但又有一件事是他担心的，他怕在这个全新的环境中一时写不出文章来，而北京方面却希望他随时寄稿回去。

3月15日午后六时，他们一行到达安东，住在高干招待所，他和宋之的同室。晚饭后他们正在聊天，警报声突然响起来，电灯全灭了。他们在黑暗中坐了大约三刻钟，刚上床睡觉，警报解除了。他们住的这个招待所建在枕江山上，日本式建筑。这里的风景很美，清晨，到处都是小鸟欢快的鸣叫声，使人心情愉悦，他想到山上逛逛，去山顶看看绿色的鸭绿江。可是别人告诉他，山顶上敌人刚丢过细菌弹。看来只有到中午过江时才能看到这条江，但无法看到它蜿蜒流动的秀姿了。枕江山原本是一个多么美丽和富有诗意的地方，都被侵略战争破坏了。这时，巴金忽然听到了自己飞机的声音，心中不由得高兴起来，但不一会儿他又听到了警报声。在这里已经充满了战争的氛围。

1952年3月16日，他们终于到达了朝鲜境内，20日到达朝鲜前线。最初安排他们分住在朝鲜老百姓的家里，但因为这住处附近落了一颗炸弹，志愿军政治部主任甘泗淇赶紧叫人将他们的行李搬到了半山腰的坑道里。洞子很长，巴金说有点像火车的车厢，有电灯、小床、小桌，条件不错。当晚志愿军为他们举办了晚会，夜十一点半巴金坐宣传部卓部长的吉普车回宿舍，卓部长陪他在黑暗中步行上山。这是一个飘雪的夜晚。因山坡很陡，巴金不停地喘着粗气，时时用手抹去脸上的汗水和粘在睫毛上的雪花。通讯员（巴金出国时组织上派给他的）下来接他，巴金正跟跟跄跄，一步一滑，几乎摔倒，幸亏通讯员将他拉住，搀扶他上去。巴金说，一连三夜都是这样。

3月22日，他们会见了志愿军司令员彭德怀将军。巴金在当天的日记中作了详细的记述。事后在同志们的鼓励下又写了著名的散文《我们会见了彭德怀司令员》。这篇文章发表在4月9日的《人民日报》上。萧珊在给巴金的信中曾非常自豪地说："全国都转载，九姐在成都都读到了。"

巴金说，这篇散文是1952年3月下旬他在志愿军政治部一个半山的坑

巴金与萧珊

道里写成的,而且是一口气写成的。在写作时他并不觉得自己在做文章,只是老老实实、简简单单叙述会见时的情景,就像那天回到洞里遇见一位朋友,跟他摆了一段"龙门阵"一样,全文从头到尾不论事实、谈话、感情都是真实的。诚如萧珊所说,我们读它时只感到真实、生动、亲切,而又朴素无华。无一丝一毫的雕饰,却又非常精彩。在描写彭总,描写当时的情景和在座的文艺工作者的心情方面都很独到——

  他进来了。我们的注意的眼睛并没有看清楚他是怎样进来的。没有挂任何勋章,一身简单的军服,一张朴素的工人的脸,他站在我们面前,显得很高大、年轻。他给我们行了一个军礼,用和善的眼光望着我们,微笑地说:"你们都武装起来了。"就在这一瞬间,他跟我们中间的距离忽然缩短了,消失了。我们亲切地跟他握了手。他端了一把椅子在桌子旁边坐下来,我们也在板凳上坐了。我们刚坐定,他又带笑说:"你们里头有几个花木兰。"我们中间的三个女同志也笑了。他问我们:"你们跨过鸭绿江有什么感想?"一个同志说:"我们觉得是离开祖国了。"另一个同志说:"我们不是跨过鸭绿江,我们是坐车过江的。"他带笑地纠正说:"不,还是跨过的。"他拿左手抓住椅背,右手按住桌沿,像和睦家庭中的亲人谈话似的对我们从容地谈起来。

  ……他有点激动了,摘下军帽放在桌子上,他的光头上一些很短的白发在电灯下闪光,这些白发使我记起他的年纪,记起他过去那许多光辉的战绩……我们更注意地望着他,好像要把他的一切都吸收进我们的眼底。大部分的同志不记笔记了,美术组的同志也忘了使用他们的画笔,为的是不愿意分散他们的注意力。

  ……听着他浅明的详细的反复的解说,望着他那慈祥中带刚毅和坚定的表情,我感到一股热流通过我的全身。朴素的话语中流露出对民族、对祖国的热爱,恳切的表情上闪露出对胜利的信心。

  晚会结束后,我们走出洞来。雪落得更大了。……我们冒雪上山,好不容易走到宿舍的洞口。雪花满天,冷气扑面,我埋头看

深入朝鲜战地

山下，只有一片白雪。没有一个人家漏出灯光。夜并不迟，北京时间不过九点光景。在祖国的城市里应该是万家灯火的时候吧。

3月28日彭总看到了这篇"会见记"的原稿后，给巴金写了一封短信。彭总说："'像长者对子弟讲话'一句，改为'像和睦家庭中的亲人谈话似的'。我很希望这样改一下，不知允许否？其次，我是一个很渺小的人，把我写得太大了一些，使我有些害怕！"巴金觉得这封信就像彭总

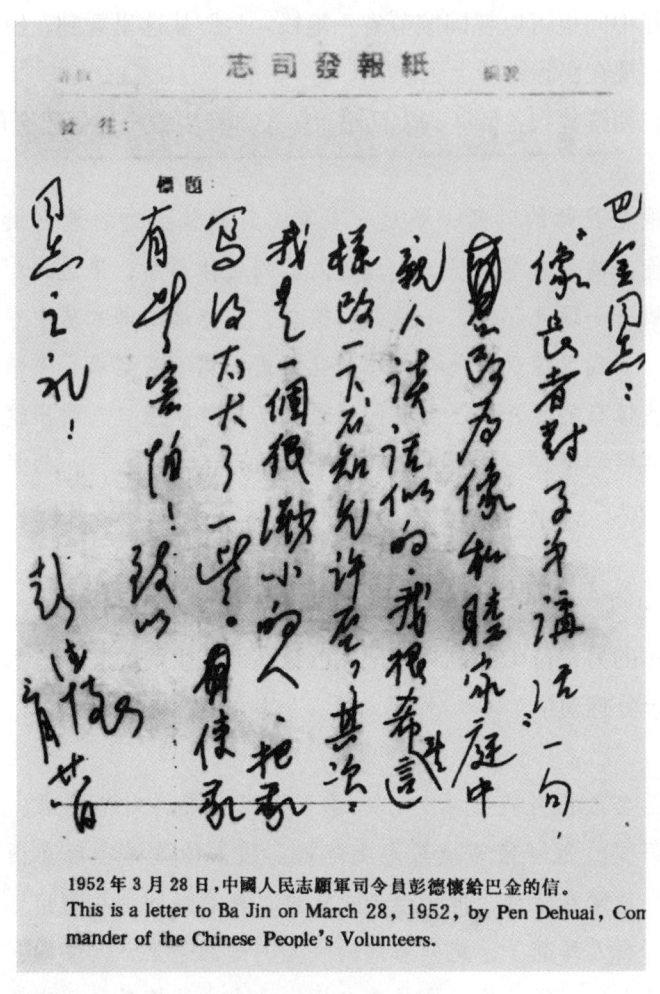

1952年3月28日，中国人民志愿军司令员彭德怀给巴金的信。
This is a letter to Ba Jin on March 28, 1952, by Pen Dehuai, Commander of the Chinese People's Volunteers.

中国人民志愿军司令员彭德怀给巴金的信

本人一样谦虚、诚恳、亲切，仅仅六七十个字就绘出了一个伟大人物的精神世界。

　　巴金从朝鲜写给萧珊的信中曾有这样一段话："在部队里处处受到照顾，生活相当舒适。我感到受之有愧。除了上次在连部防空洞内十多天喝白开水外，天天都有茶喝。处处都送烟来，我不愿意浪费国家财产，这月起索性不抽烟了。"巴金的戒烟使我们不由得联想起他在"会见彭总"的那篇散文中写到的，后来发稿时被删去了的那个关于彭总戒烟的小故事："彭总在这次'三反'中把烟也戒了。他说：'我假定还活十年，戒了烟，这十年中间也可以替国家节省一笔钱。'"从这里看到，巴金接受的影响已经体现在实际行动上了。

　　巴金在朝鲜曾到各部队去生活过，一位师政委曾记述了巴金的情况：

　　　　他在我师的时间，不过一星期。可是他去过的地方很多，似乎能去的地方都去了。去过连队，到过休养所，串过战壕……他跟战士一块儿爬山，一块儿蹲掩体，在阵地的灌木丛中穿来穿去。……我很惊叹，他在短短的几天里，竟了解到那么多情况。更使我惊奇的是，他不要翻阅记录本子，就能一口气讲出这么多人的名字和事迹。看得出来，他不仅做到了"身入"，而且做到了"心入"。他不仅善于深入和观察生活，而且对英雄们十分热爱。

　　志愿军的另一位干部也写过记述巴金在部队生活的文章，其中的一些细节令人十分感动：

　　　　巴金敢投身战斗队列，也乐于像战士那样对待困难。眼睛不太好吗？他却常常摸黑走上阵地。敌人的炮弹在后面山下爆炸，弹片落在附近，他仍然走上山坡，从容地同哨兵攀谈。有时午夜，别人睡熟了，炮弹爆炸的火光闪进洞子里，他立即起来，悄悄地走出洞子看看，像是要身历战士出击的情景。牙齿不太好吗？一日三餐，他坚持要吃从大灶锅里打来的饭菜。

　　……巴金了解战士，不在于以什么巧妙的方式方法，更不靠言辞的华丽、动听，而是靠诚恳的求知态度、对战士的真挚情感。

这是志愿军军人眼睛里的巴金，是他们笔下的巴金，是一个真实的巴金的剪影。在朝鲜前线，巴金要求自己是一个真正的志愿军战士，而不单纯是一个作家。他必须有志愿军的精神，有志愿军的气魄。连他的女儿和儿子在得到他的信，看到他的照片时，都用那稚嫩而甜美的声音自豪地喊着："爸爸也成志愿军了。""爸爸在朝鲜。"巴金要亲身感受一下每一个普通的志愿军战士所感受到的一切，他认为只有这样他才能通过他的笔把那些战士的英雄事迹和英雄形象永远地保存下来。

"我的怀念和千万个母亲妻子的怀念连在一起"

一个夜晚，有一位志愿军战士陪巴金越过敌人的炮火封锁线。子弹拖着尖厉的哨音掠过阵地，炮弹爆炸的巨响接连不断，使大地震动，山岭摇晃，火光一次次撕裂夜幕……巴金和战士正猫着腰穿越封锁线，子弹掠过他们的头顶和耳边。战士低声命令："卧倒，作家同志！"话音未落，他已经扑到了巴金的身上。过后，他们迅速地站起来，顾不得拍掉身上的尘土，便猛地冲了过去。到达前沿阵地后，这位战士对他说："巴金同志，你不该越过这样炮火密集的封锁线到这里来。就在司令部找几个人座谈一下不是一样吗？"可巴金摇摇头说："那怎么行呢……"不待他说下去，战士又问道："您家里的人一定很挂念您的，是不是？"

巴金露出无限深情："是的。"他沉默了一阵又说："我妻子在信中写了这样的话：'通过你，这些英雄的形象会保存，会活在每个人的心里。但是我还是一个母亲，一个女人，有时候我的怀念是沉的，会叫人眼睛发潮。'"巴金抬起头看了小战士一眼，用非常清朗的声音说："我妻子接着又说：'自然我懂得我的怀念是跟千万个母亲、妻子的怀念连在一起的，我不必要恐慌，我们即使在心理上也得打胜仗的。'"战士听着听着，激动地流出了眼泪。巴金虽不曾流泪，但他心里非常了解萧珊的思念有多么沉重，他太懂得萧珊的心情了。她的信中常是频频叮嘱："常给我看到你的字,不必太多,一个,一个字,亦让我知道你好。"的确如萧珊所说:"许多时候情感和理性并不一致。"

不过,萧珊绝不是沉湎于怀念中不能自拔,她很会鼓舞自己、安慰自己并激励孩子。她有许多方法。当她得不到朝鲜来信,为此而焦灼不安时,她会尽一切力量从报纸上,或通过其他渠道去探寻巴金的消息。她会努力照巴金所希望的去做,她即使家务再忙,每周的二四六依然去上课,拼命地读俄语,虽然感到俄文愈读愈难,她却要坚持下去。

她还有一个督促和教育孩子的绝招就是:"你再不听话,妈妈不带你去北京接爸爸了。"确实,这办法比什么都灵!"小林已经弹完一本琴谱了,很有进步,手的姿势也好。"萧珊就是使用"爸爸"这张王牌。尽管巴金远在朝鲜前线,但萧珊依然觉得和他在一块儿。一家人只要一聚到一起,讲的话题都是巴金,在任何场合中都少不了他。老太太生日那天,萧珊喝了两杯酒,脸红了,她觉得巴金的眼睛盯住她看,便抱歉地笑起来。两个孩子的口中也无时无刻不提到爸爸,小林常常对人说:"我爸爸叫我李小林同志!""爸爸喜欢妹妹。""爸爸总是喜欢提到我!"何况萧珊身边还有一个极像爸爸的儿子小棠。萧珊在信中对巴金说:"尤其是小弟,一天一天在长大。他愈大愈像你,尤其从背后看过去,简直就是你的缩影。同样的走路,同样会咬牙,会皱眉,看着看着我忍不住要笑。"萧珊像欣赏巴金一样欣赏着他们的儿子,这真是莫大的安慰了。

她在另一封信里又说:"老太一天一天的在胖,小棠棠跟婆婆在赛胖,弄堂里的人没有一个不喜欢他,别说是母亲了!小妹妒嫉小棠,常说爸爸回来如何,又如何,棠棠已经长得不会被姐姐欺侮了。""小弟很好,很壮很傻,很美,尤其是脸上线条活动的时候,真逗人爱!"萧珊永远是用那么慈爱温和的目光看着他。就像看一件珍贵的艺术品。萧珊的信上曾说过这样一句话:"我怕我会有偏心。"这话也许并非毫无缘由,萧珊觉得,"小妹渐渐有所谓独养女的习气,要求很多,这是很坏的一件事"。她希望等巴金回来后共同来克服小妹这个"病"。有一天,这位年轻的母亲真被女儿惹"火"了,她拿起棒子要打小妹。不料两岁的小弟竟然用身体去护住姐姐,并且举起小拳头向着妈妈。这一幕真使萧珊感动极了，多么真挚的姐弟亲情！小棠棠不仅已经长得不会被姐姐欺侮，他已经会保护姐姐了，是个小男子汉了。萧珊真把这孩子爱到了心坎上。她为了训练棠棠的语言能力，常常逗他说话，有一次她问棠棠："爸爸在哪里？"小棠棠毫不迟疑地回答："爸爸在玻璃下面。"说着，还跑到书桌前指着压在玻板下的爸爸的照片。萧珊被儿子逗笑了。笑得那么开心。她抚摸着儿子的头说："我的傻儿子！"

日子在萧珊无数次的计算和无穷无尽的等待中过去，她有时真觉得渐渐不能忍耐这等待的日子，但是，当她在报纸上看到一位登高英雄牺牲的事迹时，她的心震动了，她的烦躁被崇高精神融化了。她想到有一天通过巴金的笔，这些牺牲的英雄、这些纯朴的好人会一个个活过来，会永远活在人们的心里，她便感到她的等待和苦苦思念不是没有意义的。萧珊感到这等待太苦太累时，她便想，这等待是为了再见，等得愈苦，相见时便会更加快乐幸福。这便给她的等待赋予了强韧的力量。

深深的夜晚，山间正下着倾盆大雨。在朝鲜前线的坑道里，巴金采访后被阻在这里。他便坐在一棵躺着的树干上，靠着忽闪忽闪的油灯，在矮桌前，写起稿子来。

战士们在靠着坑道的墙壁打盹。忽然有爆炸声传来，战士们醒了。他们看见巴金还握着笔，就问道："巴金同志，天都快亮了，你还在写稿？"

"是的。"巴金点点头，他还未从文思中走出。

一个小战士饶有兴味地问道："您能念给我们听听吗？"

巴金说："我对我的写作很不满意，我没有写好这位英雄和他那坚贞善良的妻子。"

其他的战士也请求说："你就念给我们听听吧！"

又一声爆炸的巨响，洞口的泥土不断地落下来，一阵山风，油灯熄灭了。

巴金一转念："我把一位苏联作家的诗背给你们听听好吗？他写得非常感人。"

"好！"战士们齐声应着。

巴金说："这首诗的题目叫《等着我吧》。前些时我妻子听说美国人在朝鲜搞细菌战，她很害怕，她说她的等待使她焦急。我就把这首诗寄给了她。"

巴金用他那抑扬顿挫的四川方言满含感情地背诵起来：

……
等着我吧，我要回来的，我要冲破一切死亡，
……
是你以自己的等待，
才救了我的生命。
那时候只有我和你才知道——
我是怎样活下来的，
这只是因为你，
比任何人都更会等待我。

坑道里静静的，静静的……

战士们被这诗句打动了。

巴金用激动的声音说："亲人们在等着我们，人民在等着我们，我们会回去的，带着胜利和荣誉回去！"

战士们热烈地鼓起掌来，掌声和雷雨声应和着。突然一声巨响，一颗炮弹在洞口爆炸了。洞口坍塌了，洞中也哗啦哗啦地落下泥土。这时营参谋长马上叫了班长一起带着几个战士去抢修。他们用了四五十分钟才将坍塌下来的泥土铲走，并将洞口用木柱支撑起来。巴金看见这几个人都浑身湿透，脸上还带着微笑。巴金满怀感情地望着这些年轻的、健康的、淳朴的脸。他感到，"就是这样的脸给了我更多的温暖和更大的勇气，也就是这样的脸鼓舞我走了更多更远的路"。就在那一夜，巴金曾在一篇文章中写下这样的话："我觉得有一种力量在我心中搅动，它们要往外倾吐。我恨自己不是一个有才能的歌唱家，我恨自己没有一支写史诗的笔，唱出堆积在我心里的爱，不是为我自己，是为了祖国人民。"

在一位朝鲜老太太家的一间小屋里,他又开始聚精会神地整理素材和已写好的稿件:《我们会见了彭德怀司令员》《平壤》《在开城中立区》《朝鲜战地的春夜》《一个模范的通讯连》《起雷英雄的故事》《生活在英雄们中间》……

忽然有几只小虫爬到他的稿件上来,巴金用稿纸去推一推,想把它们赶走,但这时其他的小虫已经爬到他的手臂上、脖子上,他忙用手将它们拂掉,可是,腿上、腰上,又有小虫奋勇地攀登上来。他抬头一看,只见墙壁上到处都有小虫在爬——巴金诙谐地对小虫宣告说:"我们和平共处,怎么样?"他又埋头写他的文章,顾不得去对付小虫的进攻。

突然间,巴金觉得呛起来,他开始咳嗽,眼泪也涌出来。他发现滚滚的浓烟一股股钻到了室内,搁下笔出去瞧瞧,原来房东老大娘正在烧炕。巴金微笑着回到屋里,他知道,这是朝鲜人的习惯,热天也要烧炕的,无论酷暑盛夏照常要烧,这种多少年沿袭下来的方式,在农村保存得尤为完好。现在正是炎夏时节,室内已经很热,经过这一番熏烤,小屋子变成了大蒸笼。巴金挥汗如雨,他自语道:"入乡随俗嘛!在这里很安全,而战士们正在枪林弹雨中……"

他忽然想起了彭德怀司令员的话:"作战主要靠兵,自古以来,兵强第一,强将不过是利益和士兵利益一致的指挥员。指挥员好比乐队的指挥,有好的乐队没有好的指挥固然不行,可是单有好的指挥没有好的乐队也不行……"

巴金感叹地自语:"我们的战士多好啊,他们的确是最可爱的人。"

他仍在回想,脸上的神情显得很激动:"……有的战士背着炸药包让自己生命跟敌人坦克同归于尽。我们知道,牺牲自己并不是容易的事。"

巴金还十分清晰地记得那天听彭总讲话时的情景:"我整个的心被他吸引去了,我忘记了时间,忘记了洞外的雪,忘记了汽车的颠簸和滑脚的山路……只看见眼前这一个人……他忽然发出了快乐的笑声。这时候我觉得他就是胜利的化身……"

想到这里,巴金受到了极大的鼓舞,他的脸上露出了快慰的笑容。他又铺开稿纸,提起笔来继续写作,战士们那一张张年轻、朴实、纯真的脸和那具有高度自我牺牲精神的高尚心灵不断在他的心头映现，巴金甚至觉得他们那种"一人受苦，万人幸福"的崇高精神，就仿佛是他年轻时所向往的殉道精神的体现。但巴金并不曾意识到，当他自己为了了解和写好英雄们，在冒着枪林弹雨通过敌人的封锁线时何尝不是怀着一种殉道的精神呢？

在上海巴金的寓所里。萧珊也正伏案书写，她要把那无边无际、无休无止的惦念通过这小小的笔端倾诉净尽，事实上她是难以倾诉其万一啊！孩子们吵着要爸爸时，她能想出办法跟孩子解释，却很难自我安慰。严冬，她为巴金担过心思，现在盛夏来临了，她也为巴金担心。她说，她不知道朝鲜热天的滋味怎样。她在信上问过这话，事后，又唯恐巴金会笑她。因为巴金不曾为朝鲜严冬的寒流叫苦，难道还怕热天吗？想到这里，她便自责，"一个女人的心有时会是这么狭窄"。她觉得自己温情得可笑，分别几个月，自己仍无进步，依然从个人感情出发。她甚至害怕巴金会因她而脸红。她又为不知道巴金的通讯员是否还在他身边而担心，她满怀热望地说："我多愿意我就是你的那位通讯员，照顾你的一切。"

她曾多少次在信中提起，她企盼着巴金九月归国这个幸福的日子，她又多少次梦见这个佳期，希望他不要延误。但她总要补上一句："这只是我的私意，如果你工作未了，如果你还有任务，当然一切由你。"不管怎样，她总不会违背这个大的前提。

对于巴金，她永远是一个驯顺的小姑娘。在处理一切事物上她都习惯于尊重她的李先生的意见。有一段时间，上海的钢琴大跌价，她想为女儿买架钢琴，免得女儿上别人家去练琴。她先在信上向巴金提及这事，最后还是说："如果我的意思并不为你所反对的话，我想这么做。"她一向按时给巴金在成都的妹妹寄钱，唯恐巴金担心她会忘记。她给巴金的嫂嫂寄钱，也给巴金的一位有困难的朋友寄钱，因为她的李先生认为帮助人总是好事，萧珊也这样认为。有一次她想翻译屠格涅夫的小说，便在信中请求道："我知道你要译这本书的，但还是让我译吧，在你帮助下我不会译得太坏的。你帮别人许多忙，亦帮助我一次。"她还说："作为一个练习，我希望为你所赞赏，这样我就会有百倍的毅力和信心。"虽然她是如此的顺从，但她却能给巴金的作品提出不同的意见，而且常被采纳。例如，她有一次在信中向巴金提出："我觉得像'翻妮'那样的小孩子，他们生而不知'父亲'，他们的父亲在遥远的国土保卫朝鲜的母亲与孩子，保卫祖国的幸福生活，他们该以有这样的父亲感到骄傲！然而不是幸福。'幸福'原住在平凡细琐当中，今天我才懂。所以我提议把'她们会觉得有着这样的父亲是多么幸福的事情'，改为'多么值得骄傲啊'。你的意思如何？"萧珊是从自己的生活感受提出来的。看来，这个改动似乎更准确一些。

在萧珊寄给巴金的信中常常有这样一句话："你的健康是第一位的。"特别是美国人在朝鲜大搞细菌战时，巴金的健康是她最揪心的一件事。但是她也清楚地知道，她不能阻止巴金去感受志愿军战士所感受的一切，所以她改说："你的健康对我们是第一位的。"也就在这时，巴金正在朝鲜前线，冒着炮火硝烟下连队，去了解志愿军的英雄事迹，并作"写作辅导讲座"，随后又在敌机轰炸声中离开前沿阵地。可是，巴金并没被敌人的炮火击倒，他常和死神擦肩而过，却终于冲出来了。也许这正因为他的坚贞不渝的妻子曾不停地祈望："你会平安的，你一定得平安！"

只有一次，萧珊抱怨了，那是因为巴金在信中夸赞瓦普查罗夫那首给妻子告别的诗写得很好，读了很受感动。萧珊在回信中说："你为什么要提那首瓦普查罗夫的诗呢，他是在跟人生告别，可是你为什么要向我说那首诗呢？我们快要见面了，再有一个多月我们就能互相握住我们的手。"我们的作家巴金是个感情细腻的人，可这次他疏忽了，他忘了在他处在生死难卜的战争威胁中时，他是绝不应当让萧珊去读一首永别妻子的诗歌的，这会怎样地刺痛她的心，这会怎样地使她感到恐惧！

萧珊是一个忠实的善解人意的妻子，是一个满心温柔体贴的妻子，也是巴金最谦恭的学生和崇拜者。她对巴金的爱已到了刻骨铭心的程度，她愿为他忍受一切而毫无怨尤，当她觉得她的感情是难以名状的时候，她在信中写出了这样两句惊世骇俗的话语："你永远是我的神，跟我的心同在。""我的目光永远地跟随着你。"

同时，她也坚信她的李先生对她的不灭的爱情。有一个端午节，她

"我的怀念和千万个母亲妻子的怀念连在一起"

正好收到了巴金的信。虽然巴金不能同她一起过节,虽然他们相距那么遥远,但她相信没有什么可以隔离他们。她忽然想起了很多年以前的一个端午节,她捧着鲜花去看她的李先生。这回忆使她不禁怡然自醉,独自微笑了,于是她又在信中写道:"你还记得十五年前那个端午节捧着花来你那里的小姑娘吗?"无须巴金回答,她当然知道,她的李先生绝对不会忘记这个小姑娘,哪怕再过一个世纪,他也不会忘掉她,想到这里,她独自一人又甜蜜地笑了。

1952年10月12日,巴金离开朝鲜回到祖国。他在朝鲜住了四个多月。在这里,巴金以极大的热情努力深入到生活中去,从上到下,从兵团到连队,他到过许多地方,结识了志愿军的许多指挥员和战士,用他自己的话来说,是结识了许多良师益友,他们像亲人一样地生活在一起。他觉得他的心和他们靠得很近,他们也把他看作是他们中的一员,这使巴金非常感动。他说他爱中国人民志愿军、爱朝鲜、爱朝鲜人民,愿将一颗燃烧着爱的心献给他们。

巴金到达北京后,即前往友人顾均正家,去与专程携女儿小林前来迎接他的萧珊母女团聚,然后一同返回上海。

他刚一回国,便为参加各种会议和对苏联一些文化团体的送往迎来而忙碌起来。但不论在任何情况下,巴金绝不会离开文学,他首先挤出时间为友人杨苡看了她的译稿苏联短篇小说选《俄罗斯性格》,并且非常直率地对她这项工作提出了批评。他在1953年2月21日给杨苡的信中说:"你的译稿我在三天前看过八十多页的校样。我觉得你译得有点草率,你本来可以译得更好一点。汝龙替你稍微改动一下,我也动了几个字,想来你不会怪我们。"后来他又为这位朋友看了其他译稿,在同年7月25日的信中他说:"你们的译诗(指杨苡和她的丈夫赵瑞蕻合译的捷克瓦普查罗夫诗选)我已看过,赵瑞蕻的马雅科夫斯基一文我也翻过原稿。……你说要译W·H.,我希望你好好地工作,不要马马虎虎地搞一下了事,你要是认真地严肃地工作,我相信你可以搞得好。但已出的两本书(指《俄罗斯性格》和民主德国作家扬·贝特苏所著的小说《伟大的时刻》,这两本书都在平明出版社出版)都差。我这个意见不会使你见怪吧?"后来他又在写给杨苡的信中提出："有时间不妨把《俄罗斯性格》再看一遍，改一下，这本书可以再版，有教育意义。"巴金一向很重视朋友的才能，但也敢于提出尖锐的意见，以严肃的工作态度要求朋友，当批评的，他决不会姑息，但他的批评中总是饱含着鼓励和期望。

对巴金来说，目前更重要的当然是写作以抗美援朝为素材的文学作品。这是他长期以来渴望反映新生活、新时代，塑造新人物的最初的也是最伟大的实践。回上海后他写成了短篇小说《一个侦察员的故事》《坚强战士》《爱的故事》和《黄文元同志》等，后编为《英雄的故事》。过去为了了解和塑造新的英雄人物，巴金是怀着一颗虔诚的心奔赴朝鲜前线的，现在，他也是怀着满腔热情，要将朝鲜战场上的英雄们的事迹传达给祖国人民。可是他不断地自责，认为自己没有很好地深入生活中去，他的"拙劣的笔写不出英雄气概和英雄事迹"，所以他一直计划着再去朝鲜深入生活，况且，他是多么思念那些亲切淳朴的人们。

沐浴在仙泉里

1953年7月27日，巴金抵达北京，准备再度赴朝体验生活。他和萧珊也再一次开始品尝离别的酸涩滋味。他离沪的那天，火车刚一开动，小林便大哭起来。萧珊不敢看女儿那涕泪纵横的脸庞，她找不到合适的话来安慰女儿。这时只有一个念头在她的脑际萦回：我们又离别了，今后将是靠着每天等待他的来信度日了。只有小棠棠还不懂得"离别"的含义，更不知离愁是什么滋味，他木然地看着火车开走，甚至还在等待火车开回来。直到回到家里以后许久许久，他才忽然冒出一句话："火车顶坏！"大概这时他才感到爸爸不在身旁，是火车这个坏东西把爸爸带走了。他那懵懵懂懂的小小心灵也感受到"离别"了。他的姐姐则是个极其聪慧敏感的小姑娘，受到一点小委屈便会忧郁地独自爬到沙发上去睡觉，嘴里会念叨着"阿拉爸爸喜欢我的"，但这最疼爱她、最善待她的爸爸又去了远方，她也感到寂寞。这时的萧珊则一遍又一遍地回想：这些天我可曾有过使我的李先生不愉快的地方？若是有，我只好请他原谅了。

巴金8月上旬参加代表团第二次赴朝，中旬到达了开城。他住在郊外的一间农家茅屋里。他曾在给萧珊的信中饶有兴味地描绘了这里的环境："大门外有两堆草，一只牛躺在地上。屋子里各种小虫飞来跳去，蟋蟀在屋内屋外高歌。"他认为，萧珊一定能够想象得出，这是一幅多么宁静的农家图画。但是巴金半夜却失眠了。也许他在筹划着今后的工作，也许他忽然想起萧珊和两个孩子，觉得应该把自己的近况告诉他们。还有一个外在的原因，各种小虫在他身上像翻山越岭一样地爬着，弄得他不得安宁，他爬起来用力去捉背上的一条小虫，不料弄坏了他的眼镜架，幸好他出发前准备充分，带来了两副眼镜，否则，缺了眼镜便是个不大不小的麻烦。第二天卫生员赶来洒了六六六粉，又打了滴滴涕，总算暂时制服了这些小昆虫，只是药味很冲鼻子。不过，毕竟身体不再受到干扰。夜晚，睡在屋外廊檐下的通讯员（是这次到朝鲜后，兵团给他派来的）已经在十分香甜的睡眠中发出了鼾声。上次他在朝鲜住了七个多月，都是过着这样的生活，现在重温这种生活感到非常亲切。虽然这里既无床榻，又无桌椅，连写信也得匍匐在地上。可他的心情仍觉十分安适。

以后他又到一个山沟里住了三天，他说这里一天水声不绝，虫声不止，鸟声不停，整夜都可以听见小溪流水声，好一个幽美的山居。巴金认为这里像一个避暑胜地。在这里他结识了许多朋友。自到朝鲜以来，他几乎天天都四处奔跑，身体也不觉得疲乏，真可以说，身心都处于极佳状态。倒是在北京等待出国的日子里，他心情很烦躁。他觉得在上海几个月的生活把他的精神消耗得很厉害，把他七个月朝鲜战地生活中获得的那些新鲜的印象，那些活生生的英雄人物形象，以及在他心中激起的热烈的感情都几乎磨蚀了冲淡了，他觉得这对他的创作非常不利。而巴金心里一直翻腾着这样一种情绪：我一定要写出一部像样的东西来才不白活，否则死也不瞑目。至于别人的毁誉他是不在乎的。他也很清楚，要写一部像样的作品，得吃很多苦，下很多功夫。忙碌对他的创作并无妨碍。所以，这里的日子无论怎样艰苦，他却自得其乐，还颇有一种"得其所哉"的感觉。

巴金的《黄文元》问世之后，曾得到一些人的赞许，当然也有批评意见。萧珊为了让巴金写出更完美的小说，愿意忍受分别。她无论有多少思念，都常对巴金说，你安心地深入生活，安心地写作吧，别挂念我们，别想家，我们很好。同时，她自己也有意无意地在效法她的李先生。她拼命地译书，想尽快完成《初恋》，接着译《春潮》。她希望比她的《阿细亚》译得更好一点。在《初恋》的翻译中偶得一二佳句，便默默地期待着巴金的嘉许，就像去年冬天他们在一起译书时那样，萧珊从他的称赞的目光中得到了多少鼓励！同时她又深恐让巴金失望。她知道，让别人失望自己会更不愉快。友人黄源听说她要译《春潮》，还特意在旧书店为她找到一本张友松译本供她参考，萧珊深为感动，觉得更该好好翻译。

　　巴金对萧珊的文字曾有这样的评价："你的文字有一种好处，就是清新气息。但你容易犯生硬晦涩的毛病，这应当避免。"为此，巴金介绍萧珊读几种书，一是读唐人白居易的诗和今人李季的诗，二是读赵树理的文章。认为他们的文字平易、明白、生动的特点可以医治萧珊文字的毛病。此外还要她多念念家宝的戏剧。巴金还叮咛说："你不会去模仿别人，因此也不会失掉自己的风格。多读别人作品只有好处。"萧珊在译《初恋》时，巴金要求她多花点功夫，把初稿写清楚一点，以便自己随时修改。他相信《初恋》译得一定比《阿细亚》更好。正如巴金所希望的，萧珊翻译的《初恋》出版后，受到翻译家曹葆华的极口称赞。当时，他因患心脏病正在休养，他用俄文对照着读这本译著，认为萧珊的译文非常好。因此巴金建议萧珊把她译的《别尔金小说集》赠送一本给曹葆华。萧珊在得知巴金对自己文字的评价后，真是战战兢兢。她心里多么渴望他的赞美啊！但更多的时候她感到惭愧，认为自己好胜心重而内在空虚，这是自己最大的毛病。有一次她在信中对着巴金既惶恐又痛苦地诉说道："啊，我亲爱的朋友，我真怕时间，我这许多年已经浪费过去了，现在来追，是不是还来得及？会不会永远掉在后面呢？"又说，"你不会知道我多害怕，什么事没有做出来，三十岁早过去了……自然，能够作为你的妻子，在我永远是一件值得庆耀的事，可是就因为这个，我多么寂寞，我只是环绕在你的周围的一个无足轻重的东西，我能赶得上什么哪……难道我的病你不比我知道得更清楚吗？只是你得拉我。"萧珊把自己看得这样卑微渺小，因为在她身边有一颗耀眼的文学巨星，她觉得自己极其黯淡。事实上她是一个自尊、自重、自强的女人，也许她压根儿不知道她是一个多么富有文学天赋的人，只是她没有充裕的时间，没有下更大的力气去挖掘她身上的这种财富。由于巴金的远行，她得想出各种办法安慰想念爸爸的孩子，否则他们会说："爸爸忘记我们了。"她还得努力担起教育的责任，老、中、小三代的生活她得总管起来，还得担负巴金的后勤工作……甚至朋友的妻子进医院生孩子，她也得去照顾，要做手术，得她签字。巴金常说："在分别时才深深认识到我的生活中如何少不了你。"当然还有那发自心底的难以抑制的思念。即使是这样，她也不敢放松她的事业和她的社会责任。她在诸事缠身的情况下已开始为平明出版社拉稿，邀约了一些翻译家为出版社翻译一批古典文学作品，她请王佐良先生译狄更斯的*Martin Chuzzlewit*，杨周翰、王还夫妇译*Gulliver's Travels*、*Tale of a Tub*两书，姜桂侬也愿意为平明搞一点古典作品。她向翻译家们讲述了平明出版社的出版方针，并请他们也代为拉稿。这些人的兴趣被调动起来，他们希望平明能来些整套的东西。萧珊又请卞之琳审阅查良铮译的苏联长诗《波尔塔瓦》，她自己则替祝庆英看一部译稿，为查良铮看他译的普希金的诗篇，也为济生看稿子，李采臣又请她代看《白求恩大夫》。现在萧珊事情成堆，她老怨自己进度太慢，心里很急，萧荀看着她忙碌和刻苦的劲头，打趣说："快成四爸第二了。"这句打趣的话对于萧珊无异是最高奖赏，她认为，如果她能有一点点地方像巴金，她会非常非常高兴的。由于出版社的这许多工作，她的翻译只好放到夜晚来做了。

巴金对萧珊的工作表示赞赏。他自己远在朝鲜，一时管不了平明的事，他要她多听取陈西禾的意见，见到他时，催他早交译稿并拉稿。他在信上鼓励说："你代约稿，是很好的事。望多约古典的译稿。见到王道乾，则请他多译新的作品。"最后还嘱咐，她要参考的法文社会主义辞典放在留声机柜改的书柜盖子底下，不要忘了。巴金在一封信的结尾欣慰地说："你多帮平明看看稿子，你忙一点，我也可以闲一点了。我希望你多看几部别人的稿子，这也是有意义的工作，不过你得多花点功夫认真看。你如果做了我第二，倒好了，我可以抽出身来了。"许多年来，巴金为"平明"和"文生"两个出版社花费了许多时间和精力，占去了他许多搞创作的时间，反惹得生许多闲气。他曾在家书中向萧珊诉苦说："有人以为我不过编辑瘾，不抓个书店就活不了。只有你知道我不过是想认真做点工作，为读者多印几本可读的书，为一些见面或未见面的朋友帮一点忙，解决一些问题，使他们生活得好一点。但若是说我应该为这些丢开创作，

沐浴在仙泉里

我还有点不甘心。"现在他赞扬萧珊为出版社拉稿看稿，也正是出于同样的目的。他几次对妻子说："你能组织一批稿件，对平明有好处。"这一下，巴金成了萧珊的"加油站"，她干劲越来越足，甚至在百忙中将亭子间也整理出来，将来和巴金可以各占一间工作室，各自坚守自己的岗位。

而巴金的"加油站"正在朝鲜战地。他现在并不考虑小说创作的问题，他想的只是多了解生活，目前至多也不过写写通讯报道。为了真正"钻进生活里"去，他在坑道里，在前沿阵地上，在山路上，在交通沟里，在灌木林中，在老乡家里，都尽量找机会和战士们谈心，和他们一起生活，去了解他们的思想感情，听他们谈"真心话"，去认识他们的"伟大的面貌"。他的大部分时间都在连队里。有时为了写篇东西回到师里住几天，晚上他也只能点着蜡烛在大树下写，再没有比这更优越的写作环境了。在这段时间里，巴金利用夜晚读了许多书。读书是巴金的生活习惯，也是他今后为新的时代创作的准备。此外，巴金从没忘记叮咛萧珊要记住小林的生日、三哥的忌日，记住给大嫂寄过年的钱。

就在这一年，巴金的《家》被香港中联电影公司拍成粤语片。这是巴金著作第一次在香港摄制成电影。该片由吴回编导，吴楚帆、梅绮主演。被视作"粤语片的杰作"之一，是中联影片公司的创业作，它奠定了中联的根基，从此兴起了以巴金著作改编成电影的潮流。此片的票房收入高达二十八万港币，可谓盛况空前。

同年10月6日中国第二次文代会闭幕，巴金被选为中国文联委员与中国作协副主席。

同样，在巴金的温暖的小家庭里，也在围绕他而忙碌，他的两个弟弟稍有闲暇便去各个书店仔细巡视一番，为他购买他所需要的各种书籍。萧珊则用她的第一次版税为他购买了一件既轻又柔的大衣面料，并且热切地期望巴金能嘉纳她这一番心意。关于巴金对战地作品的创作，她鼓励说："我以为你可以写，你能够写，我等着做你第一个读者。"同时她也悉心地琢磨了一番，希望能对他提出点有益的建议，最后她说："我的意思你还得写战士的私生活一面，所以你还得到四川走走，熟悉几个战士家属。但这也是后话。"为什么说"得到四川走走呢"？因为巴金曾在信上

巴金与萧珊

向她提到,说他接触的战士中,四川人不少。看来这倒是一个颇有见地的建议。在文学作品中,要写活英雄人物,要写得血肉丰满,只写他的英雄事迹显然是不够的。在萧珊和巴金的关系中,萧珊从来是把自己摆在一个谦虚的恭顺的小学生的位置上,但她希望做一个好学生,一个对巴金有帮助的学生,一个在许多事情上都能对他有帮助的学生。这是她心中的那深厚的爱情要求她这样做的。另外还有巴金的女儿小林一直张罗着,要在墙上写几个大字——"欢迎爸爸回来"。其实,从巴金刚刚离开上海,小林的心里就一直盘算着这件事。小棠每天早晨从睡梦中醒来,第一句话便是问妈妈:"爸爸回来没有?"随后就嚷着要坐汽车去接爸爸。小棠在饭后分食糖果时,每人两颗,也常记起爸爸那一份。孩子们把他当作能上战场打敌人的英雄。

巴金于1954年1月又从朝鲜回到祖国。他两次深入朝鲜战地,第一次住了七个月,第二次又住了四个月。他写出了通讯特写集《生活在英雄们的中间》、小说集《英雄的故事》、散文通讯特写集《保卫和平的人们》和由《活命草》与《明珠与玉姬》辑成的小说《明珠与玉姬》。这些都是新中国成立以后巴金反映新时代、新生活、新人物的作品。但是对着这些

难得的团圆

成果,他却常常皱起眉头叹气,认为自己怀着极大的热情努力写出来的多是一些只感动自己不感动别人的作品,他无法排解自己在创作上的苦闷。这原是一个文艺理论问题,只是在当时的条件下,还无法展开讨论。

不过,让巴金感到满足的是,朝鲜的这段生活对自己的思想改造很有利。他在散文《朝鲜的梦》中曾把朝鲜战场比作"仙泉",几次赴朝鲜好比在仙泉里洗了个澡,"即使不能脱胎换骨,至少可以洗掉思想中的一些肮脏的东西"。由此也可以看到巴金当时的这份自我改造的宗教徒般的虔诚。

我们也需要契诃夫

1954年7月15日是俄罗斯伟大作家契诃夫逝世五十周年，巴金在这一年的6月便写了一篇随笔《纪念契诃夫的话》，后易题为《我们需要契诃夫——纪念契诃夫逝世五十周年》，收入平明出版社出版的《谈契诃夫》。

契诃夫是巴金喜爱的俄国作家中的一个。但他不是一开始就接受了这个作家的。巴金说他读契诃夫经历了三个阶段：在他还不到二十岁的时候初次接触契诃夫的作品，读来读去弄不清作者讲什么，巴金比喻说，就像一个年轻人第一次面对茫茫大海，他什么也不会了解；第二个时期他读了以后感到难过和憋气，因为书中的人物都是听凭命运摆布而不作任何反抗的；但是后来，巴金走过了漫长的人生道路，见过了形形色色的人物，"穿过了社会的'庸俗''虚伪'和'卑鄙'的层层包围"，并且同这种庸俗势力斗争过以后，他才深刻地理解了契诃夫。正是契诃夫能随处发现庸俗的霉臭，并用他那支锋利而冷静的笔去嘲讽它，描写它。巴金认为契诃夫笔下的人物也常常在我们中国出现，我们也可以到处发现契诃夫所说的霉臭。因为契诃夫描写的俄国历史上最黑暗、阴郁的暴风雨前的时期，正和过去中国的社会相似。因此，我们需要契诃夫！巴金说他一翻开契诃夫的著作，就好像看到他带着忧虑的微笑对一些人讲话："太太、先生们，你们的生活是丑恶的！"契诃夫所描写的一切都是为了揭露和鞭挞。我们今天还需要他那支笔，就是为了让那些人物绝迹，把地位完全让给新的一代人。

7月初，巴金接到了苏联的电报，邀请他赴莫斯科参加契诃夫逝世五十周年的纪念活动。他于7月6日抵达北京，老友曹禺夫妇到车站接他，随即住进北京饭店做出国前的准备工作。本来同时被邀请的还有老舍，但老舍因身体欠佳未能参加，巴金只好一人前往，因此不能从国内带翻译去，巴金为此感到为难，他在给萧珊的信中说，这次"得靠我这几句'洋泾浜'俄文"来对付了。不过后来中国作协还是给莫斯科拍了电报，请他们为巴金解决翻译问题，他这才放下心来。

他的行期订在7月11日，7月9日他便匆忙地给萧珊写了信，但仓促之间他竟忘了写收信人的地址，只写了发信人地址。幸亏我们的邮局非常负责，也幸亏巴金是个大名人，邮局把电话打到作协询问，巴金便趁机请邮局代为填上。巴金在下一封家信中谈到了自己闹的这桩笑话，他同时告诉萧珊："顾师母说你写给姜桂侬的信装到给她的信里了。我们犯了同样的错误。"这一对追赶时间的忙人给我们留下了一则非常有趣的名人逸事，颇令读者解颐。

因气候关系，行期延迟了一天。12日晨六点十五分乘机离开北京，十二点以后在蒙古国首都乌兰巴托停了近一个小时，午后三点十五分到达依尔库茨克。这时巴金想到了萧珊，虽然他刚坐了八个小时的飞机，非常疲劳，而且明天还要坐十六个小时左右，但他还是抓紧时间给萧珊写了一封短信，以释萧珊远念。巴金说这次旅行是一个很好的锻炼，遗憾的是没有萧珊同路。信尾他没有忘记问一问那封漏写地址的信收到没有，并频频叮咛一定要为他代购两本人民文学出版社即将出版的《契诃夫画册》。

到达莫斯科后，巴金又发出一信，他告诉萧珊他度过了一生中最长的一天，他早晨六点在克拉斯洪雅尔斯克醒来，十点飞机起飞，一直飞到半夜一点三十分才到达莫斯科，天还没全黑，莫斯科时间是晚上九点三十分。所以巴金说"13日那天我过了将近二十个钟点的白天"。7月14日巴金便和德国小说家勃赖德尔，罗马尼亚诗人别纽克一起去参加了开幕典礼。

巴金与萧珊

契诃夫纪念馆是一座有着杏红色墙壁和蓝色屋顶的小洋房，入口处是黑色的铁栅栏门。他们一下车便见万头攒动，人群挤满了铁门的内外。可见人民是多么怀念这位曾经给他们留下了许多伟大作品的杰出作家。

这个纪念馆给巴金的第一个印象是，他仿佛回到了鲁迅纪念馆，这不仅因为它们的布置相似，更因为两个伟大作家的生活之朴素简单也颇为相近。

次日，他们又到"新圣母修道院"墓地去为契诃夫扫墓。当巴金与勃赖德尔、别纽克和保加利亚作家斯托扬诺夫抬着花圈走到契诃夫墓前时，深灰色的大理石墓碑已经隐在鲜花丛中，伟大的契诃夫仍然安睡在他最喜欢的玫瑰花的芬芳里。与契诃夫墓相邻的是果戈理墓，巴金想，契诃夫一定很高兴有俄罗斯最伟大的作家做他的邻人，而契诃夫又是继承和发扬了果戈理传统的一位作家。这时，塔斯社的摄影记者还专为巴金和契诃夫的妻子克妮碧尔在契诃夫墓前拍了照。

纪念大会后，巴金又接连观看了几出契诃夫戏剧的精彩演出，还一路风尘去雅尔达参观了契诃夫晚年生活过的别墅和在大岗罗格的出生地。

巴金在1955年1月写的纪念契诃夫诞生九十五周年的文章中写下了这样一段总结性的话："契诃夫的创作道路跟所有伟大的作家的道路一样，是不断地追求真理的道路。他越来越接近他所追求的东西，他越来越深刻地感受到全部生活彻底改变的时代逼近了。"

当巴金带着从契诃夫那里得来的鼓舞和充沛的生命力，在8月4日的微雨中乘飞机离开莫斯科时，萧珊8月5日的信已经在北京等待他了。而萧珊也正渴望着以自己同样充沛的生命力去工作，去创造，她的信里写着这样的话："活着，总该有一点成绩，而这成绩将来就是你生命的痕迹，啊！我亲爱的朋友，愿你不断地鞭策我吧！"她为自己翻译工作的进度迟缓而不满。想到无以面对即将归来的先生而感到赧颜。其实，就像巴金不得不为了无穷无尽的社会工作，暂时搁下手中的笔，萧珊也必须为了巴金、家庭和他们的朋友的事常常放下她的翻译工作。这些琐事要花费大量的时间和精力，但它是生活的重要一环，就像生活必需品一样不可缺少。就在这时，巴金的弟弟李济生以及文化生活出版社的许多人都进了"新文艺"出版社，李济生在第二编辑部，马云在总编室搞整理工作，萧荀在财务设计室……萧珊对此不能不有些艳羡。她却无法脱身。萧珊一生都处在这个矛盾中，但是，当她对自己的成绩不满时，总是责怪自己效率不高，却从没有抱怨别人的念头。

《随想录》的先声

巴金8月回到上海,连喘息的时间都没有,又于9月初赶赴北京出席第一届全国人民代表大会。萧珊和他之间的真挚感情以及家庭的一切温馨又只能通过书信来传递了。巴金离沪赴京的那天正遇奇热天气,萧珊知道巴金怕热,十分挂念,她在信中说:"你这个人真有意思,专会拣大热天行路。"她一开头就连连发问:"不知你又生了多少痱子?你们开始开会了,累不累呢?北京饭店新楼房早该造好了,不会吵得你睡不好觉吧?"在别人看来,这也许是一些最琐碎不过的小事,但它在萧珊心里却是难以释怀的挂念。她刚写下这些话,自己又觉得好笑,遂写道:"你看我一张嘴就问你这许多问题,使你开不了口。"

接着她告诉巴金:"你走的那天,小妹去学校很早,回来我问她为什么走得这么赶忙,你想,她怎么回答?'每次爸爸走,我总要哭的',这孩子真多情!"

生活总是用"离别"将这对恩爱夫妻隔在两地。对巴金来说,他被繁重的工作耗尽了精力,也许没有太多时间柔情缱绻,但是萧珊那颗年轻热情的心却很难平静下来,有不少时间,她耽于自己的幻想中,以此来弥补生活中的不足。有一次章靳以去宜昌,她去送行,她打量着那艘整洁舒适的轮船,不禁思绪飞扬,她想,有一天她的李先生会陪她坐这样的轮船去故乡四川走走，那将是一次最美妙的旅行。晚上，他们要躺在甲板的椅子上，一同眺望天水相接的远方，去寻觅那浓郁的诗情，她的先生，会在她耳边用亲切的四川方言叙述那些萦回在他脑际的美丽的故事，她便深深地陶醉……或者，她会快活得像一个小女孩，随着故事的韵律，手之舞之，足之蹈之。李先生说过，有时她能给他灵感，她不知道这是不是真的，但她深信，在这样的地方，他能写出极美的文字。过去她曾对巴金说起过自己心中的这种渴望，但因他一直没有闲暇，这便成了难以实现的"奢望"。尽管这"奢望"何时能如愿她不得而知，可是眼前，她望着远水，在冥思遐想中得到了满足。

不久，友人黄裳约萧珊一家去苏州旅行，萧珊想，能借此机会带孩子们和老太太一起去坐坐火车，老小都会很高兴的。她又请萧荀和瑞珏一同去。事情还没最后决定，可小林已经邀请了她的小朋友南南，那么这事便算定下了。这一行，人不少，非常热闹，萧珊也尽量想法让老人孩子都高兴。在野外，孩子们像飞出笼的小鸟一样撒欢，连去灵岩、天平都是自己跑上去，不肯坐轿子。事后，萧珊把孩子们的趣事在信中用生动的笔触转述给他们的父亲，她写道："小棠棠也要自己走，丁香要拉他的手，他问萧荀：'好姐姐，黄裳叔叔要人拉吗？'真妙！因为同行的只有黄裳是男人，而小棠棠也自命为男人了！"这件小事，让那位远在异地忙碌着的父亲分享了多少幸福快乐。而萧珊在这次愉快的旅行中却一直因为没有巴金在场而感到不尽的遗憾。

再过四天便是中秋了，巴金又一次把一个冷清的月圆佳节留给了萧珊。她在信中诉说道：这个中秋"你自然会过得很好，很热闹，可是我们呢？我们有几个中秋节不跟你在一起了，未免黯然。少了你，我们这个节会过得多么没劲！可是在你那些热闹中却没我的份。"她对丈夫的爱、望、怨都从这声叹息中流泻出来。

这个中秋，人不团圆，月却分外的圆。为了不辜负这难得的明月，萧珊约了萧荀一起带孩子们去了公园，她们在那里赏月，小林和棠棠则可以在公园的绿地上赛跑。萧珊还清楚地记得，有一年中秋节她是和巴金带着孩子在这个公园度过的，只是那时还没有小棠棠。回想起来，这已是许多年以前的事了，但是那份幸福美好却永远深深地刻在萧珊的记忆里。

不论巴金离萧珊多远，她总能追寻到他的足迹。9月15日，她从收音机里听到了人代会的录音，在那热烈的掌声中，她仿佛听出了夹在其中的巴金兴奋的掌声，她仿佛听到了他的心跳。接着她又十分真切地听到了巴金的声音——正是这一天，巴金在大会上发言。他用极其朴素的语言倾吐着他的心声，他认为，在这个光辉灿烂的时代里，作家应当歌颂那正在辛勤劳动、发光发热的新人新事，但也不能否认，"社会中还有不健康的落后的现象"存在，作家不能只追求"四平八稳，人人满意"，应当有歌颂有批评，揭露不健康的东西也是作家的责任。他感到，"全心全意为人民的事业奋斗，这是人生最美丽最光荣的事情"。萧珊一下便听出了巴金的那份至诚，他对国事、家事具有的那份同样的至诚。她被感动了，她微笑地倾听着，泪水盈满双眸。而巴金也被这次大会感动了，他从大家讨论宪法草案时的热烈兴奋的情绪中感受到，民主自由的空气已经形成了，他确信，人民斗争的成果已经到手了，他能不敞开心扉尽情地吐露自己的感情和认识？而这些话语将给他带来什么样的后果，他是决不会想到的。

1954年10月16日，毛泽东给中央政治局委员和其他有关同志发出《关于〈红楼梦〉研究问题的信》。10月31日，全国文联和中国作家协会主席团联合召开了八次扩大会议，对俞平伯在《〈红楼梦〉研究》中的观点和方法进行了批判。

12月2日，中国科学院院务会议和中国作家协会主席团举行联席会议，决定联合召开批判胡适思想的讨论会。同月13日，华东作家协会理事会扩大会议展开了"对胡适派资产阶级唯心论思想"的批判。巴金出席了会议。当然，作为文学界的一位负责人，他不能不一次又一次地参加这一类的会议。

接着又展开了对胡风文艺思想的批判。巴金和胡风是南京东南大学附中的同学。巴金曾说："……我们之间并无交往，他甚至不知道我的名字。"只是在1935年巴金从日本回来以后，"因为《译文丛书》，因为黄源，因为鲁迅先生（我们都把先生当作老师），我和胡风渐渐地熟起来了。"就在不久前，也即1954年9月间，巴金出席第一届全国人民代表大会时，因为他和胡风都是四川选出的代表，他们也常在一起开会。巴金当时并不知道胡风于1954年9月已向中共中央提交了三十万字的关于文艺问题的意见书。后来巴金看到了《文艺报》印发的《胡风对文艺问题的意见书》，他阅读后，"仔细想想好像也没有什么大不对"。巴金说，批判胡风运动"对我来说是个晴天霹雳"。特别是在1955年7月，胡风被捕入狱，对巴金的思想震动极大。他说"我一向认为他是进步的作家，至少比我进步"。他还记得，40年代在纪念鲁迅先生逝世八周年的会上，胡风曾受到国民党特务的围攻，"像这样的事还有好些"。解放后巴金和胡风"常在一处开会，见面时觉得亲切，但始终交谈不多"。

现在，批判"胡风集团"的斗争不断升级，愈演愈烈。许多报刊毫不客气地向巴金逼稿，巴金"不想写，也不会写"，但是，这由不得他，他终于还是勉强写出了三篇短文，并主持了几次批判会。他最初写的是谈路翎的《洼地上的"战役"》，"批评的根据便是那条志愿军和当地居民不许谈恋爱的禁令"。因为巴金去过朝鲜，他清楚这一点。可他心里想："路翎写的是个人理想，是不能实现的愿望。有什么问题呢？"巴金的文章还是拿去发表了，出乎巴金意料的是，发表出来的东西几乎面目全非，上面出现了许多政治术语，甚至给人扣帽子。显然是编辑临时加上去的，那时因为形势在发展，运动已经由思想批判变成声讨反革命集团了，编辑也只好往前赶。巴金这时才知道，如果刊物编辑照巴金的原文刊登，不但刊物难脱干系，自己恐怕也会成为批判对象。

当然巴金仍然脱不了手。他被迫又写了两篇。就是因为这三篇短文，巴金在以后的数十年中背上了沉重的十字架。

1956年5月2日，毛泽东在最高国务会议上提出，文学艺术和学术研究的方针应当是"百花齐放，百家争鸣"。不久便被当作党的文艺方针确定下来。5月16日，在中共中央宣传部举行的报告会上进一步阐明，贯彻"双百"方针，"全党必须去掉宗派主义，去掉过多的清规戒律，去掉骄傲自大，坚持谦虚谨慎，尊重别人，团结一切愿意合作或可能合作的人"。并且要提倡"有独立思考的自由，有辩论的自由，有创作和批评的自由，有发表自己意见和保留自己意见的自由"。

党的这一方针使巴金重新受到鼓舞，书生的热情又被调动起来了，他开始以极大的社会责任心和写作积极性发表了一系列署名余一的杂感。

1956年7月24日，巴金在《人民日报》上发表了《"鸣"起来吧！》，同月28日又发表了《独立思考》，也登载于《人民日报》上。他就如何对待"百家争鸣"提出了自己的看法，他认为应当"大胆地让大家齐鸣"，而不要一提百家争鸣就害怕会"没有领导地'乱鸣'"。"要是没有人'鸣'，那么一切的讨论和号召岂不成了多余的吗？"他反对姚文元提出的要"恰到好处"，"既然鼓励别人讲话，最好还是少来些限制，暂时不必发什么'恰到好处'的通行证之类"。他批评道："有些人自己不习惯'独立思考'，也不习惯别人'独立思考'。他们把自己装在套子里面，也喜欢硬把别人装在套子里面。他们拿起教条的棍子到处巡逻，要是看见有人从套子里钻出来，他们就给他一闷棍。"此后巴金又发表了《说忙》《观众的声音》《秋夜杂谈》《笔下留情》《"恰到好处"》《论"有啥吃啥"》《描写人》《辞"帽子"》等一系列杂文，对一些不正常的现象提出了批评。他在《笔下留情》中针对某些编辑任意删改作者的文章提出："编辑的工作是为作者和读者服务，任劳任怨，并非站在作者的头上拿起笔来自我称雄，高声叫道：'有笔如刀。'……我们的确应当向今天的某些编辑同志要求：'笔下留情。'"巴金对戏曲改革工作中的弊病也提出了自己的看法，他认为有些人大刀阔斧地删改优秀的传统剧目，似乎忘记了观众，忘记了艺人，也忘记了那些优美的剧目，将观众喜爱的保留节目改得面目全非，叫许多不同的剧种渐渐成为一个同样的新歌剧，从"百花齐放"变成"百花一放"……在《描写人》一文中他说：有人把人分为三类，一是正面人物；二是反面人物；三是动摇人物。正面人物永远正确，好像从出世起就没有犯过错误；反面人物仿佛一生下来就面带凶相，或者獐头鼠目；动摇人物时时处处都在动摇。这样分类以后，写起文章来的确容易多了。可是人并不因此而简单化。生活也并不因此而简单化。读者也并不因此而简单化。因为"除了优点和缺点以外，活人的身上还有别的东西。而那些东西都是单靠访问所不能了解的。要了解一个人单听他的高谈阔论是不够的"。他提倡"要写人，得接近人，关心人，了解人,而且爱人"。此外,他在《"恰到好处"》一文中,对姚文元给予了辛辣的讽刺,他强调说要当心那种"连脸部表情都是'正确'的人"。

研究巴金的专家认为,除了他晚年的巨著《随想录》,巴金的这一组杂文是他在解放后写作的唯一"带刺"的作品。后来,老作家徐开垒把巴金写的这一组杂文和1962年他在上海文代会上的发言称作《〈随想录〉的先声》,的确是卓有见地的。

萧珊对当前的批判运动同样关切,而且自有她的看法。只是,因为她不像巴金那样声名赫赫,也不曾在文学界负什么责任,她无须到处表态和亮相。她一向心直口快,从不隐瞒自己的观点,起初,她在同知心朋友交谈时,往往毫无顾忌地摊出自己的想法,为那些无端受到牵连或陷得很深的友人叫一声冤屈,但是,当思想斗争变成了政治斗争之后,她也再不能口没遮拦,以后甚至也不能不像其他人一样噤若寒蝉了。

使她十分欣慰的是,她有许多时间可以自由地去做她自己喜欢的工作。她现在已开始着手新的译作《迦尔洵》了。她常常抱怨自己译得太慢,而且有些疑难的地方,多想问问巴先生,可是他不在上海。萧珊固执地想,我是不会去问别人的。

巴金同萧珊恰恰相反的是,他能由自己支配的时间太少了。1955年4月,他随中国作家代表团去印度新德里参加亚非作家会议,他的翻译工作只好又暂时搁下来。他们搭车经武汉去广州,他在粤汉车上匆匆给萧珊写了一封感情十分深挚浓厚的信。这在现存的巴金的书信中是并不多见的,因为他感情内蕴,也因为他一向来去匆匆,家书多半只是报个平安或向萧珊交代一些急需协助办理的事。但这次故地重游唤醒了他许多往日的回忆,他在信中这样写着:"今晨过坪石,重经十七年前的旧路,风景如昨,我的心情也未改变,十七年前的旅行犹在眼前。'银盏坳……'你还记得吗?炸弹坑早已填满,现在是一片和平建设的景象了。据说我们在广州住爱群,又是那个老地方。这一路上都有你,也有你的脚迹。"那个曾经和他一起经受血与火的考验,和他同生共死的女孩仿佛现在就在他的身边。记得那时,无论旅途怎样颠簸、疲惫,巴金总能听见她朗朗的笑声。无论敌机怎样在头顶上肆虐,她脸上从来不曾失去过明媚的笑容。她就像

巴金与萧珊

硝烟遮不住的一片艳阳,再苦难的生活也能被她抹上明丽的色彩。这个女孩的生命已经融入他自己的生命中了。列车那有规律的震动使他昏昏欲睡,他终于跌入了梦乡。在梦境中白日那些温馨的回忆却变得十分可怕,他几乎失掉了他那可爱的女孩。他被惊醒,心犹自突突地狂跳。当听到同伴们的鼾声时,他才回到了现实中,他对自己说,"她早已属我"。这个甜美的念头使他平静下来,又慢慢地安然入睡。

巴金猜得到,一到印度,各种安排会挤得紧紧的,但他希望仍然能有时间给萧珊写信,而且非常渴望能常常和萧珊在梦中相见,仿佛他们是一对久别的恋人。一提笔给萧珊写信,无数的话语便会争先涌向笔端,即使天天写到深夜也难写完。唯一的办法是从简,是报告平安和交代事项。会议的时间不长,参观是自费自愿,巴金不愿逗留太久,便决定搭船回到香港。

他在香港的山间别墅中住了一天半的时间,这里可以在阳台上看海,环境那么清幽美丽,巴金多么希望能在这样的环境中过上半年的写作生活。这时香港正上演粤语片《寒夜》,他真想去看,可是他不愿给团体添麻烦。

也就在这一年之内,香港电懋影片公司将巴金的《雾》《雨》《电》拍摄成粤语片,由江扬、何愉(即左儿)编剧,左儿导演,由电影皇帝吴楚帆和著名影星白燕主演,并被列为1955年香港十大名片之一。

巴金回国后,批判运动正如火如荼,他无法超然物外,自然耗去不少时间和精力。另外,还有许多会议和无休止的送往迎来。有一次他去上海机场欢送一位德国政论作家,谈话中,这位政论作家说,你们这样忙于接送客人,恐怕没有时间写文章吧?巴金只好说,"我也不常接送客人",但心里却在想:"事实上当时火车站、飞机场已经成了几位作家、音乐家的会客室了,一天跑两次也是常事。"

因此,他已经译完的一些作品只好请萧珊代为校对。他在北京开会期间曾数次写信请萧珊替他用俄文将《草原集》仔细地校对一遍,又请她将《马尔加·朱德拉》等几篇也对一下,并一再叮咛:"慢一点也不要紧,但请仔细。这样我自己就不必再对了。不过《为了单调的缘故》这一篇却是必须重译的。"无论出版社怎样催稿，巴金仍是一丝不苟。萧珊十分敬重巴金这种严肃的工作作风，她对巴金的要求自然是满口答应："你放心，我一定给你看。"接着她便立即以异乎寻常的热情投入了这项工作。她以能为她的先生效力感到幸福。

就在1955年的9月，巴金承租了坐落在上海西区武康路上的一幢二层的楼房，于是他们从旧居霞飞坊迁至武康路。搬家之后，一家老小就不再像过去那样拥挤，巴金写作的环境也好多了，这里有一个小花园可供巴金在工作之后踱步休憩。巴金特别喜欢那块草地和葡萄架。他想象着，将来葡萄架上缀满了累累果实，孩子们会多高兴。只是在搬家的过程中实在辛苦了萧珊，事无巨细都得由她指挥安排。

1955年12月下旬，巴金又去了北京，他将于1956年1月同周立波由此出发前往柏林，参加德意志民主共和国第四届作家大会。巴金只好把人民文学出版社交来的翻译《李尔王》和《懦夫》的任务请萧珊承担，好在这之前萧珊已将《李尔王》翻译了一半。除此之外，萧珊还得代巴金处理读者来信等等。还有一件事让萧珊穷于应付，那就是小林、小棠时常追问爸爸好久才来信，萧珊为了安慰孩子，总是说，明天爸爸会有信来。可她成了一个说谎者，常受到孩子们的责怪。这时巴金正在西伯利亚的旅途中，那里雪深三尺，风寒如刀，气温可达零下三十几度。多日来，萧珊和孩子们只收到巴金一封家书，萧珊在回信中婉转地诉说着："……就此一信，使我的目光无法追随你遥远的脚踪，你知道我多想在你的紧张生活中有我的一份。"可她这一生已经注定，将常常被抛在永无穷期的等待中。

巴金次年2月初回国，月底又去北京出席中国作家协会理事会（扩大）会议。在这次会议上，周扬在所作《建设社会主义文学的任务》的报告中称"茅盾、老舍、巴金、曹禺、赵树理都是当代语言艺术大师"。他们还受到毛泽东、刘少奇、周恩来、彭真等国家领导人的接见。不知为什么，巴金不曾想到将这一荣誉告诉萧珊。对于萧珊和孩子们，他心里装着太多的歉意，他认为他欠了他们许多感情债。他清楚地记得，小棠棠的生日他这个父亲总是不在上海，只有他出世的那个生日他在，那是唯一的一次。巴金能想出来弥补他的歉意和遗憾的办法，是每到一处，便想尽办法给萧珊和孩子们带一点小礼物，他再忙再累，一般都不会忘记这件事。有一次棠棠要求妈妈写信给爸爸，说他要两条羊羹。"只要两条，因为三条太多了。"萧珊在信中说："你的儿子很俭省，是不是？"巴金读到这里，快慰地笑了，心里想着，多么天真、多么可爱的孩子！还有一次，他怎么也买不到给萧珊的礼物，便在信中写道："我找不到你要的东西。是不是你的趣味太高了，还是我太傻？"这位语言大师因为买不到给妻子的礼物居然会想到是不是自己太傻。巴金不善幽默，可是这种小幽默不能不让读它的人莞尔而笑。

1956年11月29日，巴金又以全国人大代表的身份前往成都视察图书出版发行工作。他已经有十四年不曾回过成都了，这次回乡，见到了不少亲友故旧，也去各处名胜看了看，并且吃到了名小吃赖汤圆和龙抄手，更重要的是到老家看了三十三年前住过的屋子，颇有一些感想。但巴金因为日程安排得太紧，还有不在日程之内的临时的事情，他最突出的感觉是疲倦，而且常常因为没有时间写作感到不安。回沪后终因旅途劳累而患病，但他在会见《文汇报》记者徐开垒时还是说："我总觉得捐了一个作家的头衔，而交不出一部像样的作品，是愧对人民的。"他准备以后要尽量减少不必要的交际工作。实际上巴金一直紧紧握着他的笔，他把出访、开会、接待外宾等一切交往酬酢的工作之间的缝隙充分利用起来。还有夜间，那是他可以自由支配的，他常常写作到深夜或凌晨。这几年他写了许多随笔、杂文、散文，并翻译了不少名著，但他还是对自己的写作不满，心中常感不安。

至于萧珊，心中有时也会产生一种苦恼，她对巴金说她"时间浪费得很厉害，有时候想到这一辈子——一片空白，有点烦恼，你会怪我'名利思想'，其实，这何尝是呢"。她只是觉得，作为巴金的妻子，她应当紧紧跟随他的脚步前进，虽然她在他面前只是一个幼稚的小学生，但她也应当像他一样对自己的国家、民族做出贡献，也应当实现她的人生价值。每当孩子们都上学去了，宽阔的屋子里十分寂静，这时她不免思前想后产生无名的烦恼。她羡慕她的先生，觉得能多走走，多看看真好呀！这不只是见见世面的事，而是让你明白怎么做一个人。她说："这些年我老守在家庭的一角，想想真自卑。"

　　一天午后，她没料到小棠给关"晚学"，据说是两个小朋友打架，这一下可真让这位年轻的妈妈着急了，她不知道该怎么办，因为女儿小林从来不曾发生过这种事。她感觉教育孩子的这副担子真不轻。于是马上写信向巴金通报情况："小棠这孩子愈来愈皮，""男孩子真不得了，""教管孩子我们二人都有责任，可不能全堆在我身上，我们得合作。"写完信之后，她觉得轻松了些。可是毕竟她首当其冲，心里一直在考虑、琢磨该用什么样的方式、什么样的语言来教育棠棠这小家伙，这样，她就暂时忘记她那译作中的修辞问题了。

"我是一员'福将'"

不平常的1957年来临了。

出于一个正直的真诚的作家的历史使命感和对人民事业的责任感，巴金在1956年底和1957年初写过一些文章对当时文艺工作中的问题进行了批评，在一些场合中他也谈了自己的心里话。在出席中共上海市委召集的关于"双百"方针的座谈会时说过，"我觉得领导上对于文艺界的一些问题是不重视，不研究"，他就《家》改编为电影提出意见，说"领导不大同作家研究"，"出版工作的许多章程制度太死板，不符合实际情况"。他在上海市委召开的关于文艺创作应如何贯彻"双百"方针的座谈会上发言说，上次会上谈到的一些尖锐问题被记者"磨平了"。他认为文艺作品的政治标准和艺术标准不能分开来看，作品没有艺术性就不能起政治作用。他曾发表文章，要求重视对缺点、对官僚主义的批评，目的是为了"扫除社会主义建设道路上的障碍"。在出席上海市委宣传工作会议时提出，应该把文艺作品送到群众中去受考验，不能由少数领导根据自己的好恶干涉上映或出版。艺术方面，最好让作家们发挥自己的创造性，少领导，多帮忙……他主张"文艺应该交给人民"。他还因为"时间都被没完没了的会议吞没"，他那刚刚开了个头的《激流三部曲》的第四部无法继续下去而苦恼。

1957年6月，江苏省青年作家陆文夫和方之前来拜访巴金。他们打算组织一个"探求者"文学社，想就此事听取巴金的意见。巴金曾读过方之的短篇小说《在泉边》和陆文夫的《小巷深处》，认为他们都是很有希望的青年作者。他也知道他们组织"探求者"的目的是和一些志同道合的业余作者共同探求，希望能在创作上有所进步和发展。但是，这时巴金已经明显地感觉到"气候"在变化，他为他们担心，出于对这两位有追求、有理想、有抱负的青年人的爱护，他婉转地劝阻他们，希望他们"不要搞'探求者'，不要组织'同人杂志'"，放弃他们"探求"的打算。可这两位单纯的年轻人似乎听不懂巴金的意思，巴金也实在无法说清。自然他们还是按照自己的意愿去办了这件事。

在这次接见之后不过几天，巴金去北京开会，北京已经展开了反击右派的斗争，巴金的许多熟人都受到了批判。当他再回上海时也听说"探求者"们都被戴上了"右派分子"的帽子。以后就再不曾有人向巴金提及这两个人的名字。若干年后陆文夫的名字在《文艺报》上见到，"先是表扬，说他'摘帽'以后写过不少好的作品，后来又因此受到批判，说他的表现并不好"。总之，还是给打下去了。而方之"一直到许多活埋了多年的名字在报刊上重新出现的时候"，巴金才重新见到这位"探求者"的名字。

这一年的6月，巴金到北京出席第一届全国人民代表大会第四次会议。他说："我到了北京，就感觉到风向改变，严冬逼近，坐卧不安，不知怎样才好。"但有一件事使他感到十分幸运，那就是，上海《文汇报》驻京办事处的一位女记者前来约稿，要他写一篇反击右派的短文。巴金在后来的文章中记述了这件事。他说，我当时正需要写这样的表态文章来保护自己，自然是满口答应。他写的题目是《中国人民一定要走社会主义的路》。走社会主义道路是巴金多年来的愿望，文字却大多是从报纸上抄来的。这篇短文很快就写好了，记者连夜将文稿用电报发到上海，马上就见报了。巴金松了一口气，但是巴金对反右仍然感到惶惑，他不知道这究竟是怎么一回事，只见一个个熟人落网，一个个被点名示众。使他更感到诧异的是那位女记者不久也被作为"右派"批判。

巴金与萧珊

巴金承认，在整个会议期间他的心情非常复杂，一方面对领导满怀感激的心情，因为自己未被列入右派，而且还被准许参加反右活动。另一方面则分不清左、右的界限，认为有些人成了右派实在冤枉，特别是几个来往较多的朋友，巴金认为他们的观点并不比自己右，却也成了反右对象。在当时的形势下，巴金不但不可能站出来为他们说公道话，而且时时担心自己会被当众揪出来。

正在这时，巴金收到了靳以从上海寄来的《收获》杂志的《发刊词》，说是征求编委的意见。这是巴金和靳以共同主编的一份大型文学刊物。本来《收获》并没有《发刊词》，这次巴金一看便知道是为了"六大标准"。巴金后来在《〈收获〉创刊三十年》的文章中回忆当时的情况说："'六大标准'的发表无疑是一件好事，可是我却感到一点紧张，我似乎看到了一顶悬在空中的'反党反社会主义'的帽子。"

7月1日，巴金读到了毛泽东为《人民日报》撰写的社论《〈文汇报〉的资产阶级方向必须批判》，他更感受到了反右运动的压力。

7月10日，周恩来总理在紫光阁召开文艺界人士的座谈会。巴金前往出席，在这里遇见了已被《人民日报》点了名的萧乾。这时尽管他自己也感到岌岌可危，可他仍然要去关心和安慰这位老友。他坚持与萧乾坐在一起，并且鼓励他说："你不要这样抬不起头来。有错误就检查，就改嘛。要虚心，要冷静，你是穷苦出身的，不要失去信心。"接着，周总理到了会场，总理请巴金到前排去坐，巴金一面向总理点头致意，一面又弯下腰来小声对萧乾说："要虚心，要冷静。"

9月，丁玲、冯雪峰、艾青等终于被戴上了"右派分子"的帽子。

在北京，巴金得在小组会上发言批判"右派"，回到上海后，他得主持作协上海分会的批判会，这些都是他不能不做的。巴金自幼言辞不畅，常常引以为憾，可是，在这种特定情景下，他则非常庆幸自己因为缺乏口才不曾在大小会上慷慨陈词大发违心之论。当然他还是无法逃避当时的政治环境和政治氛围，他仍然要继续参加各种会议，仍然要不断地表态，以个人名义或与别人联合发言和写短文表态。这些发言和短文的主题，不外乎一再重复"文学工作必须加强党的领导，作家必须坚持工人阶级立场，坚持毛主席提出的为工农兵服务的方向,坚决和资产阶级个人主义和自由思想作风作斗争……""要永远跟着党和人民在社会主义——共产主义的道路上前进"。他一再表示"任何时候知识分子都不能放松改造"……此外,他也得照着报纸上的口径批判一些人的右派言行,虽然自己的心里还在嘀咕,他怎么会是右派?这也就是巴金所说的,"跟在别人后面丢石块"。

在这段分别的日子里,巴金和萧珊一如往常,不断有书信来往。巴金总是说些开会、记者来访、参观等等的事情,他还说自己的"肉体与精神都相当疲劳",唯独不谈"反右"这件政治生活中的大事。只有一次例外,他要萧珊转告靳以,最好在7月底或8月初到北京好些,因为这些天北京作协反右斗争很紧张,大家都没有空时间。萧珊在信中则对巴金说:"金桂、银桂都绽出几朵小花来,只有靠秋千的那枝依然故我,你回来之时当然满园芳香了。"她还谈到刚上小学的棠棠,说他在报上看到一个巴字就说是"爸爸的名字","爸爸在开会"。萧珊之所以不厌其烦地叙述这些家庭琐事,是因为她知道,这些事一定能让巴金心情愉悦,至少能让他的精神松弛一下。然而她最关切的是这场风雨会不会洒落在她的亲爱的先生身上,她终于还是要询问:"你们会开得怎么样?报上没有一点消息。"可见她是怎样地替巴金担着心思。

10月27日,巴金被选为参加苏联十月社会主义革命四十周年庆祝典礼的中国劳动人民代表团团员。这对巴金和萧珊来说无疑是一种宽心剂。

1957年10月,"反右"斗争的高潮基本上已经过去了。这时巴金的老友丽尼和他的夫人许岩来到上海,去巴金的寓所探望,巴金和萧珊热情地接待了他们。丽尼和夫人是从武汉中南出版社调到北京电影出版社工作的,途经此地,老友聚首,不能不谈到其他朋友们,也就不能不谈到反右斗争,一些人的遭遇使他们不胜感慨。

在这次运动中,巴金虽然一直心惊胆战,但总算是平稳地度过了。只是,他感觉从"1957年下半年起我就给戴上了'金箍儿'……我所认识的那些'知识分子'都是这样。从此我们就一直战战兢兢地过日子……这以后我就有了一种恐惧,总疑心知识是罪恶……我越来越小心谨慎,人变得更加内向，不愿意让别人看到真心。我下定决心用个人崇拜来消除一切杂念。'文革'前的十年就是这样度过的"。

然而就在这一年里，王瑶发表了《论巴金的小说》，对之作了较为系统和全面的评价。评论说："他给我们写出了许多激动人心的小说，塑造了一连串的引人向往的青年知识分子的形象，激发了青年人的热情与理想，引起了他们对旧制度的憎恨和对未来的憧憬。""作品的主要倾向与由五四开始的现代文学的主流取得了基本上的一致"，因此"反帝反封建的民主主义精神就自然成为他创作中的主导倾向"。

香港也上映了根据巴金作品拍摄的第一部国语片《鸣凤》，香港的粤语片《春》获得了中华人民共和国文化部颁发的荣誉奖状。不久，著名影星金焰又带着他的客人——香港的电影皇帝吴楚帆来巴金的寓所探望，彼此交谈得非常融洽、愉快。巴金和萧珊又应吴楚帆的邀请，一同观看了粤语片《寒夜》。巴金非常激动，他握着吴楚帆的手连连称赞："这部片子拍得太好了，它比我原来写的还好。"同时巴金也直率地提出，影片对曾树生及其婆母的处理有不妥之处，他认为曾树生和她的婆母都是自私的女人。

人民群众热爱巴金的作品，这对巴金是最高的荣誉，也是很大的鼓励和慰藉。

巴金本来就是一个非常勤奋的作家，1958年，他响应党中央提出的"大跃进"的号召，给自己制订了一个典型的跃进计划，准备在两年之内写出中、短篇小说集和散文特写集各一部；写十万字以上的创作谈；应人民文学出版社的约请，整理自己的文集六——十四卷；译完高尔基的文学回忆录，约十四万字左右；另外还要为人民文学出版社编选《陆蠡文集》及校改他与萧珊合译的《屠格涅夫中短篇小说集》。这是多么惊人的工作量。而巴金在出版社寄来的合同上主动地降低了稿酬，甚至放弃了稿酬，只接受赠书。

可是，1957年虽然过去了，大批判的调门却并未减弱。正当巴金厉兵秣马、昼夜苦干的时候，大批判的旋风却卷到了他的头上。有人著文指责巴金所说的"把文艺还给人民"是提出了一个错误的口号。文章说："似乎巴金同志是代表人民说话的", "巴金同志认为现在的文艺是不为人民所有的"。为此，巴金作《复〈文汇报〉编辑部的信》，进行自我检讨，说自己"受家庭影响"，"始终钻不出小资产阶级的圈子"，"必须彻底改造"。接着他的《法斯特的悲剧》也受到批判。8月1日，《中国青年》第九期发表编者按："从本期起陆续对巴金同志的主要著作进行分析批判。"10月初，巴金读了刊载于《中国青年》上的姚文元的批判文章，知道自己已经被列为"拔白旗的对象"。随后，各地的各种报纸杂志都对巴金的作品展开了批判。

1959年1月，巴金编完了《巴金文集》，责任编辑要求他写一篇表态性的"后记"，巴金很为难，他不想写，但又无法推脱，"只得一方面挖空心思用自责的文字保护自己，另一方面又小心翼翼，不让自己的怨气在字里行间流露"。这时老友曹禺来看他，巴金让曹禺看了他的底稿，曹禺认为这篇"后记""并不是心平气和地写出来的"。这月中旬，巴金接待中国作协党组书记邵荃麟，邵也认为这"《后记》写得不妥当"。他们交谈了一个多小时，巴金终于被说服，遂抽去《后记》，改为《出版说明》，署名人民文学出版社编辑部。

同年9月，《武汉大学人文科学学报》第二期发表一组文章，从巴金的主要作品着眼全面地批判了巴金，说他的思想倾向是歌颂赞美"无政府主义支配的个人反抗的道路"，他的《憩园》"思想内容错误"，他的《爱情三部曲》基本上是失败了的。总之，巴金的作品一无是处。

不过，在这一片批判声中，也有人发出了不同的声音。有的表示欢迎《巴金文集》的出版，认为《文集》收集了巴金绝大部分优秀作品。有的则肯定了巴金作品的积极意义，说巴金作品教人向真、向善、向美，两个"三部曲"都符合新民主主义革命的要求，说《激流三部曲》是一部20世纪的《红楼梦》，有人十分尖锐地提出不要摔碎茶壶弄得没有水喝，认为不要巴金作品就是"把一个甚为精致的茶壶摔碎"。有些文章在评论作品的同时还肯定了巴金是"杰出的民主主义作家"，说他的作品比"满篇政治口号的'文学'作品好得多"。有的说"巴金的作品反映了从五四到抗日战争这一长段历史时期各个不同阶级的社会生活，比较完整地表现了他那民主主义的思想体系。……在反帝反封建这些方面,基本上与党领导的民主革命趋向是一致的"。

不管是赞扬或批判,不论是肯定与否定,作家的脚步并没有停顿。1959年9月,萧珊、巴金合译的《屠格涅夫中短篇小说集》终于出版了。此间巴金还发表了译作俄国库普林的小说《白痴》,出版了散文集《友谊集》和散文、小说、特写集《新声集》,以及《巴金文集》第九卷。

1959年9月6日,巴金和靳以、茹志鹃同去宝山县彭浦公社体验生活,他们都渴望能更了解人民,能写出更好的、为人民所需要的作品。可是,距此不过两个月的时间,老友靳以于11月7日便因心力衰竭而猝逝于医院。年龄刚刚五十岁。靳以住院后,巴金曾于11月4日前往医院探望。当时靳以还热情地同巴金谈起这一期《收获》的内容。巴金也特意告诉靳以,说在最近一期的《红旗》杂志上,有位苏联朋友发表文章,赞扬《收获》杂志的成就。这件事使病中的靳以非常高兴,他们两人都受到了鼓舞,决心要把这一刊物办得更好。巴金绝对没有想到,这次探病是他和靳以最后一次的晤面。

巴金于1931年在上海第一次见到靳以,当时靳以还在复旦大学读书,这时他们便开始建立了友谊,在同一期的《小说周报》上发表了他们两人的小说。1933年底,他们在北平《文学季刊》社开始一起工作。巴金谦逊地说:"他在编辑《文学季刊》,我只是在旁边帮忙看稿,出点主意。""这以后我们或者在一个城市里,或者隔了千山万水,从来没有中断联系。……他写文章,编刊物,我也写文章编丛书。他寄稿子给我,我也给他的刊物投稿。"后来靳以在重庆进了复旦大学任教。他虽然进了教育界,却从不曾放弃文艺工作,巴金清楚地记得,在二十几年中,靳以连续编辑了十种以上的大型期刊和文艺副刊,写出了长篇小说《前夕》和三十几篇短篇小说和大量散文,并且为新中国培养了不少优秀的语文教师和青年文学工作者。

巴金和靳以有着近三十年的友情。可现在却轮到巴金来为靳以料理后事了。在万国殡仪馆的院子里,巴金不由得回忆起二十多年前他和靳以同十几个青年在这里一同抬着鲁迅先生的灵柩走下台阶时的情景。正是因为他们对鲁迅先生同样的崇敬之情，为了一同从事的在艰苦斗争中发展的文学事业，他们的心紧紧地联系在了一起。多么珍贵的友谊！巴金苦苦地追问自己，为什么这友谊不能再继续三十年？自己比靳以年长，为什么偏偏由年长的来埋葬年轻的？一个在文章里充满了生命，在身上也充满了生命的人怎么会遽然逝去？靳以和巴金同样地热爱祖国热爱生活，有时他们谈得兴奋了，巴金说："我们真该活一百岁，就可以做不少的事情。"靳以却笑着说："活一百岁也还不够，工作是做不完的。"就是这个愿意无穷尽地工作下去的人，却在五十岁的壮年被夺去了生命，这让巴金怎么能不悲痛！巴金一向将友谊视为生命中最宝贵的东西，一位老友的逝去，就像割去了他生命的一部分。巴金又想起了他们的《收获》，靳以为它投入了多少心血啊，他认为《收获》的每一点成绩都受到了靳以心血的灌溉。

当靳以逝世半年以后，《收获》刚出刊满三年。大约在1960年的5月间，中国作协派人来同巴金商量停刊的事，说是"纸张缺乏"，巴金说："我感到意外，但是在'三年自然灾害时期'，我也无话可说。……这一次又轮着我来结束他创办的刊物。想想，我有些难过。"巴金想起了《呐喊》和《烽火》当时被迫停刊的情况。但是他转念一想："不过我觉得少一个名，肩上的负担也轻一些。张春桥（他经常是我们的'顶头上司'）的阴影就像一只黑蜘蛛在我四周织成了一个大网。"想到能暂时躲开那个大网，他自慰地叹了一口气。

再返故园

已经四年不曾回过故乡的巴金，于1960年从上海经西安回到成都。他这次回来，不仅仅是为了怀旧，更重要的是，他需要一个安静的环境写作，他有许多东西要写，也有旧作准备修改。他的老友——时任成都市市长的李宗林非常了解他的心愿，要他先在永兴巷招待所住几天，休息一下，然后再把他安排到一个安静的地方去写作。后来他住进了三槐树招待所。巴金在这里一住便是四个月。

他开始修改《寒夜》。而且一提起笔他就进入了《寒夜》的世界里。巴金似乎时常听到嘶哑的语声、带痰的咳嗽声，看到朦朦胧胧的凄凉的人影、摇摇晃晃的电石灯、街头的小摊……作为《寒夜》中汪文宣原型的巴金的那几位老友都早已死于肺结核，只有"香表哥"濮季云还活着，但他剩下的日子也不多了。1956年12月巴金回成都时，这位表哥在都江堰工作，没得到见面的机会。这次回来，巴金去探望姑母时见到了他。他是刚刚退职回家的。

巴金曾约表哥去公园喝茶聊天，他们回想起年轻时，和尧林一起聊天，聊晚了就三个人一起挤在一张旧床上横着睡，想起来真像一场梦。他们第二次再见面时他已在病中，声音哑得更厉害。可他不愿住院，自然，他有他的难处。以后又听说他到城外他的儿子那里去住了。

再返故园

　　这时，正是"三年困难时期"的年代，一切物资供应都紧张，连蔬菜也是分配的，在这个时候患肺结核，实在不是时候。巴金听侄女说香表哥想吃面条，就赶紧让侄女送挂面去，这在当时已是十分难得的食品，但是对一个结核病人能有多大补益呢？巴金想去探望他，又苦于没有交通工具。坏消息接着传来，说他病情日益严重，正忍受着极大的痛苦，声音完全哑了，巴金心里想，这又是一个汪文宣，病情居然同汪文宣一模一样。但是，使巴金感到非常意外的是"没有想到他那么快就闭上了眼睛"，而且"已经火化了"。他也是寂寞地死去的，"没有葬仪，没有追悼会。"巴金说，"那个时候人们只能够这样简单地告别死者"。巴金又听一位堂兄弟说，平生吃够了苦，已经年逾八十的姑母看着儿子这样悲惨地死去，无法忍受，不到半年她便也追随儿子去了。表哥的去世给巴金心上留下了痛苦和巨大的遗憾，他在心里千回百转地想着，我再也没有机会见到这位表哥了。而正是这位表哥在我的少年时代曾给予我多么大的帮助啊！

巴金在旧居

"如果没有大哥和香表哥，我这个不懂事的孩子能够像今天这样地活下去吗？"他又想起了1920年秋季他考进成都外国语专门学校补习班以前香表哥教他外语的那些日子。多么耐心，又多么亲切。而我在他困难的时候，却不曾给他任何支持！以后也再没有弥补的机会了，一切感激和歉意都是徒然的了。对于姑母，巴金心里同样歉疚，香表哥死后，自己因为想不出什么安慰的话而采取逃避的办法，对于这个忍受着失子之痛的老人也不曾给以任何帮助！他深感自己欠了一笔偿不清的感情债。以至以后"每次翻读《寒夜》的最后一章，母亲陪伴儿子的凄凉情景像无数根手指甲用力搔痛我的心。我仿佛听见了儿子断气前的无声的哀叫：'让我死吧，我受不了这种痛苦。'"巴金痛呼道："不管想得通想不通，知识分子长时期的悲剧应当结束了。"

这次回乡，巴金还是忍不住又走到正通顺街，想去看看他家的老宅。可这时"连残留的'黎阁'也找不到了，老家旧址经翻造成了战旗文工团的宿舍"。

《寒夜》修改完了，接着便开始了抗美援朝题材的写作。巴金两次去朝鲜，所接触到的英雄人物和事迹使他非常感动，他常常暗下决心，一定要写出他们崇高的精神面貌，写尽自己尊敬和热爱的感情，但是，这一愿望一到了自己的笔下，便成了一些无力的文字，他感到对这些英雄们的生活和内心世界实际上还了解得不够。但他努力鞭策自己，不允许自己有惰性出现。而且萧珊和一些朋友们也在鼓励他。萧珊在写往成都的第一封信中就说："你的生活安定了没有？希望你定下心来完成创作计划。我十分渴望能读到你的作品，你明白我这心理。"她在另一封信里又说："你的小说写得怎样了？……我不能做你的第一个读者感到很失望。多少年来你写小说都是我先读的，我已经养成了这个习惯了。"

萧珊还不断地把朋友们的鼓励和期望告诉巴金。她说，友人陈同生同志谈起关于他的创作的事，希望他在写完那个中篇之后，能把写长篇小说《群》的事彻底考虑一下，陈同生强调文代会的精神，说中国解放后十一年还没有几部大作品出来，而且老作家没有写过大东西。萧珊还激励说："他把希望寄托在你身上。"陈同生还说，如果巴金需要什么材料，他可以帮助。杜宣、罗荪也在谈起巴金的写作，罗荪还为他考虑在哪里写作、看材料方便些。外国友人彼得罗夫甚至说，一等巴金写好，他要翻译。巴金未尝不考虑到《群》的写作，他认为自己只要能把一个中篇和一本短篇集写完，关于抗美援朝的写作也就算告一段落。今后只要身体不坏，一定要把《群》这部作品写出来，只是，现在的写法和以前想的不同了，"若照从前的计划写出来，一定会犯错误。因为生活不够写起来很吃力，又无把握"。巴金对自己的妻子倾吐了内心的想法。他在信中说："说实在，我常常觉得党和社会、朋友和读者都对我太好，我有一种欠债过多的歉意和一种责任感。"

巴金在成都不仅修改了《寒夜》，还校改了《第四病室》。关于朝鲜题材，他也已写成了几个短篇和未完稿的中篇小说《三同志》，短篇小说有《回家》《军长的心》和《李大海》。由于朋友的热情帮助，他这次的写作还是收获颇丰的，虽然他自己并不满意自己。

无论巴金怎样痴情于他的创作，无论他的会议、出访和迎送外宾的工作多么频繁，他从来不曾淡忘过他的友人和亲人。他的心永远是那么忠诚，他的感情永远是那么执着，那么炽热。靳以去世以后，他在1960年前后便在为靳以编文集。他和萧珊也一直关心着这个家庭。他在北京出席人大二届二次会议和第三次文代会期间，还忙着看靳以文集的校样，并争取在离京前看完。此间，他还多方设法为靳以那患病的女儿南南寻医问药，他要萧珊帮助南南弄一份她的"病历摘要"，转给北京的医院以便事先对她的病进行研究。他还专门托付了家宝、周而复、刘白羽和中国作协医务室，想帮助南南到北京治病。他要萧珊去劝慰南南要保持乐观精神，要坚持锻炼。他还抽时间给南南写信。无论他在北京还是后来到了成都，他一直做着这件事，他和萧珊的通信中几乎很少有不提到南南的。巴金还写信要求自己的女儿小林每周去看望南南一次。萧珊也抽时间去陪伴南南吃饭，和她亲切地聊天。对友人子女的这种关切，真不亚于慈爱的父母。

巴金是他的"爱"的哲学的忠实的实践者，他对这一信念的无比虔诚，主要不是出于理智，而是出于他的本性。

正当巴金在成都忙于他的创作的时候，一直同他在上海一起生活的继母邓景邃患了病,萧珊忙着将她送进了医院。医生怀疑老人患的是癌症。巴金在1960年10月24日的信中对萧珊说:"我一直想让老太太住院仔细检查一下,却找不到机会。""这次得到同生同志的帮助,不但能住院检查,而且可以治疗,真是难得的机会。希望最后诊断不是癌症才好。治疗的情况请随时告诉我。"他将信投进招待所的邮筒后,忽然听看门人说,因这几天客人少,邮局的人不按时来,他唯恐萧珊不能及时收到此信,赶着又写了一信,在信中再次叮咛萧珊:"老太太的治疗情况,请随时告诉我。"但他绝没料到,10月27日便得到了母亲病逝的消息。他心里非常难过,立即发了加急电报:"陈蕴珍:电悉,极哀痛,殡葬事请与弟妹等商量,妥为办理,详情望速函告。金。"这时一些往事不禁涌上心头。他曾想陪母亲回成都看看,他知道这是老人家最向往的一件事,这会给老人带来多大的快乐。他记起,甚至在上个月他还对她提到过,可是现在,突然的变故使这一安排成了空话,他感到无法弥补的遗憾甚至内疚。尽管他还有几个弟弟妹妹,但他想把办理后事的费用独力承担起来。就在这一封信中,他用带一点商量的口气对萧珊说:"丧葬费用就由我负担吧。"

萧珊在10月28日的回信中说:"我看到你的电报很难过,你的悲哀就是我的悲哀。"虽然巴金一再叮嘱萧珊随时向他通报老太太的病情,可是萧珊很矛盾。她知道巴金这次回川是带着很重的写作任务的,组织上希望他能在这次写出长篇小说来。她实在不忍心扰乱巴金的情绪,阻碍他完成创作任务,她尤其害怕影响巴金的健康。她千回百转地思虑,并和友人罗荪商量,罗荪也支持她的意见。她只想尽自己的一切力量代巴金挑起这副沉重的担子。经过医院的多方检查和组织著名专家会诊,终于发现病人的胃幽门有阴影,诊断为胃幽门癌,已转移到肝部。萧珊想,癌是绝症,肝癌又是绝症中的绝症,她看着老人家每日忍受痛苦的情形,而医学和亲人们都对她无能为力,心中难过极了,她只有奋力承受那些焦灼的日日夜夜而绝不忍心将这种状况告诉她的李先生!最后她用温柔的话语恳求他:"如果我做得不对,请你原谅。"她还想尽力安置好老人家的最后居所,以求心之所安。老太太刚去世,她便对弟妹们说:"经济方面的事情,你们不必担心,我们负担好了。"可是,时值"三年困难时期"时期,办事极其困难，甚至连从殡仪馆运送灵柩到墓地的汽车和下葬时所需的二十担石灰都无法办，最后还得靠作协才得以解决。接着为买棺木和立碑的事也颇费了一番心思。

巴金对萧珊能主持操办这一切充满感激，他在11月5日的信中对萧珊说："今天是母亲安葬的日子，这时候你们一定从公墓回来了。我想到不能同你们一起度过这个悲痛的时刻，心里很不好过。"因为失去了这位亲人，他便常常想到其他人。他担心体弱多病的萧苟，又惦念着萧珊的父亲，要求萧珊对他们多照顾一些。又想到南南，希望萧珊常常去鼓励她正视现实，同疾病作顽强的斗争。数算时日，靳以的周年祭也快到了，对老友的无穷的怀念也屡屡袭上心头。他忙写信问萧珊，是否到万国公墓去看过靳以。谁都知道"爱"是一种力量，可有时它成了多么沉重的负担！

巴金来川虽是回归故里，可朋友们都把他看作是来自远方的尊贵客人，不管物资供应多困难，在生活上总是尽量照顾他。特别是李宗林市长的照顾，是格外周到的，巴金一向主张，对组织上的照顾，能推掉的就推掉，但他无论怎样费尽唇舌，却无法使朋友们理解他的心情，他们总是不容分说，无微不至地照顾他的食宿。在那么艰难的日子里，李宗林为他的食品供应专门向商业局长作了交代，使他每天三顿都吃得好，早晨是一磅牛奶两个鸡蛋，他自认为一天的营养足够了。另外还可常常买到纸烟、水果、点心和糖果。巴金爱吃花生糖，他要省一点出来带给两个孩子和作为待客之用。他有个习惯，凡有好的饮食喜欢与人分享，这样吃起来更有味。除了组织照顾，亲友们也常常把分配到的一点食品馈赠于他，诸如，侄儿送一张抄手（馄饨）票，朋友把分配的几个广柑送来，他不忍心收，可看着那份至诚，又不忍拒绝。巴金的生日到了，李宗林吩咐招待所去交涉了成都的名小吃。张秀熟请吃晚饭。第三天巴金约大嫂和侄辈国煜、国炜、国莹来吃面，实际上那天相当丰富，除了鸡汤、红油鸡片，还有麻婆豆腐、粉蒸牛肉、肺片和锅盔。巴金在给萧珊的信中说："菜摆满了一张小圆桌，尽是红红的。这些菜你们一定吃不惯，连大嫂同国煜也有些吃不消。可是我和二女、小四却吃得很过瘾。"这次巴金总算饱尝了家乡美味。接着巴金少年时的莫逆之交吴先忧夫妇也带着菜饭来为巴金祝贺生

巴金与萧珊

故园情深。巴金一生曾数次回到成都。这是1987年他带着女儿返回故乡的照片。当时老友张秀熟（前右三）、艾芜（前左三）、沙汀（前左二）尚健在。前排右一为巴金侄儿、出版家李致，右二为作家马识途

日，有一只鸡、一斤肉，还有点别的菜，都是政协照顾这位友人的。

萧珊把巴金的信念给孩子们听，棠棠惊讶地瞪着大眼睛说："爸爸吃得真好！"而巴金每次走到饭桌前总会想到萧珊和孩子们，他常常惋惜，"如能分大半给他们吃就好了！"有时他也会忍不住在给萧珊的信上写上一句："真希望你来分享'盛馔'。"当然，他也非常渴望能在黄昏时分和萧珊对坐谈天。巴金为什么在物质生活上这样念念不忘他的孩子们？因为他知道孩子们每人每天只能分到半斤菜，在分配的粮食定量中还得调剂三十斤出来贴补保姆。他们早就在吃两稀一干，现在甚至是一天三顿稀饭，因巴金在成都从来不肯少交一斤粮票，萧珊总是如数寄来。巴金对孩子们觉得歉然，对公家的照顾又觉得"惭愧"，他对萧珊说："因在这里做客，享受特殊待遇，我并不觉得这是应有的待遇，政府对我的照顾太多，我真是受之有愧。""只好在工作上努力罢了。"

李宗林市长怕巴金"寂寞",星期天常约集一些友人前来陪巴金聊天。有时亲友们也互相邀约前来探望。当他们在午后或晚上离去后,巴金无论怎样疲乏,还是要坐在桌前继续写作,甚至写到凌晨,至少一天要写六七百字,就连感冒的时候也不肯放松。

巴金的背后有一条由他自己设置的"鞭子",那就是他"总想做一点对人民有益的事情"。他常常诉苦似的说自己"并无才华",但"还有热情,还有苦学苦干的雄心"。更何况他的身后还有个萧珊,总是以仰慕和期望的目光追随着他,关注着他。她时时会对他说,"我已习惯于做你的第一读者","你的短篇写得怎样了?你的中篇已写了多少字?我真想看看,也许为这个我会跑到四川来"。

同时,她还要为她的《上海文学》拉稿,虽然她不过是一位义务编辑,然而她对文学和对她的刊物的热情和责任心并不亚于任何人,她给茅公(茅盾)写信,给家宝(曹禺)写信,四处索稿、催稿,更常常要求巴金,"无论如何留一篇最精彩的给我们","希望你在某月某日之前寄来"。又说某一期、某一期一定要拿点有分量的东西给读者看看,要不然"集中精力,办好刊物"还是一句空话。读者会对《上海文学》没有信心。此外,无论巴金走到哪里,她从不会忘记请他代为约稿,巴金到了四川,她请他向沙汀约稿;到了郑州,请他向李准约稿;到了广州,请他向欧阳山约稿……这类的事难以尽述。

有一次萧珊在信中甚至对巴金这样说:"李劼人的《大波》三四部写得怎么样了?若有单独可以发表的,先寄给我们一两章,那么我就可以发动编辑部的全体同志替他购买蚊香了。"(因李托她买二十盘蚊香,但上海每人限购五盘)这虽是说笑,但可看出萧珊真是无时不想着她的工作。冰心老人还记着这样一件趣事:萧珊在替《收获》催稿时,甚至调皮地要挟说:您"再不来稿,我可要上吊了"。这样火热的工作热情真让人感动,冰心不由得赞扬:"萧珊是一个活泼天真,十分聪明可爱的大姑娘!"一位多么可敬可爱的义务工作者!可是,她还"真对自己感到失望",认为"什么工作也没做出来"。当罗荪提出希望她"正式来上班"时,她心中惴惴:"如做一个正式干部,我怎么可开口!"

巴金把《寒夜》的校样寄回北京人民文学出版社以后,便乘车回上海。离成都时,李宗林市长亲自送他上车。以后他仍然常常想起这位热情的朋友。他清楚地记得这位友人的遭遇,"他曾在新疆盛世才的监狱里受尽酷刑,身上还残留着伤痕和后遗症"。1964年他们在北京人民大会堂又见面时,只见他"精神沮丧,步履艰难",因为当时正是"康生、江青之流十分活跃"的时候。更没有料到在以后"史无前例的时期"他会被迫害致死。巴金是多么痛心!

巴金在二十年后的一篇文章里写下了这样的话语:"我是一个无神论者。我绝不相信神和鬼。但是在结束这篇《回忆》时,我真希望有神、有鬼。祝愿宗林同志的灵魂得到安宁。也祝愿我姑母和表哥的灵魂得到安宁。"

作家的勇气和责任心

1962年巴金在北京出席第二届全国人民代表大会第三次会议期间，听了周恩来总理的《政府工作报告》，其中强调指出"要进一步发扬民主"，"知识分子中的绝大多数已属于劳动人民的知识分子，如果还把他们看作资产阶级知识分子，显然是错误的"。会上，周扬等还传达了周恩来和陈毅在广州召开的科学工作会议和戏剧创作会议上关于知识分子问题的报告，报告中指出，要信任他们，要帮助他们，要改善关系，要承认我们过去有错误，要改正……陈毅则风趣地说："应该对他们取消资产阶级知识分子的帽子，今天我对你们行'脱帽礼'。"这些讲话给予知识分子极大的鼓舞，也给巴金心头带来一股东风和暖流，巴金在出席会议的众多老朋友中深深感受到了这种巨大的积极的影响。

会后巴金回到上海，当时上海正准备召开上海市文学艺术工作者第二次代表大会，上海市委宣传部门的领导人动员和鼓励巴金在会上畅所欲言，巴金也觉得有许多心里话需要倾吐，于是，他在这个代表大会上作了题为《作家的勇气和责任心》的发自内心的发言，博得了与会者最真诚最热烈的掌声。

巴金敞开心扉首先告诉人们的，是他过去一直隐藏着从来不愿暴露的一些想法：一方面，他为自己写得少、写得差而着急、惭愧，甚至坐立不安，但有时却又因为留下来的东西不多而有一种放心的感觉。他有时为此责备自己，有时却又不自觉地替自己辩解，认为像这样不求有功但求无过的人并不太少。现在，他痛切地感到，自己作为一个新中国的文艺工作者，没有好好地运用文艺武器为人民服务，主要是缺少一个作家应有的勇气和责任心。他不怕挨骂，不怕严厉的批评，却害怕那些一手拿框框，一手捏棍子到处找毛病的人，你一开口，一拿笔，他们就出现了。倘使有人不肯钻进他们的框框里去，倘使别人的花园里多开了几种花，窗前的树上多有几声不同的鸟叫，倘使他们听见新鲜的歌声，看到没有见惯的文章，他们会怒火上升，高举棍棒，来一个迎头痛击。他们今天说这篇文章歪曲了某一种人的形象，明天又说那一位作者诬蔑了我们新社会的生活，好像我们伟大的祖国只属于他们极少数的人，没有他们的点头，谁也不能为社会主义建设事业服务。他们有一个时期非常轻视文学作品的作用，公开说"托尔斯泰没得用"；另一个时期又把文学作品抬得很高，要作家对读者们的一切行为负责。好像一本小说就会使整个人的精神面貌彻底改变。使人感到不写文章反而两肩轻松，不发表作品叫人抓不到辫子。这样，有些作者就被整得提心吊胆，失掉了雄心壮志。于是他们说话作文宁愿去重复别人多次说过的话，要尽量说得面面俱到，说一个小问题也要加上大段的"头""尾"，不管文章能否起到什么作用，只求平平安安过关。巴金认为，这样的文风跟我们伟大祖国的面貌和当前国内的形势是很不相称的。我们文艺的百花园中一直不能出现"红花似海，百鸟朝凤"的局面，并不是因为我们的文字贫乏，也不是因为我们的作家头脑简单或者是队伍中有些懒汉，而是因为那些框框和棍子。但是，框框和棍子不会自行消失，检讨、沉默、懦弱都不能解决问题，而是要顶住。我们国家需要的是坚持真理热爱祖国的文艺战士，是有勇气和责任心的作家。只要作家有勇气坚持真理，有决心对人民负责，框框和棍子便起不了作用。作家只有和人民站在一起，同呼吸、共命运的时候，文学作品才能真正的成为"战斗的武器"和"教育的工具"，只有在文学作品成为"战斗的武器"和"教育的工具"时，作家才算表现了他的勇气和尽了他的责任。巴金深信文学艺术事业万花吐艳百鸟鸣春的盛况是一定会出现的。

巴金这篇热情洋溢、出自肺腑的讲话，在与会作家、艺术家的心中引起了强烈的共鸣，他们也觉得有满腹真情话不吐不快。丰子恺老人继巴金之后发言，他强调说，要想使我们的文艺百花园繁花似锦，便必须依照各种花木的特性，使其顺应自然规律发展，绝不能像对待冬青一样，剪得一般齐。可是现在却有人拿着一把大剪刀，要把文学艺术搞得千篇一律毫无个性。

看来在这次会上，作家、艺术家的勇气和责任心已经体现出来。戏剧家黄佐临在发言中恳切提出："不要对作家、艺术家随便扣帽子，抓辫子，打棍子，挖根子，甩袖子。"要相信他们是爱国、爱党、爱人民的。接着是瞿白音发言，他说："希望毛主席发一块免斗牌，让大家想什么就说什么。"他们都很赞同巴金的发言，只有鼓励作家和艺术家有足够的勇气和责任心，才能使文艺事业繁荣起来。

那经久不息的掌声，那一双双热泪盈眶的眼睛，那带着开心地微笑的振奋的面孔，和倾心交谈的低语都告诉我们，这几位老作家、艺术家传达了与会代表们的心声，表达了他们内心激荡的感情。

人们不曾想到，却另有一种人正怀着阴暗的心思，用仇视的眼睛窥伺着，他们把正直的文学艺术家们忠于祖国和人民的一片赤诚和积极性，都当成了"别有用心"，暗中为之定罪。谁知道在以后的日子里，多少人将因此遭到迫害，而巴金，这样一个"几十年来追求真理、追求光明，解放后热爱党热爱社会主义，辛勤从事创作劳动的老作家"，因为这篇发言，后来所经历的种种磨难却是尽人皆知的。

出　访

　　巴金自1961年至1963年连续三年率团东渡访问日本，为中日两国人民的友谊和中日文化交流，为世界和平辛勤地奔走。巴金曾经历了抗日战争的全过程，那次战争给中国人民带来了多么巨大的灾难，他最清楚，他深知两国人民友好是造福子孙后代的大事。1961年3月8日巴金整装奔赴北京，这次他是作为中国作家代表团的团长率团去日本东京参加亚非作家会议常设委员会东京紧急会议。这也是他1935年以后的第一次访日。3月24日抵达东京。当他们所乘的飞机飞临羽田机场上空时，巴金从机窗向下俯视，首先进入他的视线的是机场上那数不清的五星红旗，他的心突然剧烈地跳动起来，禁不住对着代表团成员大声地说了句："我们的国旗！"于是，大家的目光一齐投向窗口。巴金这时感到自己的身上平添了一股力量，他说："我真想跑到红旗跟前，一一地亲着他们。"他感到自己多么坚强，因为祖国就在他的背后。着陆以后，他们受到了日本友人和华侨的热烈欢迎。

　　当时，中日两国之间还未建立邦交，巴金他们访日的活动还"到处遇到阻力，仿佛在荆棘丛中行路，前进一步就有很大的困难"。巴金也无法抹去抗日战争中日本军国主义暴行在他心上留下的创痕。他是一个"身经百炸"的幸存者。他在东京豪华的旅馆里还做过血肉横飞的噩梦。但是，他们无论走到哪里，也处处会有援助的手伸向他们，这就是那些为中日友好而不懈地斗争着的日本友人和广大的日本人民。

他们在东京受到了热情的招待。巴金说日本主人很善于体贴客人，他们安排的日程并不十分紧张，尽量使客人感到舒服，感到宾至如归，让大家有时间走走看看，有时间交友，有时间休息。

这次到东京，巴金初次结识了中岛健藏先生和井上靖先生。

初春三月，严寒未消。就在一个寒冷的夜晚，巴金前往日本著名作家——后来担任日中文化交流协会会长、日本笔会会长、国际笔会副会长的井上靖先生的寓所访问。那时井上先生的院中还堆着积雪，先生请他们到楼上他的书房中去畅谈，他们谈到两国人民之间有着两千年历史的友谊，他们都记得那些广为流传的动人的故事。巴金向井上靖提起，他曾读过他的名著《天平之甍》。井上又向巴金赠送了自己的著作。他们都感到，这是一次"心与心的接触"，连房间里也变得暖融融的了。告辞时，巴金抱着那些书走出大门，这时，他忘记了积雪，忘记了春寒。这是他们友谊的开始。

这些日子里，巴金还同日本著名评论家、法国文学研究者、日中文化交流事业的开拓者中岛健藏先生一同畅游了上野公园和东京郊外的青山公墓等。中岛健藏一直是为日中文化交流和两国人民的友谊而艰苦奋斗的一人。在他的一生中，曾因此接到恐吓信，受到歧视，甚至他的文章找不到地方发表，没有书店肯出版他的著作。他的生活来源曾经被堵塞以致卖掉了汽车过着穷困的生活，但是，中岛先生并未屈服或动摇。

1962年8月，巴金出任中国代表团团长，再度率团赴东京参加第八届禁止原子弹、氢弹和阻止核战争世界大会。这次他又有机会见到中岛健藏先生。8月8日晚，由日本作家龟井胜一郎先生陪同前往食道横町的"秋田家"与中岛健藏和白土吾夫等日本友人欢聚。他们畅谈又畅饮，极其融洽和欢愉，巴金说那种热烈友好的气氛令人陶醉，他为了这个美好的夜晚而衷心感谢龟井、中岛两位友人。

在他们以后的交往中，中岛曾向巴金掏出他埋藏心底的话语，他说，那是在1942年，他作为随军记者曾到过新加坡，他亲眼目睹日本军人毫无缘由地逮捕大批的华侨去枪杀掉，这一直是他心中的苦恼。巴金高度赞扬中岛先生找到了他的这项重要工作，这就是使中日两国人民世代友好下去。如若不然，两个国家都会遭受莫大的苦难。巴金称中岛先生这项工作为"天鹅之歌"，就像西方古代传说中的天鹅在临死之前唱出最美好动听的歌一样，中岛健藏先生也用他的心血写成了他最后的杰作——中日友好这支"天鹅之歌"。巴金正是以他一贯的正直、真诚和他的人格力量去结识了这些同样真诚的国际友人，结下了数十年的真挚友谊。

在那次访问中，巴金到了日本的镰仓，正碰上镰仓连绵的雨天。但是巴金说雨天并没有妨碍他们的友谊，他们还是冒雨互访。有吉佐和子姑娘也是冒雨来访问中国客人的。她向他们讲述了震撼人心的故事。一提到广岛，她头一句话就说："去年在广岛还有一百几十个原子病人死亡。"她在叙述着，"在广岛流传着种种的故事。据说，饮茶可以治疗原子病，又说喝酒能使原子病断根，所以有些人家连大人带小孩拼命地饮茶喝酒，可是会有什么结果呢？"

她说："我还认识一对年轻夫妻。妻子也是个原子病人，结婚以后，夫妇感情很好，却非常害怕生孩子，因为据说原子病人专门生畸形的怪物。后来妻子终于怀了孕。这个事实使她痛苦。她的丈夫拉着她的手，一方面安慰她，一方面又压不住自己的激动，他含着眼泪说：'你不要怕，你生吧，不管你生下来的是三只手或一只脚，甚至没有鼻子没有嘴，我都一样地心疼他。我一定要他活下去。我要抱着他走遍全世界，让所有的人知道谁在我们这里丢了原子弹，犯下这样的罪行。'……"

巴金在这姑娘颤抖的声音中仿佛听到了那个未来的不幸的父亲的颤抖的声音。在难以名状的压迫感中，巴金多想大吼一声："让人们好好地活下去！"

1963年11月巴金又率领中国作家代表团到东京访问。这次是他连续三年的第三次访问，同去的有冰心、严文井、马烽等，这次在日本逗留了大约一个月的时间。日本共产党中央政治局委员藏原维人先生接见了代表团的部分成员。巴金等还前往日本著名作家水上勉先生的府邸作了访问。

临别时代表团的成员和接待的工作人员联欢，大家为两国人民友谊的美好前景感到十分激动。在这次会上不仅年轻的朋友流了眼泪，连巴金和比巴金年长的冰心眼睛都润湿了。

巴金对无辜受害的广岛人民怀着无限的同情，对和平善良的日本人民怀有深厚的感情，对那些为中日友好事业共同奋斗的日本友人更有着极其深挚的友情。三次访问日本，这个美丽的国家给他留下了美好的印象。他忘不了那在蔚蓝的背景上出现的雪白的富士山，忘不了那美丽的樱花，忘不了那比酒更浓的友情。巴金觉得，美丽的富士山，美丽的樱花，和这些美丽的心灵早已融为一体，全世界人民能够这样地相处下去，这样地生活下去，我们这个星球将是多么美好！

1963年6月，巴金还受命率中国作家代表团访问越南。萧珊在信中说："你最怕热，去的地方却是整天流汗的地方，我想象你一定满身全是痱子了。今年的7月上海却一点不热，小棠棠幽默地说，爸爸回来时天要热了，大热天跟着爸爸转。"但不论多么艰苦，巴金从来不辱使命。

1965年7月，他再次去越南。虽然在这一年的一月他摔了一跤，左肩受伤，流血较多，而且脱臼。至3月份，伤口虽已结疤，可仍然一动就痛，但他还是带伤去农村"看'二十三条'执行情况和大'四清'"，不但参加各种会议，还搞点轻微劳动，老知识分子的虔诚可以想见。在7月的酷暑中，六十一岁的巴金又去了在酷热和战火中蒸腾的越南。直至10月下旬才结束为期一百一十天的访越活动，回到国内。

对于这次艰苦的参观访问，巴金早有思想准备，他做了两套防雨衣服，买了一双"解放鞋"，还有他必备的痱子粉。他写信安慰萧珊说："我能适应环境，你不用替我担心。"他还告诉萧珊："现在情况不像从前，交通困难，白天休息，晚上行车，就是去永灵、洞海来回就要三个星期，两年前去那边来回不过四天。"战争已经给这个国家造成多么大的创伤！巴金谈到这些，主要想让萧珊明白，即使在较长一个时期得不到他的信，也不用着急，因为比起他们的旅行，"信件来往当然更慢"。

不过，萧珊也自有办法安慰自己那颗日夜悬念的心。她想象，巴金在访问越南各地的途中，会看到许多感人的事物，将来在巴金的笔下会变成美妙的文字，会出现许多栩栩如生的英雄人物。另外还有一个她一向习惯了的方法,那就是从报纸上寻找巴金。果然灵验,她在《新民晚报》上看到巴金参加"中国人民援越抗美宣传展览"的开幕典礼,又看到了胡志明接见他们。她说:"对于我……一篇小小的报道变成有生命的东西了。"十五岁的小棠棠也从爸爸那里得到很大的鼓励,爸爸那么大年龄还能在艰苦环境中奋斗,自己当然更该努力,这次考试他的成绩在九十五分左右,只有语文还是七十六分,他说:"这没有办法,我已经尽了最大的努力。"(但他后来终于成为一个很有成就的青年作家。)小林在下面劳动,也写信告诉妈妈说她收到了爸爸的信,"信很短,不过我已经感到很满意"。小林要求爸爸给她买一顶越南的尖斗笠,巴金自然会尽力设法满足她。他还想到也给南南买一顶。这时小林自然还不会设想爸爸他们要同美国飞机周旋达五十天之久,有时照明弹会在他们乘坐的汽车前后左右落下。虽然他们很幸运,有惊无险,可是这生活的火药味还是很浓很浓的。巴金却在信中说:"到越南来不同敌机打交道,就不会了解越南人民的斗争。"

萧珊在国内,时时有人来探询巴金的消息,可她已经有两个月得不到他的确切消息了。友人问起来,她不但无法回答,她那颗不安的心就更加不安。她只有继续给巴金写信,信中说:"你离开河内后没有给我一个字,自然我知道你一定没有办法给我写信。"萧珊从朋友的信中得知巴金于10月中旬可能回国,可是过了月半巴金仍然渺无音讯。萧珊倾诉道:"真急人,相见在即了,可是等待却更难耐了。"

其实,在萧珊的一生中,这样的等待真是多得无法计数。

政治霹雳就要震响

1965年的夏天，整整有两三个夜晚巴金没能很好地睡眠了，因为那篇批判《不夜城》的文章怎么也写不出来。这文章是叶以群组织写的，巴金曾一再推辞，推不掉，据说是宣传部的意思，当时的宣传部部长是张春桥。巴金隐隐约约感到了叶以群的难处，自己的心里似乎也有些害怕，只是说好在文章里不提《不夜城》编剧柯灵的名字。这会儿，手中握着笔呆呆地坐着，空让时间一分一秒地溜走，稿纸上仍然没有留下一个字。萧珊躺在床上，同样不能安睡，她实在心疼她的李先生，心想，这个叶以群同志，怎么会把这样的苦差交给他？但她知道以群有群的难处，身在其位，无法不谋其政，《林家铺子》《不夜城》《红日》《聂耳》等是江青、康生指令批判的影片，他有什么办法。她在床上烦躁地翻腾了一阵，忽然脑子一转，便悄悄地下了床。在走近巴金时她先唤了一声，巴金闷声闷气地应着，萧珊走到桌前，手轻轻地搭在巴金的肩头说："我知道这事使你很为难。我看，你就翻翻报纸，大同小异地重述一下报上的句子就可以应付过去了。"其实巴金也并非不曾想到这一招，只是，他的心里在打仗，他为老朋友柯灵难过。但想想以群那无可奈何的苦恼神情，知道如果自己不写，不仅以群过不了关，自己也逃脱不了干系。想来想去，唯一的办法是抄抄报纸，人云亦云。这原是目前环境下的万应灵药。

巴金与萧珊

他总算没有交白卷,但并不曾因为能交差而有一丝轻松感,相反心上又加上了一块大石头。夜晚无法入睡,柯灵那张痛苦的脸常常出现在他的眼前。他的文章虽然没提编剧柯灵的名字,而且现在还不曾见报。但他总觉得自己在老朋友的心上戳了一刀。

当时巴金马上就要第二次去越南采访,他必须先去北京做一些必要的准备工作。进京的前夕,他决定同萧珊一块儿去柯灵家一趟,要亲口把他写批判文章的事告诉老朋友柯灵。萧珊为了给先生一点精神的支持便陪同他去了。在柯灵面前,巴金只简单地讲出自己写了批评《不夜城》的文章,下面便再没说出一句话来。他本来拙于言辞,更何况他十分狼狈,现在他甚至连一句表示歉意的话也说不出来。只有萧珊清楚,他心里有着多么沉重的内疚和歉意。萧珊很想把巴金被逼无奈的情形讲述一遍,可一向喜欢讲话的她,这时候也什么都不曾讲出来。她只是低着头,红着脸,手中揉搓着自己的手绢。偶尔抬起头偷偷看她的巴先生一眼,看见他满脸自责和痛苦地沉默着。心里真想说,你的老朋友会谅解你的,他知道你的处境。她毕竟不曾说出来。而巴金却不这样想,他认为自己无法请朋友原谅。还是柯灵打破了这沉闷的局面,询问了一些巴金去越南的情况。因为

1962年,巴金一家其乐融融

时间很紧,他们便告辞走了。

后来巴金不知有多少次埋怨自己,为什么想不出办法来抵制这种奉命文章。却不料后来,在"文革"的批斗会上,巴金却因"包庇柯灵"受到多次批判,被勒令作过多次检查。而巴金抱歉的是他不曾为柯灵辩护。事情到此并不曾结束,1966年8月,叶以群同志在"四人帮"的迫害下跳楼自杀。留下了他孤苦无依的妻子和五个孩子,酿成了一出人间的大悲剧!巴金是多么痛心,在当时的情况下,他连同这位老朋友的遗体告别的机会也没有。

1966年6月,亚非作家紧急会议在北京召开,巴金接到通知,要他参加会议。因为中国是东道主,巴金他们必须提前在月初赶到北京。这时萧珊正在铜厂搞"四清"。她想尽量跟上形势,努力改造自己,是通过友人的帮助她才得到这次机会的。长期以来,她为巴金的处境忧心忡忡,觉得他们这个家危如累卵,不知什么时候就会忽然坍塌下来。巴金也同样处在忐忑不安的心情中。开会的通知使他稍微镇静了一些,暂时把那些一直在眼前晃动的触目惊心的批判文章的标题排开,以便做好进京赴会的准备。他宽慰萧珊说:"现在还能给我这样的任务,看来眼前我还不至于有什么事情,你不必过于担心。"萧珊强颜欢笑地顺着巴金的话头说:"是啊,我们本来就没有什么,你放心地去开会吧!"

巴金一到北京,代表团的一位同志把他从机场送到招待所,分别时低声对他说:"你不要随便出去找朋友,哪些有问题还不清楚。"这位同志的好心让巴金大吃一惊。

巴金在城内住了四天,6月5日搬到北京西郊的京西宾馆,会址也在这个宾馆。参加会议的中国作家代表团成立后,巴金被任命为副团长。团长为郭沫若,另外两位副团长是许广平和刘白羽。

巴金一到北京便给萧珊写了信,6月5日又寄出一信,尽量用平和的语气谈了自己的生活学习情况,并表示决心好好参加这次国际斗争。他还告诉萧珊,家宝昨天在他这里吃了一顿饭,由于忙着参加文化大革命,又要讨论剧本,所以坐了一会儿便走了。巴金尽力说得平平静静,一切如常,好让萧珊那颗一直悬着的心能回到正常的位置上来。但在信中还是忍不住提起，听严文井说，中国作协的文化大革命已开始，大字报很多。显然，对这个"革命"巴金怀着很深的忧虑和恐惧。

与会的日本友人中岛健藏先生和京子夫人在机场一见到巴金，显得非常高兴，立刻上前和他热情地握手。回到宾馆后，相互交谈起来，京子夫人低声说："看到您，我们就放心了。"巴金很清楚他们的"放心"是什么意思。那时《人民日报》已经发表了《横扫一切牛鬼蛇神》的社论，那阵势真如泰山压顶。巴金感觉自己"仿佛就坐在达摩克里斯的宝剑下面"，准备着随时落进灾祸的深渊。中岛他们也料想巴金一定凶多吉少。中岛健藏说："在日本流传着各种谣言。听说郭沫若的著作全部烧毁，这可能吗？"巴金回答说，我想这不可能。郭老这样表示，不过是他自我否定、自我超越的一种决心。中岛健藏点点头："那就好，希望你们都平安。"他们听巴金这样说，又看见他现在还能出来参加活动，感到非常惊喜和欣慰。这真诚的友情和发自内心的关切使巴金很感动。

巴金自从1961年访问日本时见到中岛健藏，以后在中日文化交流中互相访问，几乎年年见面。他还记得在1962年8月，巴金作为中国代表团团长曾率团参加了在日本东京举行的第八届禁止原子弹、氢弹和阻止核战争世界大会。中岛健藏正是这次大会的执行主席。他们曾为世界和平和中日两国人民的友谊并肩战斗。在这期间中岛还请巴金等到东京的一家菜馆举杯对饮，开怀畅谈。巴金知道中岛喜欢豪饮，曾多次请他到自己家里喝酒。但是，为了中岛的健康却又常常劝他有所节制。巴金极为珍惜这份友情。他永远不会忘记，当中日关系尚未正常化，他在复杂、困难的情况下访问日本时从中岛健藏处得到的支持和帮助。他永远不会忘记中岛健藏为中日两国人民的友谊和中日文化交流所作的艰苦卓绝的努力和巨大贡献。

1966年7月10日，巴金又出席了在人民大会堂举行的北京市人民支援越南人民抗美救国斗争大会，巴金和中岛健藏都是主席团成员，一起坐在主席台上。会议是由周恩来总理主持的，巴金看见总理觉得充满了亲切感。

在这里，巴金还遇见了他非常敬爱的一位老友——老舍。他们是相识相交三十多年的朋友。在抗日战争时期，他们在中华全国文艺界抗敌协会的工作中接触较多。老舍有时严肃，有时幽默，大家相处得很愉快。巴金敬佩老舍文品和人品的一致，敬佩他是一个正直、善良、坚强、勇敢的人。三十年中，他们有时经常见面，有时也可能几年不见，但他们仍然是很相知的朋友。

这次在开会之前的休息时间里，他们摆谈了一阵。老舍谈了自己的情况，也问了巴金一些情况。老舍对巴金说："我很好，请告诉朋友们，我没有问题。"他又说："我是个正派人。"接着又补了一句，"是正直的人。"是的，"没有问题"，"是正派人"，"是正直人"，这原是毋庸置疑的，也无须分说的，可是，在这个"问题的时代"，一切都成了问题。巴金只能对老朋友说："我们相信你。"巴金看出老舍的情绪很激动，仿佛还有许多话要说，可是没有完全说出来。因为时间、地点、场合都不容许他们尽情地倾吐心曲。可是巴金很理解老舍的心境，也可以说，他们的心境是相同的。他们都在被不可知的命运捉弄，都处于惶惑和悲苦中。他们谁也不会想到，这次相聚便是他们的永别。仅仅过了四十四天，老舍便在难以忍受的侮辱和摧残中含冤去世了。尤其出乎他意料的，这次也是巴金最后一次见到周恩来总理。而巴金自己怎样呢？正如他所预感的，厄运就要来临了！

亚非作家紧急会议结束，巴金陪同中岛健藏夫妇一同到武汉。他们在武昌机场分别时，站在舷梯上的中岛夫妇满脸惜别的愁绪，不停地向前来送行的巴金挥手，巴金也对着飞机不停地挥手。这时他忽然想到，也许这一次便是他们之间的最后一面。他的眼睛被泪水模糊了。

送走中岛夫妇后，作为中国代表团副团长的巴金得带着一些人尽快赶到杭州。因为要在这里为参加亚非作家会议的各国代表举行"湖上大联欢"，他们必须事先去做好筹备工作。当他们准备去同当地作家联系时，巴金想到了当时正担任浙江省文联主席的方令孺大姐。她年轻时是一个诗人，在很早的时候，通过靳以介绍巴金为她编过一本散文集《信》。后来她和靳以都在复旦大学做教授。因她排行第九，靳以称她"九姑"。巴金在和她熟悉以后也习惯地称呼她九姑。50年代他们曾一起参加老根据地访问团华东分团，一块儿到过山东的沂蒙山区，又到过苏北的扬州和盐城。有一件事至今巴金还记得，在山东乡下时，她住在农民家里，旁边就放着一口空棺材，她照样能很愉快地住几天。后来接触多了，交谊深了，巴金认为这是一个善良、诚恳、坦白的人。以后她调到杭州担任浙江省文联主席，巴金每次去杭州都要见到这位大姐。相互之间也时有书信往来。她很喜欢读萧珊的信，也给萧珊写了不少信。巴金一家和方令孺相处，融洽犹如家人，可以倾心畅谈，无须任何戒备。

可是这次，巴金没有见到方令孺大姐，而且连文联和作协的一个熟人都没见到。据说是都有问题，都不能出来。只有一位局长到场联欢。听到这回答以后，巴金不敢再问什么，他怕听到更可怕的消息。巴金说："反正有一位省文化局长，就可以体现我们灿烂的文化了。"可是外宾对这种怪现象无法理解。一位菲律宾诗人在离开杭州前很想解开心中的疑团，他向巴金询问："为什么在这山清水秀、风景如画的地方看不到诗人和作家？"巴金嗫嗫嚅嚅难以作答。

巴金开完会一到上海，外宾还不曾送走，他就被通知去上海市作协开会，那天批判文学评论家——叶以群。巴金说，他被请坐在"上座"，一抬头便看到对面贴着的揭露他自己"罪行"的大字报。他那篇《作家的勇气和责任心》的讲话成了批判的靶子。这个会可以说是让他陪杀场，也可以说是将他定为"牛鬼蛇神"的宣判。但此刻毕竟还是在批判别人，他还盼望着能出现一个奇迹，使他和他的全家都能得到拯救。但他立刻否定了自己的想法，心里对自己说："这是痴心妄想。"从这时起，他开始承认自己"有罪"，开始用大字报上的语言代替了自己的思考。朋友们也开始同他划清界限了，一位一向很尊敬他的工人作家，现在对他很冷淡，使他清楚地意识到这一点。

8月上旬，巴金陆续出席欢送亚非国家代表的宴会、招待会，这时无论情绪如何恶劣，总还得强颜欢笑，礼仪如常。接着又不断前往机场欢送他们离沪回国。同时他在机场与由沪返京的作家郭沫若、曹禺等告别，熟人们分手时都暗示不知什么时候能再见，不免相对凄然。他和曹禺是几十年的朋友，更有一种难言的酸楚滋味。看着他们上了飞机，他忽然感到四顾茫茫，十分孤独，一场倾盆大雨就要来临了。现在全国的作家大半都已靠边，毫无疑问，自己也是无路可走了。

"身经百斗"

送走外宾之后,巴金回到作协正式参加"文化大革命",被编在创作组里学习。组长便是那位工人作家。这时,巴金有一种感觉:自己已经从"座上客"变为了"阶下囚"。他一进大厅,看到四壁贴满大字报,没有一张不是面目狰狞、杀气腾腾,极力上纲上线,以显示写作者的政治理论水平和坚定的立场,巴金觉得就像突然走进了阎王殿一样。大字报除了批判叶以群和孔罗荪的外,便是批判巴金的。矛头主要针对他在上海第二次文代会上的发言,措词严厉,使他心惊肉跳,不敢看下去。他知道自己已经陷入重围,在劫难逃了。那年他发表这篇讲话时,曾引起过多少掌声和赞叹声,甚至有的文艺工作的领导人还被巴金发自内心的真诚话语感动得落了泪。曾几何时,被吹到天上的又被踏入地下,是是非非的颠来倒去真让人迷惘。可现在政治的霹雳声正滚滚而来。要震破他的一切,要撕碎他整个的生活。

8月10日,巴金和萧珊又去上海作协参加"批判叶以群反党反社会主义罪行的大会"。发言人口口声声说叶以群自绝于人民,听那口气,仿佛叶以群已不在人世。可当时他什么也不敢想,更不敢问,只是跟着人们高呼"打倒叶以群"的口号。这时他生恐别人看出他的胆怯,生恐别人想起叶以群是他的朋友。若干年后巴金说,甚至在他甘心彻底否定自己的时候,也曾几次痛心地自问:"我们的文化传统到哪里去了?我们究竟有没有友情?我们究竟要不要真实?"可他得不到答复。这一天的大小会开了三个多小时。散会出来后,巴金才听一位女作家低声告诉他"不要把叶以群的消息讲出去"。他的心一下坠入了深渊。事后他弄清了详细情况:叶以群是8月2日在自己寓所跳楼自杀的。继此而来的,是他的老友陈同生的死讯,据说是"伏在煤气灶上自杀身亡"。但是,巴金仍清楚地记得,不久前这位朋友"还写信告诉熟人说明自己绝不自杀"。令人难以置信的是,他在隔离审查期间又怎能去开煤气灶?可他就这样不明不白地死了,而且后来也一直没能弄清真相。巴金在开完亚非作家紧急会议回到上海时,这位老友还对巴金说了许多安慰和鼓励的话。他赠送给巴金的喜鹊闹梅的陶瓷灯架还放在巴金的案头,上面的灯还亮着,可是一盏生命的灯却已经熄灭了。老友们的死如利刃般刺痛着巴金和萧珊的心。而萧珊还有另一层切肤的痛楚:她为巴金的未来担心,种种恐惧的幻影在绞杀着她的身体和灵魂。若干年后,当巴金从迷魂汤中清醒过来时,他是这样评判这些以死抗争的朋友的:"以群、老舍、傅雷,以及'文革'中冤死的其他知识分子,在他们身上我找到了我们真正的文化传统。……他们树立了一个批判活命哲学的榜样。"

由于在这段日子里形势越来越紧张,门前常有小孩喊"打倒"的口号声,有时则把石子或其他杂物扔进巴金的院子。邻近处也常常有抄家的事情发生。鉴于以上种种情况,巴金和萧珊不得不有所防备,采取一些自我保护的措施。经过一家人商量,最后巴金和萧珊、九妹一起,忍痛把保存了四十几年的大哥尧枚的来信全部烧掉。这些信是大哥在1923年到1926年间写来的,共有一百几十封,已装订成三册。另外还有大哥自杀前所写绝命书的抄本,也一并烧毁。焚烧这些体现着手足骨肉深情的纪念物真让巴金痛彻肝胆。这些物品存在,巴金便还能看到大哥那张凄苦而又善良温和的脸,还能听到那颗炽热的心脏的跳动。烧掉它们就像割掉自己生命的一个肢体。况且,这是那吃人的社会和封建大家庭的罪证,为什么现在保存它竟像是在犯罪?他无法回答自己。现在他只能这样做了。

眼下,红卫兵正四处查抄"四旧",白日嘈杂的人语声和夜晚的脚步声都使巴金家的小狗"包弟"警觉起来,它尽职尽责地守护着这个家,不时要汪汪地吠叫几声,于是有红卫兵打门,要进来杀小狗。"包弟"的叫声让巴金和萧珊心惊胆战,这成了一个亟待解决的问题。小狗"包弟"是一位朋友赠送的日本产的黄毛小狗,它已经和巴金一家相处了七年。它聪明,会并起一双前脚作揖讨食物,一家老小都爱它。有一年巴金同萧珊去外地过春节,小狗"包弟"每天早晨守候在他们的卧室门前等他们出来,天天如此,从不厌倦。一条小狗竟有这么忠诚的心和深厚的感情,让人感动。可是现在它的厄运来临了。为了不招来更大的祸殃,巴金他们不得不把"包弟"送掉,可是,今天在人的生死都难以预料的时候,谁还有心思养小狗?没有人肯接受巴金他们的馈赠。后来听人说,可以送到医院,供医务人员解剖之用,这让巴金难以接受,但除了这样办,别无他路可走了。往日,"包弟"每逢作揖讨吃时,它的滑稽相总逗得巴金哈哈大笑。这一天巴金回到家里,小狗又向他作揖,巴金忍不住落了泪。待到九妹把小狗送到医院后,巴金听不到它的吠声,起初觉得松了口气,后来,他的脑海中却不断地出现解剖桌上的"包弟"的影像。他为自己不能保护一只小狗而感到羞耻和自责。他常常为此骂自己。在以后的年代里他甚至说:我怀念"包弟",我想向它表示歉意。

巴金参加学习后,是顺着这样的"阶梯"往下走的:一开头只是在得到通知的时候去参加,后来是按时上班,再后来是全天学习。这学习便是反复地诵读"红宝书"或做各种劳役。最后是隔离审查,由人变"牛"。步步紧逼,紧箍咒越戴越紧。创作组的头头要巴金揭发孔罗荪和其他人,但巴金缺乏编造谎言的天赋,他只能搜罗一些鸡毛蒜皮的小事来交差。这势必引起某些人的不满,对他施加了越来越大的压力,攻击他的大字报越来越多了。到了8月下旬,他便被当作专政对象送进了"牛棚"。

这"牛棚"设在作协二楼资料室,因为这里30年代的书刊最齐全,张春桥因此称它为"黑书库"。两间原来的办公室,加一条长长的走廊,便是关押"牛鬼蛇神"的地方。作家中最先被抛出来的是王西彦,他已被市长点名成了"反革命"。接下来吴强、魏金枝等老作家也相继被赶出创作组,师陀也靠边站,再往后便轮到了柯灵、白危和巴金。他们被弄到这资料室学习和检查交代"罪行"。巴金后半生中这一特殊的历程正式开始了。

这一年的9月初,那位负责人对巴金说,你态度不老实,革命群众要对你采取行动了。果然在9月10日巴金刚去机关上班,便被押回家里,接着便对他采取了"革命行动"——第一次抄家。这次行动共进行了六七个小时。连中午吃饭的时间他们也不撤退,而是由里弄将饭菜送来,就在"战场"上用餐,吃罢继续战斗。据说这一次是"保护性抄家",此外还有"毁灭性抄家"。说是本单位"怕外人趁火打劫",抢先一步把重要东西带走了几口袋,余下的书柜全部贴了封条。临行前还贴了一张揭发巴金罪行的大字报在他家门廊的入口处,这样连过路人都可以进来批斗。至于"毁灭性抄家",顾名思义,那便是全部抢光砸光,扫地出门。真是再彻底不过的"革命"。在这段时间里,巴金只有靠安眠药才能维持几个小时的睡眠。他说一听见捶门声就浑身发抖。当年在日机炸弹如雨、四周血肉模糊的环境中,巴金不但从不曾发抖,而且能镇静如常地继续他的工作。这是为什么呢?因为他抱定了与祖国共存亡的决心,对法西斯侵略战争誓死抵抗。而今天的这一切却发生在他无限热爱的社会主义祖国,他没有任何对抗的意识,却以为大概自己真的有罪。

深夜,他静静地躺着,却一直不能入睡。他瞪着眼睛像要把黑暗望穿。许久许久之后,他从枕下摸出安眠药瓶,倒了两颗干吞下去,为的是不要起床惊动萧珊。其实,萧珊虽然一动不动,却同样不曾入睡。巴金内心痛苦地思忖着:这么多年来,我一向按领导的意图办事,到朝鲜前线,下工厂、下农村,都为了认真改造思想,跟上时代的步伐。我按照领导的安排参加各种社会活动,宁肯让自己的写作计划落空……难道我真的改造不彻底?难道我真的罪恶深重?若真是这样,就用受苦受难来净化我的灵魂吧!他又倒了两颗安眠药在嘴里。这时萧珊一惊,猛地翻身坐起来抓住巴金的手焦急地说:"安眠药可千万别吃过量了!"但他已经吞下去了。于是他苦笑着安慰萧珊:"你放心吧,吃这几颗没问题。"巴金靠了这大剂量的安眠药,不久昏昏沉沉入睡了,可萧珊一夜不曾合眼,她在一连串恐怖的梦境中挣扎到天亮。而且这种恐怖的梦白天也在继续,正了无尽期。

有一天，萧珊听人说电影院正在上演根据巴金的小说《团圆》改编的电影《英雄儿女》，她急于想知道这是否属实，便找到一个机会买票进去看了看，见字幕上仍然打出根据巴金的小说《团圆》改编，她兴奋极了，立即回去告诉巴金，她还分析说："看来你的问题不是太严重。你可要好好检查交代。"在这两天中，萧珊的愁眉舒展了一些，偶尔还露出惨淡的微笑。但事情急剧地转向了反面，不过两三天，便有一些人敲锣打鼓地去电影院和电影发行公司造了反，并把大字报贴到了他们的大门口，并给巴金和这部作品都戴上了"反革命"的大帽子。影片当即停演。萧珊脸上最后的一点笑容也消失了，有一阵子，受到批判的不仅仅是《团圆》，凡巴金所写的有关中国人民志愿军英雄事迹的通讯报道统统被说成是宣传和平主义、渲染战争恐怖的"反动战争文学"。不过《英雄儿女》这部电影以后又经过了几番折腾，它一会儿是好影片（据说是周总理亲自挑选的五部影片之一），一会儿是"大毒草"，有人不肯放过它，也不肯放过巴金。

在这一时期，巴金连续不断地被拉到里里外外、大大小小的批斗会上去批斗。就像他在抗日战争中"身经百炸"一样，现在正过着"身经百斗"的日子。外地来沪串联的学生随时可以将他拉出去就地批判。一次，他被串联队伍团团地围在作协的院坝里，有一"小将"手执铜扣皮带，口中念念有词，"凡是反动的东西，你不打他就不倒"，他举了举皮带问他的同伴："今天是不是用这个批判？"他这同伴比他年长也比他成熟，笑着说："这是批判的武器还是武器的批判？我问问你，巴金小说的反动性表现在哪里？你得先说出个子丑寅卯，才好批判斗争他。"那"小将"眨眨眼睛，不知所以。"我只是听爸妈说起过巴金，可他们也没说是啥反动。我想，我们既是红卫兵就得站稳立场。"这时，围攻的人群高喊"打倒资产阶级反动权威"的口号，他这同伴说："我们也跟着喊就行了。"在这口号声中，巴金也真诚地举起手臂高喊："打倒资产阶级反动权威！""打倒巴金！"的确，他真心愿意被别人彻底打倒，他认为，只有这样，他才能重新做人。"小将"说："看他的态度还比较老实。"他的同伴做了个鬼脸："对你说实话吧，我来参加批判巴金，不过是想看看这位大名鼎鼎的老作家是个什么样子！"两个人都皱皱鼻子笑了。

这里我们不禁想起老作家沙汀转述的一个有关"红卫兵小将"的故事，大意是这样："文革"期间，两个"红卫兵小将"被指派住到巴金隔壁的楼房里去监视巴金的行动，他们在这里对巴金家可以一目了然。他们要监视巴金是否夜晚偷偷焚烧他的"大毒草"小说，或者转移他处，但一天天过去，未发现任何情况。他们无事闲聊的时候，便谈起了巴金的小说，谈得最多的是《家》《春》《秋》。他们被其中的人物和他们的命运感动了，特别是那些被戕害死亡的年轻妇女。有一天，其中的一个红卫兵抽泣着走进门来，另一个红卫兵见状忙问："是谁欺侮了你！我带一队人马替你报仇。"这个进来的红卫兵说："鸣凤死了！"说罢愈加泣不成声，他的同伴也忍不住跟着哭起来。沙汀说，他们在"文革"中复习了这三部杰作，在被作品深深的感动中，他们的精神得到了升华，懂得了什么是同情，什么是爱，什么是善，什么是恶。巴金曾经感动过几代人的作品，至今仍有巨大的思想光彩和艺术魅力，仍为新的一代所喜爱。

十年中的往事是说不完的，即使是在最黑暗的日子里，也有以上这样让人欣悦的故事，当然更有着无数让人痛心疾首的故事。1966年10月的一天，巴金正同孔罗荪、王西彦、吴强、师陀、魏金枝等老作家在作协的厨房参加劳动，有一个从外面来的初中学生拿鞭子准备抽打这些"牛鬼蛇神"们，他逼迫巴金把他带到家里去。巴金如果听从了他的话，那么一家都会遭殃，但巴金害怕鞭打又不敢反抗，因为"牛鬼"是无权反抗的。他只好奔逃。一个大约十六岁的孩子，追逐着一个六十多岁的老人，真是一场残酷的追逐，一场绝望的挣扎。其实这孩子对巴金一无所知，只不过轻信了别人。巴金非常狼狈，他希望那孩子能对他讲一点点人道主义，可是恰恰相反，那幼稚无知的孩子被灌输的是兽道主义，他宣称："对这些坏人就是不能讲人道。"有幸的是，另外一场批斗带走了巴金，他幸免一场毒打。那孩子只好另外寻找施虐的对象。

一次次的批斗，使巴金身心交瘁、疲惫不堪。他多想休息一会儿，可是每次批斗后总是立即勒令他写《思想汇报》。巴金写了无数的检查和思想汇报，但是他的检查和汇报却永无终结，因为这样做的目的只不过借此消耗巴金的生命。

"身经百斗"

巴金的检查和日记（只是记一些日常琐事）都被拿去悬挂起来"示众"。却不料，怪异的事情发生了，这些悬挂着检查和日记的绳子往往倏忽之间就变得光秃秃的，上面连一页纸也没留存。这让人十分惊诧，连呼咄咄怪事。后来有人才悟出了其中底里——大概是有人把这当作"作家墨迹"，拿去收藏起来了。于是，有人大叫："太狡猾了！"有人则怒斥："太反动了！"以后巴金再写，监督组再挂，再被人拿走，直到三四次以后，无论是日记或检查，也就不再悬挂"示众"了。

她正被慢性杀害

巴金记得，他曾挨过几十次的批斗，也"挖空心思编写了百份以上的《思想汇报》。"巴金说，对于保护自己，他倒毫不在乎，他念念不忘的是他的妻子、儿女，他不愿连累他们，他对他们还保留着一颗真心，可是他的努力是徒劳的。

大约在1966年10月底到11月初的时候，在作家协会召开的各种名目的批斗巴金的大小会上，萧珊都被拉去作"陪斗"。对此巴金十分痛心，萧珊却不以为苦，她反而感到安慰，因为她能和巴金同生死共命运或可说是一种"幸福"。每次批斗之后，两人总是用这样一句话相互鼓励和安慰："坚持下去就是胜利。"萧珊甚至希望自己多受一点折磨，好让巴金减少一点压力。她这种痴情实际上救不了巴金，却苦了自己。

进入12月以后，批斗越来越残酷。红卫兵的造反行动随时会降临到他家，不分白日黑夜，他们可以翻墙进去，也可以破门而入。巴金还被接二连三地揪到工厂、农村和学校去批斗。当月中旬，他被押送到上海华东师范大学去接受批斗，被强迫在台上跪了两个小时，陪斗的是复旦大学的著名教授周予同和朱东润等。待到批斗结束，巴金已经站立不起，他一下仆跌在台上。这真是"被打翻在地又踏上一只脚了"。巴金曾在一篇文章中这样记述："这可怕的12月！它对于我是沉重的当头一击，它对于萧珊的病和死亡也起着促进作用。"

萧珊日日夜夜都处于焦灼不安中。深夜,她还在漆黑的庭院中不安地走来走去,她在等待,五内如焚地等待。她不断地轻轻问自己,他怎么还不回来呢?都已经半夜了!她三番五次地借着邻居透过的一丝微光去看她的手表,然后又来回踱步,她在问自己,是不是出什么事了呢?天哪!她低声呻吟,颤抖,泪水顺着两颊流下。母亲在屋内呼唤她:"蕴珍,你进来睡吧!夜深了,天凉,当心感冒。""李先生还没回来呢,我得等着他。"她一边抹去眼泪,一边回答。她怕母亲出来看见她在哭泣。忽然一块块的石头扔进了院内,萧珊急忙躲避,她的肩头还是被打中了一下,她缩着身子靠在墙角轻轻地抚摩着。外面还不断地传来口号声:"打倒资产阶级反动权威!""打倒巴金!"这是那些精力过剩无处消耗的"红卫兵小将"在夜袭。她泥塑木雕般地呆立着不敢发出半点声息也不敢移动一步。久久地、久久地站立着,虽然脚步声已经远去,她仍然觉得会突然有人像恶虎似的扑向她。夜寒袭人,她的背上像泼过一盆冷水,她开始瑟瑟发抖。周围一片沉寂,她像从梦中醒来似的蹑手蹑脚地走去敲开大门,向左右窥望,仍然不见巴金的踪影。这一夜提心吊胆的苦苦等待也许会夺去她几年的生命,可这样的苦楚还多着呢!

一个早晨,萧珊和巴金刚走出来,便发现大门上有一张大字报张牙舞爪地逼近他们。题目是"将巴金一家揪出来示众"。萧珊定了定神走过去细看。巴金轻轻地拉了一下萧珊的衣袖:"不看也罢,那上面说些什么我全知道。"可萧珊还是忍不住伫立观看,看罢,她惊惶四顾,手足无措。巴金拉着她走去,她的两条腿却仿佛虚弱得站立不稳了。她哽噎着说:"孩子们有什么罪?"她的目光是那样凄怆而黯淡。巴金的心里更加悲苦,他眼见这不平的待遇正吞食着她的心,蛀蚀着她的躯体,她一天比一天憔悴,她的生命之火一天天地微弱下去,无论他怎样安慰她,劝导她,尽力阻止她的生命滑向死亡,可一切努力都没有用。巴金想,这样下去,这个脆弱的生命将逐渐变为灰烬。

萧珊和巴金在街头踽踽地走着,不时听见路边传来叽叽喳喳的议论声,萧珊仿佛瞥见了那利剑般刺痛着自己脊背的无数手指。她把低垂着的

巴金与萧珊

头埋得更低,默默地走过去。巴金则平静如常。任凭你坚强也好,脆弱也罢,苦难正遥遥无穷期。

仅在12月内,巴金家便接连多次被"抄家"。有一个晚上,几个中学生翻墙进入了他们的院子,领头的是一个十四五岁的男孩,是北京来的干部子弟。他从室内拖出巴金,嘴里嚷嚷着:"巴金,今晚要审讯你,你要老老实实地自报你的罪行!"另一个人却说:"把他带回去慢慢审!"躲在一边痛苦地窥视着的萧珊听到这话大吃一惊,她寻思着,如果巴金被带走了,后果真是不堪设想,这群天不怕地不怕的孩子有什么事不敢做呢?最后她溜出门去,到对面的派出所向民警求救,希望他们能出面制止这群黑夜闯入的不速之客。民警说现在只有他一人值班,他感到为难,正踌躇间,那个小红卫兵跟踪而至,迎头碰见萧珊,他就在民警面前抡起铜头皮带狠狠地朝萧珊打下去,萧珊捂着脸被押回了家中。"小将"们把巴金、萧珊,同他们的两个妹妹以及还在上海戏剧学院读书的李小林一起关在了厕所里。萧珊被押进去时尽力侧着脸,她怕巴金看见她脸部和眼角浸着血的肿块。一家人呆立着,不敢交谈半句话。这一群红卫兵在各个房间里尽情尽兴地折腾了两三个小时,翻箱倒柜,各取所需,然后一窝蜂地离去了。他们已经走了半个多小时,这群被囚禁的人还不敢离开厕所。巴金终于发现了萧珊脸上的创伤。他痛心地想,我所受到的折磨,她

巴金的身后,永远站着萧珊坚强的背影

都受到了，我不曾挨过的毒打，她也挨了，她一心一意想保护我，自己却遭到更大的摧残。巴金亲自动手细心地为萧珊擦药敷伤。他柔声问："很痛吧？"萧珊惨然地笑了笑说："不痛了。"巴金却说："可是我很疼痛。"萧珊一惊忙问："你哪个地方伤了，快让我看看！"巴金指了指他心脏的部位："它痛，它受到了剧烈的创痛。不知道什么时候才能治愈！"萧珊用理解和信任的目光凝视着巴金凄楚的脸，轻轻地点了点头。她又用她那柔软、修长的手指去抚摩着他的胸部，巴金揽着萧珊的肩头，温存地抚慰她。

　　远处还隐隐约约传来口号声。巴金禁不住长叹一声："日子难过呀！""是啊，日子难过呀！"萧珊应和着。可她马上又打起精神，转换了口气说："但是，要坚持下去，要坚持，坚持下去就好。""你说得对。"巴金应和着。萧珊又说："请记住，我信任你，我永远和你在一起。""谢谢。"巴金轻轻地亲了亲萧珊的头发。萧珊仰起脸望着巴金："你的问题会得到解决的，无论是检查交代还是思想汇报都要好好地写。我们要认真改造，脱胎换骨。""是啊，认真改造，脱胎换骨。"他若有所思地重复着萧珊的话。

　　"大革命"在一天天加码，随处都可以看到批判巴金的大字报，在淮海中路"大批判专栏"张贴着的批判巴金的大字报，连他全家的名字也一起列出来"示众"。萧珊当然占着显著的位置。她二十一岁的女儿李小林也在家里待不下去，被逼离家，还在方令孺姑姑那里住了几天。萧珊和巴金一起上下班，每逢走到巨鹿路口快到作家协会的地方和走近湖南路口快到家的地方，萧珊总是抬不起头来。她还无端地被上海戏剧学院的"狂妄派"揪到作协去批判，并且在她家大门贴上揭露她"罪行"的大字报。无穷尽的迫害正在对她进行着慢性的杀害。但她还苦撑着，为了支撑住她那受尽屈辱虐待、日渐憔悴衰老的丈夫，为了支撑住这个家。

　　仅仅因为她是巴金的妻子，也仅仅因为她曾在作协的一个刊物做义务工作，她便被诬为巴金的"坐探"，她便被当作"罪人"批判和奴役。虽然她已经病体难支，但还被罚扫街。她怕巴金伤心，尽力想法瞒住。每天凌晨，天刚发出微光，她便悄悄地下床，匆忙地梳理一下头发，便拿着扫寻走出大门。今天她又轻手轻脚地走了出去。巴金再也躺不住了，他也披衣下床，跟着走到了门外。他远远地张望着萧珊瘦削的身影和她那非常吃力的动作，潸然落下两行苦泪。

尽管她这样劳累，巴金每天去上班她还是要去送送他。有一天巴金说："你身体这么弱，何必每天送我到车站？"萧珊笑笑说："你知道我陪你走这一段路有多么幸福吗？"巴金听了一下转过身，紧紧地握住她的手，凝视着她，不禁热泪泫然了。他感觉走在他身边的还是那个单纯、天真、痴心地爱着他的女孩，那个同他一起从抗日战争的腥风血雨中走过来的女孩。经历了数十年的岁月沧桑，她不仅痴情不改，而且老而弥笃。清早，上班搭车的高峰期，车站拥挤着人群。公共汽车还不曾停稳，人们便一拥而上。巴金竭尽全力跨上拥塞的车门，车子已经启动，萧珊两手用力地推着巴金的背部，唯恐他摔落下来。这时她已经逐渐消瘦，脸色苍白发灰。她想不通，为什么要编造罪名加在她的李先生身上。她同他共同生活了几十年，她太了解他了。他是反封建的斗士，是旧制度的叛逆者，他满怀深情地迎接了新中国的诞生，解放后他勤奋工作，努力改造自己，谦虚谨慎，严于律己。现在人们为什么把他看得这么坏？她实在想不通。可她什么也不敢说。

1967年一开始，巴金和魏金枝、王西彦等人都被赶出了巨鹿路作协的资料室，被关进楼上一间不足五平方米的煤气灶间里。这里被称作"小牛棚"。在这里，他们一日三次请罪，他们的劳动便是洗菜、扫地、锄草、打扫厕所。所谓学习仍然是读语录，背诵《敦促杜聿明投降书》。有一天突然挂出了两条大标语，从三楼直垂到地面。一幅上写着"彻底打倒上海文艺界的黑老K——巴金"，另一幅写的是"彻底批判邪书十四卷——《巴金文集》"。同时，登载着批判巴金的文章的报纸像雪片一样飞来，重重叠叠，让人眼花缭乱。标题一个比一个更凶恶，像猛兽般虎视眈眈地瞪着他。

在这个时候，除了能被"四人帮"利用的东西外，一切都是"封、资、修"，都得受批判，都得被大破。打、砸、抢、抄已经搞得天翻地覆，可张春桥还不满足，他还在上海发表讲话，说"四旧"还破得不够，红卫兵还要上街大破。接着报纸也发表社论,大讲破"四旧"的革命道理。这把火一下就烧起来。当天晚上便有几个中学生闯进巴金的家中,当着巴金的面把一只绘着黛玉葬花的古旧花瓶打得粉碎,并且把一本美国作家史蒂文森的《新天方夜谭》拿走,声言要对它进行批判,巴金只能眼睁睁看着,不能说一个"不"字。这是一场不折不扣的"文化大革命",其实,说"大革文化的命"更为确切。这使我们想起另一件事。有一次巴金在报上看到一篇文章,讲述了这样一个故事:在北京火车站候车室里,一个女青年在十分入神地读一本书。别人问她看的什么书,这么聚精会神。她说她读的是小说《家》。于是大家告诉她,这本小说是一株"大毒草",并说服她当场把书烧掉,一块儿批判了这书。巴金看到这文章,心情突然十分紧张。大概他想起了老祖宗秦始皇干过的勾当。但是,就在这天夜晚,他却梦见希特勒复活了,并且对着他大声咆哮,说是要焚书坑儒。既然要焚的是他写的书,那么他就难逃被坑的命运。像这样的噩梦,巴金一直做了十年。

巴金无以自救,他把命运交给了历史老人,等待着它的裁判。

尽管种种丧心病狂的迫害和摧残像泰山压顶似的砸下来,巴金还是尽力保持着镇定。他胸前佩戴着"牛鬼蛇神"的小牌牌,和他的同伴们有时背靠背、有时膝对膝地坐在"小牛棚"里学习毛主席语录,神情十分专注和认真,有时还琅琅有声地诵读。劳动时他也一样,从不偷懒耍滑。他被勒令去搬动一些非常笨重的坛子,弄得大汗淋漓,满身油污,他依然和颜悦色,毫无愁苦和怨怒之意。有时他被派去洗刷小便池的尿迹,也一样认真,毫不马虎。当他尽心尽力地学习和服劳役时,有时会突然走来几个造反派,粗暴地驱赶着他去接受批判。他便坦然、沉默而又顺从地跟着出去。有一位作家望着巴金的背影纳闷地自语:"他为什么这样默默地忍受,毫不申辩?不论怎样横遭迫害,他依旧默无一言。"这位难友反复地观察着巴金,心里想,他原是一位热情澎湃嫉恶如仇的作家,如今为何这般逆来顺受?他找不到答案。有一次他趁室内无人,凑近巴金的耳边小声问:"对于他们的做法,你有何感想?"巴金平静地回答:"我相信历史,将来历史会作出公正裁判的。"

这位作家回味着巴金的话："相信历史！原来这正是他的信念，坚定、明确，毋庸置疑的信念。正是这个信念支持他面对险风恶浪而镇定自若。"一种深深的敬意在这位同伴心里油然而生，同时他也受到了很大的鼓舞和安慰。

1967年4月，《人民日报》发表社论《打倒无政府主义》，接着某工人作家便也在《人民日报》发表文章，批判巴金"是最典型的资产阶级精神贵族"，"过着寄生虫、吸血鬼的生活，写的都是反党反社会主义的大毒草"。6月，又有人在《文汇报》《解放日报》发表文章批判巴金的《灭亡》。《文汇报》的文章题为"无政府主义是无产阶级专政的敌人——从批判巴金的《灭亡》谈起"，文云："《灭亡》出版……三十多年"，"中国并没有毁灭"，"可是巴金的'伟大'作品《灭亡》却真的灭亡了"。《解放日报》的文章题为"从《灭亡》看无政府主义"。这些文章带来的压力不过是其中的小焉者。

就在这一年的8月，《人民日报》摘要发表了1959年中共八届八中全会《关于以彭德怀为首的反党集团的决议》，同月，《红旗》杂志也发表了《从彭德怀的失败到中国赫鲁晓夫的破产》的文章。由于巴金去朝鲜前线的那段生活，由于他见到过彭德怀元帅，又写了会见的文章，巴金担心他的问题又要升级了。果然在8月26日，《解放日报》发表万重浪的文章，题为"评彭德怀和巴金的一次反革命勾结"。

8月底，参加"巴金专案组"的复旦大学红卫兵勒令巴金搬到作协分会三楼走廊上去过夜，他在那里睡了两个星期。随后又把他揪到江湾复旦大学去批斗，让他在学生宿舍六号楼里住了将近一个月，然后才释放他回家。在巴金被剥夺了回家权利的这一个半月中，起初萧珊不知道他的去向，又不敢去作协询问。只见作协上海分会外的街道上贴满了批判巴金的大字报。揪心的焦虑使她日夜不安，她的日子不见得比以往陪斗的时候更好过。她八方奔走找朋友侧面了解，但善心的友人谁会向她描述那使人断肠的情形呢！后来她在电视上见到了巴金的面，不，她不曾看到巴金的脸，她看见的是站在电视批判大会前台的，一个躬着身的老人惨不忍睹的身影。在这种难熬的精神折磨中萧珊瘦得几乎脱了形，巴金则十分苍老，头发白了。当巴金被放回家中时，两人愁颜相对，都为对方的面容而凄然泪下。

萧珊问起巴金这一个多月的情形。巴金淡淡地说："那些批判会与往常的相比，不过大同小异，我不说你也知道……"他不肯说出，当时如不是为了萧珊和孩子们，他恐怕支持不下去了。

10月，在作协上海分会的旧址批斗前上海市委宣传部部长石西民，巴金被拉去陪斗，他低头弯腰站了两个多小时，这六十三岁的老人全身的衣衫都被汗水湿透了。另外，巴金还在杂技场参加过许多次批斗会，其中两次是以他为主的。一回是第一次全市性的批斗大会，另一次是电视大会，各个有关单位同时收看。巴金说："两次杂技场的大会在我的心上打下了深的烙印。"

杂技场的舞台是圆形的，巴金感觉站在这里挨斗"好像四面八方高举的拳头都对着你，你找不到一个藏身的地方，相当可怕"。每次他被揪出场之前，主持人一宣布大会开始，场内就奏起了《东方红》乐曲。巴金说："这乐曲是我听惯了的，而且是我喜欢的，可是在那些时候我听见它就浑身战栗。乐曲奏完，我总是让几名大汉拖进会场，一连几年都是如此。"他第一次接受全市"革命群众"批斗时，由"巴金专案组"的两个复旦大学学生将他从江湾押赴斗场，事先便警告他不能为自己辩护，一切罪名都要承认。巴金想做出好的表现，又怕承认了罪名将来洗刷不清。在一片"打倒巴金"的喊叫声中他被拖进会场，头昏眼花，脑子里一片混乱。低头弯腰站在台上，还得在笔记本上记下罪行以便改正。他稍一停笔便受到主持人的斥骂。可是，后来这些笔记本被抄去，则成了"反攻倒算的罪证"。他在台上站了两三个小时，被押下去时已经抬不起脚来，还说他是"装假"。

"文革"后有一位朋友去看望巴金，向巴金解释说，在杂技场的批斗会上发言批判他是出于不得已，极力表示道歉。可巴金当时未放在心上，事后更忘得一干二净。他说："我的肚皮究竟有多大，哪里容得下许许多多芝麻大的个人恩怨！"

这对历史的回顾却使老人又一次把自己放在了血淋淋的解剖台上。他说:"在那个时期我不曾登台批判别人,只是因为我没有得到机会;倘使我能够上台亮相,我会看作莫大的幸运。""万一在'早请示、晚汇报'搞得起劲的时期,我得到了解放和重用,那么我也会做出不少的蠢事,甚至不少的坏事。当时大家都以'紧跟'为荣,我因为没有'效忠'的资格,参加运动不久就被勒令靠边站,才容易保持了个人的清白。""清夜扪心自问,还有点毛骨悚然。"

大约也是在1967年的10月,一个凄凉的雨夜,巴金在他楼下的小屋里接待了上身穿军服的天津青年作家文放。在这次谈话中,文放告诉了他老舍自杀的消息。其实,早在1966年底,巴金就曾听到造反派透露了老舍的噩耗,那是为了威胁巴金而含糊其词地讲出来的。巴金把它看作"小道消息"。以后又听见过两三次,都是"小道"传说的。这次又听文放谈起,他多希望这也是误传,可他已无法完全否认它的真实性。在痛苦中沉默良久,他表示:"要活下去,不能走那条路。"可是,现在岁月还停留在苦难十年中的1968年,许多人还在忍受着老舍遭遇过的一切,不知有多少人还会走老舍的路。"未来"究竟向他隐藏着什么?他无法预料,他无法确知痛苦的路是否还很遥远。直到许多年以后,回首往事,他才知道。从1967年的第四季度开始,他还将被各个方面批斗三四年。如果当时巴金就知道还要忍受三四年,他能不能坚持下去?他会不会像老舍一样因为胆寒心碎而走上绝路?在萧珊脑子中萦回过千百次,使她无法忍受的一个念头是她的李先生会不会被迫走上叶以群、陈同生、老舍、傅雷他们所选择的这条路?这种恐惧是她致命的病根。

1968年2月26日,在下班时间巴金和萧珊不曾受到留难,准许他们按时下班了。这是非常难得的事。路上,萧珊高高兴兴地对巴金说:"今天大家的态度都不错,没有说一句批判和责难的话,还让我们按时下班。""是啊!"巴金顺口应和着。他们一块儿去菜市买了点小菜,回到家里,萧珊边脱外衣边对巴金说:"也许他们认为你检查的态度诚恳才这样的。你快坐下歇歇,我去做饭。"

巴金坐了片刻,便去翻看报纸,突然,一个触目惊心的大标题闯入他的眼帘:《彻底揭露巴金的反革命真面目》。他像被人当头一棒,几乎晕了过去。片刻之后，他又定睛看了看，这一次他深信不疑了。这个被揭露的"反革命"是指他巴金。他勉强撑持着去看那文中说了些什么。许多可怕的字眼一针针刺痛了他的心："大文霸""中国赫鲁晓夫的反革命修正主义文艺黑线精心打扮起来的一尊'菩萨'""反革命复辟的工具""老牌无政府主义者""蒋家王朝的辩护士""反党反社会主义的急先锋"……并且声言要"打倒巴金的黑后台"。

他摇摇晃晃地跌坐在沙发上，仍然失神地盯着手上那张报纸。忽然，他像意识到了什么，又摇摇晃晃地站起来，把那张报纸藏在了一个角落里。然后，他坐下来，强自镇定，并装出若无其事的自然神态。

萧珊端出烧好的饭菜，笑嘻嘻地招呼巴金吃饭。她心情舒畅，有说有笑，频频往巴金碗里夹菜。这一餐，她的胃口比平时好了许多。饭后，她开始寻找当天的报纸。找了一阵没找到，便问巴金："今天的报纸呢？""我没看见。"巴金一面回答，一面想办法转移她的注意力。他说："今晚吃得太饱了，这你可得负责。陪我出去散散步好吗？""好的，我陪你去散步。这会儿我只看看报上的大标题。"她终于找到了报纸，终于发现了那条狠毒的新闻，也终于弄清了丈夫藏报的苦心。她拿着报冲到卧室里去了。巴金忧郁的目光投向卧室，心却向绝望沉下去。卧室里传来萧珊低低的啜泣声。但巴金无以安慰妻子，他怀着说不尽的痛苦和忧愤在外间烦乱地踱步。萧珊这一晚再也没有走出卧室。巴金的心在呻吟："一个难得的宁静而温馨的夜晚被夺走了！即使减少我几年的生命来换取这个夜晚我也心甘情愿啊！"

仍然是一个接一个的批斗会。做主斗，也做陪斗，巴金在那个杂技场里受尽了折磨。开全市性的大会批斗市委书记陈丕显和宣传部部长石西民，巴金和吴强、赵丹、白杨、贺绿汀、丰子恺等一大批文艺界知名人士被揪来做陪斗。十冬腊月，坐在冰冷的水泥地上。夏季，巴金到杂技场，接受上海文化系统在电视大会上对他的批斗，罚站、按头、反剪双手，"坐喷气式飞机"，汗雨如注，天昏地暗也得坚持两三个小时。会上有杭州来的造反派要石西民交代将方令孺拉进党内的"罪行"。巴金为老友担心，那年老体弱的方大姐能经住这样的折腾么？这日子怎么过，怎么熬？

巴金与萧珊

满眼看到的都是"打倒",他的心冰凉了,要不是为了萧珊,为了孩子们,他是难以支持下去了。在这梦魇般的年代里,偏偏时光老人的两腿像陷在了泥淖中,每走一步都艰难。不光是白天难熬,夜晚也不好过。噩梦连篇,三头六臂的鬼怪常常张牙舞爪地向他扑来。他说他白天低头沉默,梦中大声怪叫,他不敢学钟馗打鬼,挥舞双臂只是自卫,却打碎了台灯的灯泡。从1967年和1968年开始他夜夜同恶魔苦斗。白天的噩梦未醒,黑夜的梦又接着来临。他已经分不清白天黑夜了,巨大的精神创伤使他濒临崩溃的边缘。1970年他在干校劳动,因梦中同魔鬼打架摔下床来,撞在板凳上擦破了皮。甚至"文革"后的1978年8月在北京开会住在京西宾馆里,还因为梦中同鬼怪相斗摔在铺了地毯的地板上。到了老年,生病时竟睁着双眼看见了梦中的可怕景象。巴金说不仅"文革"中做噩梦,"文革"后也做,他说这并不是他揪住"文革"不放,恰恰相反,是"文革"揪住他不放。有时即使不做梦,单单听到某些声音,他也会打哆嗦。在四五年的长时间里,为了批斗他成立了多种专案组,又是什么"批巴组""打巴组"。其中有三四个专案人员,在巴金面前故意"做出'兽'的表情",使巴金觉得终有一天他会被他们吃掉。巴金在心里嘀咕:我已经缴械投降,"认罪服罪",你们何必杀气腾腾"虐待俘虏"呢?为此,他曾多少次向萧珊诉苦。有时他真想哀求他们开恩:"不要扭歪脸!不要像虎狼一样嚎叫!行不行?"他梦见他们果然长出一身毛,像猛虎恶狼一样扑在他的身上,啃他的头颅。他想,又不是钢铁铸成的头颅怎么经得起这样啃来啃去?后来他明白了,他的伤痕就是从这里来的,他的病就是从这里来的。于是在以后的年代里,巴金苦苦追索一个问题:人为什么变为兽?人怎样变成了兽?的确,一颗纯洁透明的赤子之心,很难理解这生活中的荒诞和污秽,也许被扭曲毒化了的人性有时比兽性更可怕。

现在正值酷暑季节,文化大革命的毒焰也越烧越烈。1968年6月18日,《文汇报》在《斗倒批臭文学界反动"权威"巴金》的通栏标题下发表了数篇批判巴金《家》的文章。6月20日《解放日报》又发表了万重浪的文章——《清算反共老手巴金的滔天罪行》。6月21日,《文汇报》和《解放日报》又在大同小异的通栏标题下报道了电视批斗大会的情况并发表整版的文章。《文汇报》有《反共老手的新表演——彻底清算巴金解放后反党、反人民的反革命罪行》《请看巴金卖国求荣的汉奸嘴脸》。《解放日报》有《巴金是反动透顶的汉奸文人》《反共老手巴金的爱和憎》；等等。无须去看这些文章编造了什么内容，仅仅这标题就比咆哮的恶兽还狰狞，好像一定要把一个爱祖国、爱新社会的正直作家生吞活剥似的。且不说他们对肉体的摧残，这种精神的屠戮比起纳粹的杀人工厂来也毫不逊色。

就在这一年的8月，作家杨朔被迫害而死。12月，著名戏剧家田汉和著名京剧表演艺术家荀慧生都被迫害而死。

这时的巴金也屡屡受到死神的诱惑，"以为眼睛一闭就毫不知觉，进入安静的永眠的境界，人世的毁誉无损于我"。但他又不能不考虑自己死后，家人将落到怎样悲惨的境遇中。经过千回百转的思想斗争，他认为，自杀就是逃避，就是把自己忍受不了的痛苦，让妻儿去忍受，将自己种的苦果让妻儿吃下去。这"未免太不公道"。于是，他终于放弃了这条路。

逐渐地，巴金看出，那些改造者、批判者是在做戏，是一群不折不扣的骗子，他的心开始变得冷漠起来，也顽强起来。

9月，他们随作协从巨鹿路迁到石门路，住进一座大楼上的"大牛棚"里。每天仍然是站队，背诵语录，早请示晚汇报，山呼"万寿无疆"和"永远健康"，再就是扫厕所、掏阴沟。

心头不灭的圣火

1968年10月，《人民日报》发表了毛泽东关于干部下放劳动的"最高指示"，说"这对干部是一种重新学习的极好机会，除了老弱病残者外都应这样做"。这时，巴金等人也被弄到上海郊区松江县辰山公社参加"三秋"劳动。当然，他们属于监督劳动。当他们被押出牛棚时，工宣队、军宣队和"广大革命群众"还夹道"送行"，振臂高呼"横扫一切牛鬼蛇神"。他们集中住在辰山脚下某单位的一间屋子里，就地铺些稻草，做成两排通铺。地面很潮湿，夜晚，身子下面会冒出一股股的水汽。但他们一住就将近一个月。因为是监督劳动，有人日夜看押。早晚集队出工收工，都有人在队伍后面押解。据说，其严厉程度颇似狱卒看管犯人。

巴金被分配在加班干夜活的分队里，早出晚归。从这时起，每当晨曦微露的清早，暮色苍茫的夜晚，在乡间的田埂小道上，总有一小队人在逶迤前行。排在队伍稍前面的是巴金，他戴着一顶小草帽，努力支撑着身子，尽力把脚步走稳。晚上归来时，他已用尽了全身的力气，显得有些狼狈。小草帽背在背上，露出了那一头白发。腿脚不灵，一跛一跛地踉跄前行。作协上海分会的这群文化人给偏远乡村增添了一道独特的风景线。

除了劳动改造，批斗会是必修的课程，田头批斗会也是当时的一景。劳动完毕，就在地边田头拉出一两个"牛鬼"示众，召集社员们围拢过来，由村支部书记或造反派头头训话，让苦大仇深的贫下中农控诉，"牛鬼"出来自报罪行，再高呼一阵"打倒""清算""批臭""横扫"之类的口号。这批斗会也不比城里的逊色。巴金因为出身官僚地主家庭，又写了"为地主阶级树碑立传"的《家》《春》《秋》，他是最受人注目的。多少次他都被选中来扮演这一场场疯狂戏剧的主角，让大家团团围着，斗上几个时辰。这时的巴金虽然劳动竭尽全力，但他的脑子已不是百分之百的顺民的了。他常常想，《家》的反封建的主题为什么会刺痛了一些人？而他们那些明明是出土文物的货色却偏要乔装打扮，贴上"革命"和"社会主义"的标签。他们真是一群运动群众，愚弄群众的骗子。现在他们又恬不知耻地来愚弄朴实善良的农民。

在这一年秋天的一个下午，巴金又被拉去开"田头批斗会"。造反派向农民揭发巴金的种种"罪行"。在这次会上，有一个人诬称巴金每月领取上海作协一百元的房租津贴。不仅巴金知道他在撒谎，他自己也明白是在说假话，但他言之凿凿，煞有介事，没有丝毫亏心的表情。巴金为他这种神态感到悲哀。但巴金主要是自责，他说他自己就相信和传播过假话，即使有疑惑和不满，也全部咽在肚里。正因有了不少像他这样的人，假话才有畅销市场，说谎话的人才能步步高升。

在这近一个月的劳动中，巴金虽属老弱者，干的却尽是重活。吃饭也被克扣，只有吃大麦、苦菜煮成的"忆苦饭"，他们的搪瓷缸子才会被装满压紧。

月底，他们又回到市区石门路的"大牛棚"里，继续接受工宣队的批斗。因目前正在清理阶级队伍，巴金他们也不时地被拉去参加"宽严大会"。这也是继续接受改造的一种形式。的确，巴金无时无地不在接受各种形式的改造，"文革"一开始，他就收到一封读者来信，说他的笔名要不得，是"四旧"，是崇洋媚外，应当"砸烂"。当时巴金胆战心惊，立刻回信表示同意他的意见，说以后绝不再用。现在，有人又从另一方面开刀，对他进行改造。事情是这样：有一天，作协的十几个"牛鬼蛇神"被一个过去的勤杂人员召集起来，听他训话，他在骂了一通之后勒令他们改剪平头。他们当然只能照办。巴金回到家中对萧珊说起这事，萧珊立刻拿起一把普通剪刀在巴金的头上动了一阵,说"可以"了。这样便应付了监督组的"改造者"们。虽然有时偶尔走到镜子面前,看到有点不顺眼,但以后每次去理发店,总还是小心嘱咐理发师"剪平头"。仅从以上两件小事也可看出"监督改造者"的"智慧"和"决心"。他们一定要将巴金来一个彻头彻尾、彻里彻外的改造,把他身上的"四旧"和"封、资、修"全部革掉。这群"改造者"的"革命性"也便借此彰显出来。

巴金在"牛棚"里学习时,从广播中听到了一条重要消息,这是刚刚发表的毛泽东关于"知识青年到农村去,接受贫下中农的再教育,很有必要"的"最新指示"。这在巴金的头上又笼罩上一片愁云。他不为十八岁的儿子担心,但不能不为病中的萧珊担心。他自己的"牛鬼"身份使他没有自由行动照料萧珊的可能性,家中跑里跑外的许多事都得靠这个男孩,如果他一走,这个家就愈加举步维艰了。可是巴金和萧珊没有任何办法。他们唯一能做的是赶紧为儿子做好一切准备工作,积极响应号召,到农村的广阔天地中去"接受贫下中农的再教育"。虽然春节即将来临,他们也不敢留自己的孩子在上海多住几天。1969年1月2日,这位衰老的父亲和备受疾病煎熬的母亲便亲自将儿子小棠送到公共汽车站,再由一位亲戚将他送上火车,奔赴安徽嘉山县明光村去插队落户。如今这个家越发四离五散了。家庭的重担还将由萧珊那瘦削的肩膀勉力地挑起来。

3月底,作协由石门路迁回了巨鹿路旧址。这时巴金和王西彦、魏金枝等人被"从宽",允许他们参加革命群众的学习会。情况仿佛略有改变,监督也不像过去那样严格,傍晚回家时,相互可以交谈几句,也不至被人斥责,于是大家互慰互勉。他们有一句共同的格言:"一定要支持下去!要保重身体!"作家王西彦把从石门路到巨鹿路的这三个月时间,称作他们"牛鬼"生活史上的"黄金时代"。不过,那在前方闪耀的一线曙光很快就消失了,依旧是电闪雷鸣,风雨交加。因为张春桥又下了黑指示:"上海作协没一个好人,不存在解放人的问题。"

他们仍然在各种名目、各种形式的批斗会上做各种靶子。忽然有一次,巴金在学习毛泽东《在延安文艺座谈会上的讲话》的会议上作思想汇报时,"班组头头大加表扬",并且把他写好的"思想汇报"挂出来,加上按语，说他"有认罪服罪的诚意"。巴金同萧珊谈到被表扬的事，两人都莫名地怀着一份希望。特别是萧珊，昼夜盼望"大赦令"能尽快颁布下来。却不料巴金又被揪出来批斗，并且扣上了新的罪名："假意认罪，骗取同情"。真是翻手为云，覆手为雨，黑白任意颠倒，他们又一次受骗，又一次受到了最残忍的愚弄。他感到吃惊、痛苦、空虚、幻灭……过去在那么长的时间里为了赎罪，为了净化自己的灵魂，为了自我改造，忍受了多少折磨和煎熬，原来是一场大骗局！以后的路将怎样走？生命的存在还有什么意义？死亡在招手，在诱惑……让这混沌的一切结束吧，一了百了，多干净！他面向死神，径直走去。可是，有一个那么温柔的声音在呼唤他，有一只温暖的手在拉他的手，有一双明亮的大眼睛、一张亲切的笑脸在他面前，这一切隔开了死神的利爪和它扑过来的黑色的衣衫，他的头脑一下清醒起来：这样轻率地结束一个生命，这是多么简单容易的事，而把一切难题，把一个复杂而残酷的世界留给别人，把自己肩上的责任通通卸给别人，这难道就是你的选择？巴金开始分析自己，分析他几年来所想所做的一切，也分析他周围的人。即使是在批斗会上，他也能分析研究那些批判稿，分析研究那些发言的人。他冷眼回顾过去的几年时光，他为自己的幼稚、愚蠢，为那钻进魔术箱而脱胎换骨的幻想不禁发出轻笑。从外表看来，巴金没有任何改变，他还是低头沉默，老实顺从，还是忍受折磨"认罪服罪"，可他自己的头脑活起来了，它能清楚地分辨是非。他之所以服从，是为了"一定要活下去，看你们怎样收场"！他时常想起他和萧珊相互鼓励的那句话："坚持下去就是胜利。"这时，他确信，胜利者决不会是那群人。

不久，他们又被派往辰山公社参加"三夏"劳动。这次他们的住宿点被安排在离风景优美的佘山很近的一所小学校里。尽管风景优美，可这群人整日低头认罪，岂敢抬头欣赏风景？在教室里的泥土地上铺着薄薄的一层稻草，这就是他们的床铺了。据说这次分组居住，不按罪的轻重，而按是否打鼾来划分，他和王西彦同在打鼾室，全室共住十多人，熄灯后鼾声雷动，此呼彼应。他们居然睡得那么香甜！任随你运动一浪接着一浪，名字上都打着红色的××，可这群人一副"老运动员"的派头，见惯不惊，视若无睹，泰然自若。

这时正赶上全国疯狂地学习样板戏的高潮，各省市的报刊在同一天用整版整版的篇幅刊登样板戏。巴金他们也被指定安排学习。他们的学习也几乎是程式化了的。巴金说，他们总是"先把'戏'大捧一通，又把大抓'样板戏'的'旗手'大捧一通，然后把自己大骂一通，还得表示下定决心改造自己，重新做人，最后是主持学习的革命左派把我骂一通。"在这次的学习会上，巴金想尽力表现好一些，以便第二天能顺利地回上海休假三天，不至受到留难。他说："我讲话向来有点结结巴巴，现在尽讲些歌功颂德的违心之论，反而使我显得从容自然，好像人摆地摊倾销廉价货物一样，毫无顾忌地高声叫卖，我一点不感觉惭愧，只想早点把货销光回房休息。"巴金虽然受了不少训斥，但他终于过了这个"学习关"。只是，当他回到自己的房间在一条长凳上坐下来时，他的心开始隐隐作痛，这痛一直带到上海，因而破坏了他同萧珊短暂相聚的幸福。

巴金并没有做好长期在乡间劳动的思想准备，原本期望任务一完就回上海，可偏偏这时林彪下达了他的"一号通令"，要"加强战备"，在乡间劳动的人都不能回城。于是巴金他们不仅从"三夏"劳动到"三秋"，又从"三秋"劳动到第二年的春节。在冬闲的时候，斗、批、改加强了，为了创造"战绩"，连鸡蛋里也能挑出骨头。有一次，一个"左派"忽然从巴金的旧作中发现了"腹地"二字，于是拿到会上大批特批。巴金这篇文章的题目是《给一个中学青年》。"九一八"事变后，一个中学生写信问巴金："该怎么办？"巴金回答说："第一，我们没有理由悲观；第二，年轻人还有读书的权利，倘使不得不离开学校，应该去的地方是中国的腹地，是人民中间。"在1937年出版的《辞海》里对"腹地"二字的解释是："犹云内地；对边境而言也。"可是批判者硬要巴金承认，这"腹地"是指苏区，是"心腹之患的地区"。因为苏区是国民党的心腹之患，所以是要青年到苏区去搞破坏活动。巴金当然不能接受这种古怪的解释，但他怎么分辩也没用。虽然在班组学习会上他受到了猛烈的围攻，可他仍坚守阵地不肯退却。当时只有一个人同意巴金的说法，他就是文学评论家孔罗荪。但他也是"牛鬼"，没有发言权，只是当别人问他"腹地"应作何解时,他说,"腹地"就是内地。为此,他不可避免地遭到了训斥。

因为在班组学习会上不能让巴金缴械投降,就召开全体的批判会。会前主持人先找巴金谈话并进行威逼,巴金感到恶心,却仍坚持"腹地"只有一个解释,就是内地。但是在批判会进行的过程当中,发言人像连珠炮似的接连问他:"腹地是不是心腹之患的地区?"他忽然感到厌倦,不想再坚持下去,便说"是"。那人接着又问:"你以前为什么不承认?"他迟疑了一下之后回答说:"以前我害怕。"于是他们很得意,以为大获全胜了。而巴金感到无限的疲惫和厌倦,他真想倒下去,不再起来了。这当然只是当时的想法。事后巴金发现孔罗荪有些狼狈,因为他站出来辩护,而当事人自己却承认了。巴金觉得在他面前,自己很惭愧。

还有一次,"监督者"从他的思想汇报中摘出了这样一句话:"不劳动就丧失了生存的权利。"便展开了一场猛烈的批判,诬他借此翻案。虽然这时谎言满天飞,这句话却恰恰是巴金的真实想法。他对劳动一贯认真的态度,正好说明了他的观点。现在他无权写作,对待体力劳动则毫不含糊。

但是从这以后,巴金有了一个想法:"伟大的中国人民难道会让骗子们长期横行下去吗?"以后他常常这样问自己,一直问到1976年的10月,"四人帮"垮台!

巴金还在辰山公社劳动的时候,便听到自己即将被转移到奉贤"五七"干校去的消息。因此,他回家休假时便积极做好了长期下乡劳动的准备工作。

在去"五七"干校的前夕,巴金在他家走廊上的旧书堆中找到一本居·堪皮(G.Gampi)的汇注本《神曲》的《地狱篇》,他又细细地读了其中的一些段落,兴奋极了,好像发现了一件宝贝,因为其中的话语讲出了他现时的一切感受。他很想把这本书带在身边,随时翻阅,他可以和这位意大利诗人谈心,这是多么美妙的一件事!遗憾的是书太厚,携带不便,而且容易引人注意。于是他用一个薄薄的小笔记本抄写了第一曲带在身边。后来的事实证明,这本小东西给了他多大的支持力量!

"五七"干校设在东海之滨——上海郊区奉贤县境,是地处海塘之外的一块狭长的盐碱地。作家王西彦称这里是"劳动营",当然这是对他们这一群而言。在这里,表面上看他们的政治状况似乎有所改善。可以不佩戴"牛鬼"的符号,不再排班站队,不再被押进押出,同"革命群众"一起劳动,晚上一起住芦苇棚,实际上他们的一言一行、一个眼神、一声叹息都被人严密监视。王西彦的感受是"无所逃于天地之间",沉默的巴金也不会比这更强。

他们来到这里的第一项劳动是修整和加固他们的住房——芦苇棚。在棚顶上先铺一层油毛毡,再盖稻草,在用芦苇夹成的墙壁上涂上一层泥。巴金和王西彦被派遣搬运稻草。在这劳动场上满地是捆扎稻草后丢弃的竹头和铁丝。稍不留神就会摔跤。再加上海风的呼啸,监督者的厉声斥骂,冻僵了的手脚又极不灵便,摔跤更是常事,何况巴金是年近七旬的老人。王西彦说:巴金摔跤次数最多。严冬的风雨之夜,开会、上厕所的泥泞路上,听见摔跤的声音,十之八九是巴金,他的衣裤上时时都留着一块块的泥污。

这里睡的是上下铺,"牛鬼"们都被安排在上铺,白发老人巴金也不例外。在一天繁重劳动之后,他全身的骨头架子好像散开了似的,真想就地躺下休息,但怎么成呢?他只好艰难地爬到上铺去。朔风怒号,芦苇棚吱嘎吱嘎地呻唤,雨水顺着油毛毡的缝隙流下来,睡上铺的人自然是首当其冲。巴金轻轻挪动一下身子,拂去脸上的雨水,他又入睡了。但是噩梦还饶不过他。他被三头六臂的魔怪惊扰,发出恐怖的叫声,把斜对面床上的王西彦也惊醒了。有一次他竟从床上摔下来,幸好那时他已调换到下铺,否则准会落个断手断脚的结果。这一夜,从噩梦中醒来后他再难入睡,睁着疲乏的眼睛等待射进芦苇棚的晨曦。突然他看见那不久前被捶打平整过的泥地上,一株芦苇生机勃勃,十分欢快地探出了头,伸出了腰。在这样被捶被压的生存环境中,它的生命力丝毫不曾减弱。巴金看着看着,被深深地感动了。室内的人们相继起床,起初,他们的目光被巴金全神贯注的脸吸引了去,随后也将视线投向这株芦苇……

远处是芦苇排成的长堤,眼前是一片白茫茫的盐碱地,让人目光迷蒙。在凹凸不平、泥泞难行的小路上,几个老"牛鬼"挑着沉重的担子,挣扎着前行。海风呼呼地刮，衣衫都被掀起来。后面还有人大声吆喝责骂。巴金那备受摧残的老弱身躯，一下失去了平衡，他跌进路边的沟里，眼镜也跌落了，他在慌乱狼狈中四处摸索寻找，却越急越找不到，靠近他的人急忙放下担子过来帮助。

后来巴金被安排在一个巨大的粪水池边，专门负责把别人挑来的粪水倒进池里。一桶粪水四五十斤，他得使尽全力才能提起，刚倒下去，便粪水四溅。一天的劳动下来，巴金的头上、身上都被粪水泼溅，可他没有丝毫愤激不平和怨艾的神色。或者他以为，这算得什么呢？人格被泼污水比这更为痛心百倍，什么"反共老手""汉奸文人"，等等等等，那些人把他们自己脑子里的全部污浊都倾泻到了老作家身上。令人痛心疾首的日子啊！

巴金挑过稻草，倒过粪水，搓过草绳，也扫过猪圈喂过猪，他那双写过几百万字优秀文学作品的手，粗糙得赛过一个庄稼汉。过去有一次他在上海接待外宾时，一位美国诗人同他握手，接着抓起他的手说："啊！你这双手多么年轻，它给人民做出了多大的贡献啊！"不善幽默的巴金微笑着回答了一句非常幽默的话，他说："我这双手是吃饭用的，没有它们便吃不得饭了。"说着果然拿起筷子给自己拈了一块烤鸭。这位异国友人被巴金意味隽永的话语和动作逗乐了。他当然不会想到，这双手现在只能用来挑粪、运草、种菜、喂猪……唯独不能写作。

巴金带着一身的泥污和粪水的痕迹被拉到地头去批斗，多少无中生有的罪名强加到他身上，多少双手在他脸上指指画画，多少人围着他狂呼口号，说不尽的屈辱和悲痛几乎要压垮他，这就是所谓的斗、批、改。但是，批斗会一散，巴金便迈着沉稳的步子走进食堂，走近卖饭的窗口，用他那浓重的四川口音大声而平静地说："二两米饭，一个馒头。"接着就有滋有味地吃起来，仿佛什么事情也不曾发生过。

无论海风多么凌厉，气候多么严寒，巴金仍坚持冷水浴。浴室里只有零零星星的几个人在洗澡。有人看见巴金在用冷水擦洗，便问道："这样寒冷的天气，您还用冷水擦澡？"巴金眼睛里露出一丝不易察觉的笑意，回答说："因为我很爱惜我的身体。"认真擦洗之后，又拿出小梳子仔细梳理了一下满头白发,心里想:无论你们怎样摧残它,它还能支撑下去。我再也不会把残酷荒唐当作严肃正确了,再也不会用别人的脑子思考了,现在,我是我自己,我回到我自己身上了。

田埂小路上,刚刚收工的巴金从衣袋里摸出一个小本子,念念有词地诵读起来,他边走边读,十分用心。这时一个监督者不知忽然从哪里钻出来将他拦住,并把他手中的本本夺过去,斥责道:"你是来劳动的,谁让你念这些乱七八糟的东西?还是洋文!"巴金淡淡地答道:"这是毛主席语录,是意大利文版的。""啊?"监督者一愣。为了掩饰自己无文化,拿着这本语录横看竖看,最后"哦"了一声,无奈地还给了巴金。但他还不甘心,又在巴金衣袋里搜出了几本,胡乱地翻弄着。巴金急忙解释:"这也是毛主席语录,是法文版的,日文版的。"这些语录都是巴金回上海休假时叫女儿小林去外文书店为他购买的,现在他正好用来复习他的外文。因为是毛主席语录,监督者的嘴被堵住了,他一句话也说不出来,只有鼻子里哼了一声,将语录还给他,一挥手,要他走。

这时,一个"被改造者"背着小包袱一跛一跛地走来。他就是王西彦。因为患脊椎炎回上海治疗了一阵,还不曾痊愈就被逼着返回"五七"干校。巴金知道他有这种宿疾,一看见他强忍疼痛的样子,便抢前来夺过他的包袱,放在自己的肩上。王西彦还想推谢,但看着巴金形容憔悴的脸,他的喉咙被哽噎住了。却不料那监督者竟走过来责难:"谁要你替他背?"巴金嗫嚅道:"他有病……""你没病?好,你等着!"这监督者走了几步,又回过来威胁说:"我看你迟早会落到老舍他们那些人的下场!"巴金一惊,老友的名字揭开了他那尚未愈合的伤口,鲜红的血又流出来。

夜晚,他伏在宿舍里的破桌子上,埋着头,不禁悲从中来,泪濡湿了双颊,忍不住在心里呼唤着老舍的名字。他又回忆起上海的那个雨夜,在他楼下的小屋里,青年作家文放向他谈到老舍之死。还有多少次,则是那些"左"派们为了威胁他,而向他暗示老舍的悲惨结局,但他一直将信将疑,他的灵魂深处不曾接受这个事实。现在这个监督者又来抠这个伤口……

夜深了，巴金的头又痛又热，可还是想着他的老友。他还清晰地记得他们那些愉快相处的日子。巴金每次去北京开会，总要去看看老舍，他们谈了一会儿之后，老舍照例会说："我们去吃个小馆吧。"于是他们夫妇便陪巴金到东安市场一家他们熟悉的饭馆，叫来饭菜，边吃边聊，愉快地度过一两个小时。而现在，世界上再也没有这位可亲可敬的老友了。突然，巴金的神思恍惚起来。在似梦非梦的情景中，他看见一片黑色的湖水，哦，这就是太平湖！一个羸弱的老人像一个忽隐忽现的影子似的在湖畔徘徊……扑通，一个沉雷般的声音传来，湖中水花四溅，然后现出一个巨大的漩涡，逐渐荡漾开去……巴金的眼睛直勾勾地看着湖水的漩涡，旋即惊恐地叫了一声，扑了过去。他差点儿摔了一跤，嘴里犹自含含糊糊地说着："你……你怎么能这样……"

他看见仿佛是一张破席覆盖着什么，巴金异常惊恐，他几乎站立不稳了。忽然一阵开朗的笑声响起来，是老舍那和蔼亲切的面影发出来的笑声。巴金在低语："我知道我们会相见的，我们终于又聚到一起了。"窗外传来呵斥声，巴金跌倒在地上……难友来扶他，发现他的额头滚烫。巴金微弱地自语："这段时间以来，我总是这样做着白日梦……"

又是一个黄昏降临了，暮色笼罩了干校。一个监督者在干校的空坝上用力地吹着哨子，一边又高声喊着："紧急集合，紧急集合，去镇上看电影！"

人们三五成群地走来，正在集合整队。巴金的一个同事站出来喊着："报告，巴金好像是病了，在发烧，能不能请假不去看电影？"监督者厉声答道："去看电影是去受教育，谁也不能不去。快去把他叫来！"队伍很快地集合起来。巴金由他的同事搀扶着跟跟跄跄地走来，急忙站进队伍里。监督者说："我们要跑步前去，不能误了时间。"说着，大声下口令："立正，向左看齐，向左转，跑步走！"这支老、中、青齐全的"牛鬼"队伍在暮色中行进着。巴金头痛欲裂，东倒西歪地极力跟上队伍。一到露天电影场，还不待重新整顿和调动队伍，他便跌坐在地上。因为场内马上就熄了灯，电影已经开演了，他总算逃过了一顿责骂。很快，银幕上映出了《英雄儿女》四个大字，一行小字是根据巴金小说原著《团圆》改编。旁边有人在谈论，说这部影片是为纪念抗美援朝胜利二十周年上演的几部影片之一，是周总理亲自挑选出来的。这时，这支队伍里四面都发出压低了的叽叽喳喳声，人们在议论什么是显而易见的。一个负责人走过来，同那个带队的监督者低语："巴金来了吗？""来了。不知道今天正巧放映这部片子。"负责人无奈地说："最近城里乡里都演这部片子。""我马上叫他回去！""算了，算了！"忽然一转念，"还是叫他回去吧！"监督者走到巴金面前："巴金，你先回去吧！"巴金应着："是！"一个"被改造者"发问："怎么，不让他受教育了？"监督者眼珠一转："他生病，就不必看了。走吧，走吧！"

在黑暗的乡野小路上，巴金老人深一脚浅一脚地走着。他自嘲似的低语："在这场荒诞戏中，他们又硬把这个可怜又可笑的角色派给了我。"他在一个土坎上坐下来喘息，心里想着，被践踏被摧残的并非我巴金一人。这个疯狂的年代，捉弄了整整一代知识分子啊！

巴金跌跌撞撞地走进了低矮的芦苇棚，他想起了《神曲·地狱篇》。他的心灵在呻吟："我走进'牛棚'的时候，就像到了炼狱中，我正忍受熬煎。"忽然他听见一个浑浊沉重的声音打入他颤抖的心房："经过我这里，走进痛苦的城，经过我这里，走进永恒的痛苦。"他跌坐在自己的铺位上，痛苦迷惘的目光茫然地望着前方。他的心灵又在呻吟："我仿佛站在阿克龙特的河岸上，等着白发的卡隆把我当作'邪恶的鬼魂'渡过去。真是一场但丁式的噩梦啊！"他和衣倒下去，眼前产生了幻觉，他看见白发老者卡隆驾着小船来了。卡隆用嘶哑低沉的声音一字一字地念着："我来引你到对岸，到永恒的黑暗……"

一夜的梦魂颠倒……

巴金揉揉眼睛，他又回到了现实。他的头很沉，他用手摸摸额头，还很烫。但对自己说："我能经受住地狱里的考验。"于是他挣扎着起了床，不料一会儿就有监督者来找他谈话，问他对上演《英雄儿女》有何感想。巴金的回答非常机智，他说："影片是编导和演员的成绩，与我的小说无关，小说还是'毒草'。"即使巴金这样表示，却仍然得不到谅解。还有人写汇报，说巴金"翘尾巴"。于是那位在干校领导运动的军代表便将巴金狠狠地训斥了一顿："你不要以为电影又上演了它就没有缺点，我看它有问题。"对此，巴金默无一语。只是这时的巴金确实已不像过去那样恭顺，迷魂汤在他身上已渐渐失去了效用。他口中虽不辩驳，心里却想："随便你怎样说罢，反正权在你手里，你有理。"

　　巴金除了在这里忍受熬煎，还有许多地方等着他。在一段长时间里，他随时被押回上海去"游斗"，不是这个厂，就是那个校。因为他是著名作家，写了大量的"毒草"作品。他又有广大的读者，影响极大，必须押他到各处去"消毒"。巴金被整得精疲力竭，劳动的认真却始终如一。每次从上海押回干校，他总是立刻戴上小草帽，脖子上围一条毛巾，赶到劳动的场所去。

永 诀

  1972年，海滨的气候格外严寒，凛冽的海风摇撼着"五七"干校的茅草房，发出沉重的唉哼声，给人一种难耐的凄清和荒凉的感觉。就在这时，巴金从干校的广播喇叭中听到了陈毅副总理追悼会的实况。巴金几乎不敢相信自己的听觉，一位坚强、开朗、乐观、体魄健康的元帅，一个敢率"十万旧部""斩阎罗"的钢铁汉怎么可能突然逝世？在巴金的印象中，生龙活虎般的陈毅副总理无论如何不可能忽然同死亡连在一起。但是当巴金从报纸上看到毛泽东戴着黑纱忧伤地站在灵前，周恩来总理在悲痛地致悼词的照片时，他再不能不相信，这个巨大的损失和不幸确实已经降临到中国人民的头上。

  漆黑的夜幕和侵骨的寒冷笼罩着整个干校。茅草房中疲惫不堪的人们都已入睡，巴金却怎么也无法镇静下来，他蜷缩在木板床上，觉得寒气已经冷透了心脏，头脑却一直在活动。巴金同陈毅同志没有私人交往。这位诗人元帅在他头脑中留下的鲜明印象多半是和周总理在一起。最近的一次，也是最后的一次见到周总理和陈副总理是在1966年北京市人民支援越南人民抗美救国斗争的大会上，他俩并肩坐在主席台上，神采奕奕，笑容可掬地相互交谈，那淳朴深厚的战友情让在场的人都受感动。巴金热情地凝视着，心里想，他们那健壮有力的双肩为中国人民挑着多么沉重的担子，但他们举重若轻，挥洒自如，在那么多外交场合他们的智慧和气魄赢得了各个国家的尊敬。巴金觉得作为一个中国人幸福而且自豪。作为一个上海市民，巴金非常了解这第一任上海市长为上海的建设和改造倾注了多少心血。更了解上海人民对他有多深的感情。这位副总理的形象在巴金的记忆中永远是那么鲜明生动。他"忠诚坦白，光明磊落，坦率直爽"。"他的革命热情有时候像一团火，会烧掉你一切的私心。同他接近时我觉得他像一块水晶，让你什么都看得清楚。我永远忘不了他那衷心愉快的笑容。"谁会想到，这样一位杰出的军事家、外交家会因"四人帮"的迫害而致死。巴金觉得他的心在流血。

巴金在"五七"干校整整劳动了两年半的时间。"文革"以后，有一次一位外宾同他谈到干校。巴金只说他在"干校里受到锻炼，学会劳动，学到许多事情"。但他内心的真实感觉怎样呢？他没有一天感觉到他是一个"学生"，也的确有人将他当"犯人"看待。1971年的9月底，他回上海度假的前夕，"工宣队"找他谈话时就说："根据你的罪行，判你十个死刑也不多。"言下之意是：现在还让你活着，是我们宽大。且丢开老师傅的话不谈，试问，在这疯狂的十年中，巴金受到的精神虐杀仅仅十次吗？这期间有多少流着血和泪的日子啊！

当巴金正在进行着顽强的、坚忍不拔的抗争的时候，更大的厄运向他袭来了。1972年成了巴金终生难忘的一个年份。萧珊一天比一天憔悴，她的病势十分沉重，却一直得不到认真的检查和治疗。只因为她爱人巴金被审查了几年尚无结论，她仍然是受一些人咒骂的"臭婆娘"。想看看普通门诊也不容易，排队挂号难，交通工具也难。阴雨绵绵的天气，病体不支的萧珊，只好由女婿祝鸿生用自行车推着，女儿李小林为母亲撑着伞，小跑步地跟着去医院看门诊。萧珊累得直喘息，她还向女儿女婿表示歉意："我太拖累你们了，你们请假挨批评了吧？"女婿忙安慰说："我们没挨批评，妈妈您别管这些，到医院看病要紧。"病人支持不住，只好躺在过道的长椅上等候。女儿向大夫提出，希望拍一张X光片，检查一下肠子上到底有什么问题，可医生说，X光片是战备用品，一般人不能使用。女婿小祝也向医生请求："我母亲病情很重，请您收她住院吧！"医生却说：

巴金与萧珊

"她需不需要住院,我们才知道。"就这样,病人苦苦地撑持着进一趟医院,花费半日时间,病情没查清,医生便随便开一张药方了事。日复一日,听任病魔肆虐,生命的火日渐微弱。巴金还在劳动改造中,家人对萧珊说,是不是通知巴金,让他请假回来看看,可是萧珊说:"他正在写检查,不能打岔他,等他的问题解决了再说。"尽管她受尽疾病折磨,却一直为巴金担着心思。巴金的问题一天不解决,萧珊的思想包袱便不断加重,病情也在加速恶化。又有一次,他们雇了一辆三轮车去看病,回家时却雇不到车,只好同陪她看病的朋友一块儿走回家。病人已虚弱到极点,一步步挨着,到了巷子口,她差点倒下去。请过路人去通知家里的人,正好萧珊的表侄来探望,才把萧珊背了回去。待到巴金回家休假时,萧珊已卧床不起,她看到巴金的第一句话,便是问他检查写得怎样,问题是不是可以解决了。巴金明知写检查不过是为了消耗他的生命,可他能对萧珊说什么呢?

萧珊躺在病床上,思前想后不知道怎样打发日子。在这非常时期,朋友们多半有麻烦,失去了自由,有的则成了惊弓之鸟,彼此不敢探望。不料正在这时沈从文来信了,长达五页,密密麻麻的,他谈到了许多朋友的情况,还告诉巴金和萧珊:"熟人统在念中,便中也希望告知你们的生活种种,我们都十分想知道。"萧珊含着眼泪拿着信翻来覆去地看,小声地自语:"还有朋友记得我们啊!"巴金的心里也是深深感谢这位30年代的老友。他是辗转托人才弄到巴金的地址的。在那个兽性猖獗的时代,还是无法消灭人间的真情!

后来他们千方百计,靠一位亲戚开后门,才得以为萧珊拍过两次片,终于查出患的是肠癌。以后又求朋友开后门才得以住院。但巴金的假期满了,连同两次续假住了不到一个月的时间。巴金想再续假在家中照料,眼见萧珊垂危,他怎能舍而不顾呢?工宣队的头头却硬逼着他第二天返回干校。萧珊得知这一情况,反而劝慰巴金:"你放心地去吧!"她转过头去,以免巴金看见她的眼泪。女儿女婿见此情景,实在不忍,便再次去向工宣队头头说明病情,孰料工宣队头头竟说出了这样的"至理名言":"他不是医生,留在家里,有什么用!留在家里对他的改造不利。"巴金

永　诀

除了服从，别无他法。

多么痛苦难熬的一个夜晚，巴金和萧珊都在床上辗转反侧，难以入睡。巴金为病人忧心如焚，萧珊想的更多：不知李先生的问题何时才能解决？儿子年幼，一人远在农村，已苦熬了三年，前途未卜……多少个"怎么办"在她脑子里缠绕，连一个答案也找不到。十分出人意料的是，第二天一早儿子小棠突然站到了他们面前，他得到妈妈患病的消息便连夜赶回上海。两父子仅仅碰了个面，巴金便匆匆返回干校了。儿子的篮子提着几个鸡蛋和两把挂面。萧珊看见，忙问："你哪有钱买？我们又没给你寄钱。"小棠说："是打米卖糠的钱买的鸡蛋，挂面是社员送的。"萧珊听着，流下了眼泪。

小棠从农村一回来，也知道了母亲病情的诊断结果，这两个无助的年轻人能有什么办法？他们觉得阳光也变成惨淡的暗黄色，时当夏季，却觉得身体和心脏都冰凉。夜晚，小林躲在自己漆黑的房间里暗自垂泪，她却突然听见墙角有轻轻的啜泣声，她走过去看看，弟弟正蜷缩在沙发椅上哀哭。

小林深知，癌症会给病人的身体造成难以忍受的痛楚，她感到不寒而栗。她又想起妈妈忍受的长期精神折磨，在父亲的"罪名"不断加重时，母亲常常瞪着失神的眼睛，望着天花板，一呆就是好几个小时。这种精神虐杀才是她致病的根本原因。天哪，为什么给一个真诚、热情、善良的人加上如此多的苦难？

巴金焦灼不安地待在干校里，真可说是度日如年。在上海时，他就看出萧珊的病情正急转直下，可他现在无法同家里联系，无法探询萧珊的病情。他多么害怕失去萧珊！他不能没有萧珊，这个家不能没有萧珊！他日夜都在恐怖的梦境中挣扎。有一个夜晚，他梦见萧珊奄奄一息地躺在一张老式的架子床上，这是在他家的老屋里。一个老妇端来汤药，俯身向萧珊低声呼唤："媳妇，媳妇，看你病得这样，快吃药吧！"这老妇仿佛是母亲，又仿佛是继母。巴金含含糊糊地说：

"母亲，她……病得很重！"他开始呜咽。老妇说："蕴珍，你是咱们这封建家庭的媳妇中唯一的新式女子，可是你受了这么多苦。"萧珊既无动作，也无声息，老妇用手伸近萧珊的口鼻，想试试还有没有气息。她突然惊叫起来："蕴珍，你可不能死！"在干校芦苇棚中的巴金惊呼着坐起来："蕴珍，你可不能死！"他呜呜地哭起来。

巴金一直得不到回上海的许可。但是到了第五天的晚上，干校的头头突然通知，全体人员明天一早回市区开会。这偶然的机遇使巴金又回到了家，又见到了沉疴缠身的萧珊。他们见面时，两人都呆呆地一句话也说不出来。过了许久，萧珊才说："靠了朋友的帮助，我不久可以转到中山医院。"巴金说："那你就安心治疗吧！"他还来不及陪一陪萧珊，午饭后就得去参加别人戴上反革命帽子的大会，这样"陪杀场"的事，巴金经历的绝不是一次两次。可是这次开完会回家，他见到萧珊觉得特别亲切，"仿佛重回人间"。只是这种愉快心情没能维持多久，倏忽便消失了。萧珊神情恹恹，默然无语，偶尔叹息地重复着一句话："我看不见了！"巴金不明白她的意思，便问："看不见什么了？"她才伤感地把这句话说清："我看不到你解放了！"巴金听后，心沉到了无底的深渊……

小棠站在旁边，垂头丧气，精神萎靡，好像患了病似的，晚饭只吃了半碗。这时萧珊忽然指着小棠，小声地对巴金说："他怎么办呢？"萧珊病到这种程度，她不曾为自己的病要求什么，也不曾抱怨什么，占据她全部精神世界的只有妻子的深情和母亲的慈爱。是啊，他怎么办呢？他已在农村坚持了三年半时间，真个是"政治上没人管，生活上不能养活自己"，更因为他是巴金的儿子，被剥夺了好些公民权利。"他先学会沉默，后又学会抽烟。"有人说巴金"寓悲愤于沉默"，那么这个年轻人也把陪同父母一起承受的苦难包容在沉默中了。巴金怀着内疚的心情看着他。他悔恨当初不该写小说，更悔恨不该生儿育女，到头来害了一家人。他没作声，把泪水吞在肚里。

那个工宣队头头今天通知巴金，不必再去干校，就留在市区，他还问巴金："你知道萧珊是什么病吗？"巴金回答说："知道。"其实，巴金正是从这个头头的问话里进一步证实萧珊患了绝症，并且估计到她的病大概已到了晚期，否则怎么会允许他巴金离开干校呢？他的心疼痛得战栗起来。

萧珊终于能住进中山医院的癌症病房。转院的那天，她的情绪并不好，也许她正被某种预感笼罩，有一种无法言传无法抑止的悲哀。

有一段时间，她还欣喜自己有了求生的希望，对女儿说："你爸爸很喜欢我译的东西，他说有创造性。等我病好了，一定要把那译稿完成。"

萧珊住院后的三周时间里，巴金几乎每天有半天时间守护在萧珊的床前。他感觉这是一段"既痛苦又幸福"的日子，回顾他们从相识、相爱到结为终身伴侣，有很长一段岁月是在抗日的烽烟中度过的，他们的蜜月只有三天。抗战胜利后，他为迎接新中国的诞生参加各种社会活动和政治斗争，没有时间精力去安排一个像样的家。建国后，他为新生的社会主义祖国四处奔波，亲赴抗美援朝前线，深入工厂农村，参加各种外事活动和各种会议，过着少团聚、长别离的日子，把无穷无尽的系念留给萧珊。继之而来的是"文革"的疯狂迫害，萧珊和他一同承受一切苦难，甚至为他挨过铜头皮带的毒打。萧珊可说为他付出了一切。今天他们能共同度过一段平静的时光，却是在她的病床前，而且她的病情急剧恶化，人一天天衰弱，癌细胞的发展使腹部一天天膨胀，这终于成了她的最后时刻。这就是他们的共同生活。她是一个多么单纯，多么善良的人啊！他对她的一生负有多大的责任，巴金感到深深的内疚。

萧珊的父亲也来探病了，双目失明的老人，拄着拐杖，步履艰难，他颤巍巍地挨近病床前，伸出手去摸索，摸到了手，手臂上方吊着输液瓶，摸到了头和脸，鼻子里插着氧气管……"孩子，你的病……"两行老泪流下来。萧珊强撑着："爸，我……很好。"她不愿意父亲了解这些，低声央求家人取掉这些管子，小林劝慰着："妈妈，不能。"巴金心里很清楚，老人这是来同他的女儿告别来了。

萧珊也在静静地体味着她那痛苦中的幸福，或者说是忍受着幸福中的痛苦。病魔饶不过她。仅仅过了半个月，医生便告诉巴金说萧珊的肠子已被癌细胞堵塞，必须立即开刀。开刀也可能出问题，不开刀更危险。总之前面是狼，后面是虎。巴金同意开刀，便去向萧珊说明。这时萧珊那双明媚的大眼睛里饱含着热泪，久久凝视着巴金，只说了一句："看来，我们要分别了。"巴金用嘶哑的声音回答了一句："不会的……"这句话连他自己也不相信。"要分别了",这个在任何艰难环境中都永远坚定地对巴金说"我和你在一起,我相信你,我永远在你身边"的忠诚伴侣,今天却说出"我们要分别了",这句使灵魂震颤的话语让巴金的整个世界改变了颜色!幸而那善良的护士长插进话来:"我陪你,不要紧的。"这句平淡又恳切的话像严冬的一缕阳光暖进人的心里,而且具有多大的支撑力量啊!萧珊回答:"你陪我就好。"

萧珊被推进了手术室。手术一直延续了几个小时,在走廊上等待着的亲属就像等待生死的判决,而且这种痛苦的等待,长得像一个世纪。她终于平安地出了手术室,由儿子小棠将她推回病房。却不料两天后小棠也因肝炎住院。儿子的病是艰苦而又缺乏营养的农村生活给他的"馈赠"。不知萧珊是怎样得知了消息,她不断地向巴金询问:"儿子怎么样?""棠棠怎么样?"一个垂危的母亲还在为儿子的病情焦虑,多么残忍的生活!晚上,巴金回到空寂的屋子里,他的心向命运发出一声摧折灵魂的呼号:"一切都朝我的头打下来吧……我受得住!"

小棠在护士长的帮助下,妥善地住进了传染病院,母亲的心却一直是悬着的。小棠是她钟爱的孩子,但是有什么办法呢,她自己也正岌岌自危啊!她还担心着每天输血、输液、输氧的费用,常常带着歉然和请求原谅的神情说:"这该怎么办?"或者向巴金说:"你辛苦了!""我把你拖累苦了。"巴金握握她的手,阻止她这样说。她便不再说话,安安静静地忍受着病痛。不呻吟,也不昏睡,睁着明亮的眼睛望着,一直望着。巴金是多么惧怕,他怕她眼中的光亮熄灭,怕她离他而去。这时巴金忍不住诅咒他自己所写的十四卷被称作"邪书"的作品。他甚至愿意为此受到千刀万剐,只求他的萧珊能安静地活下去!

虽然萧珊十分虚弱,星期六那天她还是喘息着对巴金说:"这些天你一直守我,太累了,今天你早些回家。明天是星期天,你一定在家休息半天。表妹答应来照顾我。"正巧第二天上午,防疫站因为巴金家发现肝炎病人前来消毒,巴金只好留在家里。不料,午饭时电话便发出低沉呜咽的极为不祥的声音,巴金抖着手拿起话筒,医院里的人说萧珊病危。等他们赶到医院时,萧珊已被移到担架上,白布单蒙住了她!巴金绝没想到,萧珊会走得这么快。她手术后才过了五天。事实上，萧珊的手术已经太迟，她是带着永远不能愈合的伤口走的。据表妹说，萧珊在弥留之际只说过这样一句话："找医生来。"医生来了，见她没什么情况便走了。于是她"沉入了睡乡"。等护士来打针时才发现她已永别了这个世界……

在过去的年月里，巴金一直在为国事忙碌，他和萧珊总是一次离别接着一次离别，他安慰萧珊说："把希望放在未来吧。"可是萧珊还不曾得到这个"未来"，便离开了人世。巴金也曾说过："我做梦也想到我们围炉坐谈的将来。"可见他多么企盼着团聚的温馨，多么渴望着家庭生活的幸福。但萧珊这么匆忙地离去，她带走了巴金梦寐以求的那个"将来"。

遗体还不曾送进冷库。巴金弯下身去把那个带点人形的白布包拍了几下，哭着唤她的名字，连连说："蕴珍，我在这里，我在这里。"他的心在泣诉："我没有和你诀别，我有许多话没能向你倾吐，以后我将向谁去说？你也不曾说出一言半语的告别或叮咛的话，就这样默默地离我而去了。你身边没有一个亲人，你死得这样凄凉！"巴金忽然想起，她说"找医生来"，说不定是说"找李先生来"，因为临终前的语言难以说得清晰。可是到底她没有最后一次见到她钟情一生的李先生！巴金千万次地思索这个问题。这在他心里留下了永恒的遗憾。

这一年，萧珊年仅五十五岁。

巴金絮絮地念着："我的家倾覆了，在国家民族的灾难中我这个幸福的家破碎了！"他记得母亲对人说，"萧珊是我们这个封建大家庭中唯一的新式女子"，可是谁会想到，她也没能逃脱同样的命运！

他整夜不能入睡，眼前时常出现幻影，仿佛是他和萧珊带着小林、小棠在复兴公园里，孩子们在互相追逐，他俩则亲切地交谈着……又像是在新安江的工地上，萧珊兴奋地指画给他看……

火葬场的告别仪式又把他带入悲惨的现实生活。他又看见这个和他相伴三十多年的伴侣的遗体，他知道几秒钟之后，她就会化为一缕青烟升入浩渺无际的永恒的太空，那里不会有这么多忧伤和烦恼。他轻轻低语着："……这仪式虽然没有悼词，没有吊客，只有一片哭声，可是这骨灰盒里还有你的骨灰，将来可以和我的混合为一。而不像我的一些朋友，骨灰盒里只有一副眼镜或一支金笔,这可是一件足以告慰我们的事情啊!"

女儿在一个角落里哀哀哭泣,儿子还在住院,不知道他最亲爱的母亲已经去世。另外还有一个年轻人怀着沉痛的心情,千里迢迢来同她告别,他就是他们的亡友马宗融和罗淑的儿子马少弥。萧珊曾像母亲一样收养照顾了他好几年。他知道,如果他不能前来见她最后一面,他的心将永远不安。这位搞钢铁的专业人员,他的心却不像钢铁那样硬。

……萧珊紧紧地闭上了她那双美丽的眼睛,"她的满头黑发铺撒在停尸床上。她那肝肠寸断的李先生穿着不整洁的白衬衫站在她的旁边",巴金请别人为他和他最亲爱的人留下最后一张合影。他那满脸凄楚的神情和这悲凉的死别情景,让旁观的陌生人也为之泪下。

有朋友劝巴金把萧珊的骨灰安葬,巴金没有这样做。因为萧珊是他生命的一部分,她的骨灰里有他的血和泪。将来,他们的骨灰要掺和在一起。现在,他想把骨灰带回家放在他的卧室里,他觉得这样就像萧珊仍然和他在一起。孩子们劝爸爸说,现在带回去太影响情绪。于是在火葬场放了三年。最后巴金还是要把它带回去放在自己屋里。那样,他有时就可以对着骨灰盒诉说自己的心事,他也会听到萧珊的声音。

一个年轻、活泼、单纯、善良的人就这样结束了自己的一生。巴金说:"这就是她的最后,然而绝不是她的结局,她的结局将和我的结局连在一起。"

郁闷的夜笼罩着一切。巴金独自在简陋狭窄的居室内踱蹀,他念叨着:"三十多年的共同生活,从前每次我回家,迎来的总是一张笑脸和一声亲切的呼唤,她的话语永远饱含着温暖和安慰。现在,这一切都随她而去了。""我比她大十三岁,为什么不让我先死呢?她有病得不到及时治疗,以致肠癌变成肝癌,只因为她是我的妻子!"

巴金坐在一张旧书桌前的藤椅上。桌上摊着稿纸,他想写一篇悼念萧珊的文章。五十年来,巴金有了这样一种习惯,当感情无处倾吐时,往往求助于纸笔。可是,现在这稿纸上还不曾写下一个字。一连几天,他面对着摊开的稿纸坐上三四个小时,却写不出一句话。他痛苦地问自己:"难道给关了几年的'牛棚',真的就变成'牛'了?头上仿佛压了一块大石头，思想好像冻结了一样。"他索性放下笔，什么也不写了。他从抽屉里取出萧珊的照片，小心翼翼地用手绢揩拭着镜框，深情地凝视着亲人。

　　天不亮巴金就醒了，他从室内走出，在廊檐下站着。在黎明的昏暗中，他忽然看见一个十八九岁的女孩，她黑发覆额，一双明亮的大眼睛微露笑意。巴金揉了揉自己的眼睛定睛望去，这双眼睛忽远忽近、忽左忽右地移动，它时而喜悦，时而哀愁，时而泪光莹莹。朦胧的晨曦使他无法看清他想看的一切。他向前走了一步，那双眼睛隐没了。当他颓然地坐到椅上时，这双眼睛又出现了。这就是三十六年前他在上海结识的，被他称作"小女孩"的姑娘——蕴珍。

　　这清晨突然变得像夜一样漆黑。一阵隐隐的雷声和风雨声倏然掠过，巴金一震，不由得站立起来。在黑暗中他看见了萧珊那张憔悴的脸庞，依旧是一双美丽明亮的大眼睛，就像晚霞忽然在他面前闪过。风雨声更急骤了，晚霞的光亮熄灭了，巴金喃喃地念着《神曲》中的话："你们进来的人，丢开一切的希望吧！"

"我是靠友情生活到现在的"

黯然的黄昏,巴金孤寂地坐在他家庭院中的一把藤椅上,他仿佛在沉思,却又像茫然无所思地坐着。一个邻居引进一位陌生的客人。巴金站起来迎接客人,他正想询问,那人低声说:"我是受人委托来看望您的,有许多日本朋友四处打听您的消息,听说不让您出来,他们想不通;巴黎的法国友人也通过各种渠道探听您的消息,他们急切地想知道您的安危。"

巴金非常感动,他说:"请您设法转告这些友人,说我很好。我衷心地感谢他们。"

在这种时候,这位陌生的客人也不敢久留,唯恐给巴金招来麻烦。他又低声说:"请您放心,我一定设法转达。请容许我现在就告辞了。"

巴金紧紧握着客人的手,表示深深的谢意。

客人离去后,巴金仍然坐在那张藤椅上,他思绪起伏,不禁回忆起1966年在北京参加亚非作家紧急会议遇到中岛健藏时的情景。当时他们看到巴金仍然出来活动,一再说"这样我们就放心了"。谁曾想到,会议一结束,巴金便坐在了达摩克里斯那用一根头发悬挂着的宝剑下面,这剑随时会落下来,让他跌进灾祸的深渊。巴金尽管落到了这样的境地,可是这些朋友仍然牵挂着他,关心着他。

巴金一生珍视友情,他说过:"哦,友情是生命中的一盏灯,离开了它,我的生存就没有光彩,离开了它,我的生命就不会开花结果,我不是用美丽的辞藻空谈友情的。"巴金又获得了战胜逆境的勇气和力量。他站起来,很有精神地活动着筋骨。

1972年8月下旬,萧珊去世不久,翻译家查良铮(他是萧珊在西南联大的同学,也是40年代知名的诗人,曾用笔名穆旦发表过不少作品)便给巴金来信对他表示慰勉,巴金深为感激。

同年9月,巴金得到了工宣队头头的通知,结束了在"五七"干校两年半的劳动生活,仍回巨鹿路上海作协去参加劳动和学习。到这时为止,巴金已被批判审查了七个年头,不论他们批斗的声势怎样大,花样怎样多,巴金依然是巴金,他仍保持着自己的本来面目。然而这些人却认为巴金已经被彻底斗倒和批臭了,已是一只"死老虎"了。批斗的次数大大减少,虽然有时在小组学习会上还会受到围攻,那阵势已是强弩之末了。

就在这一年的11月4日,巴金给杨苡写了一封信,这也算是他对杨苡的几封信的回信。杨苡在"文革"开始不久,曾给巴金写过一封短信。在当时的情况下,信的内容只能是说些我们要相信群众,相信党,努力改造世界观,同修正主义划清界限之类的官话。不久,对杨苡的大字报也铺天盖地而来,弄得她"六神无主,魂不附体"。这时巴金已经开始受批判,自然不敢给杨苡写回信。后来杨苡又"偷偷写过第二封短信叫人借去上海之便带给萧珊",不知为何这封信也没带到。1972年4月杨苡被宣布"解放",这时她又开始打听巴金一家的情况。这一年的10月,杨苡打听到上海作协书记孔罗荪在奉贤县文化干校劳动,经过"考虑再三"才给他写了一封信,并附有给巴金的信,请他代转。不久罗荪回了信。但孔罗荪因自己"问题尚未解决",对这样的通信感到胆战心惊,既怕招来灾祸,又恐殃及他人。附信虽未代转,却谈了不少巴金家的情况。信是这样写的:

杨苡同志:
10月8日来信已收到。得悉近况甚慰。附信未能代转,因有所不便,想当能见谅。李已于8月初即离干校返沪,当时因陈蕴珍患病甚重，由他去照顾，而陈因所患癌症，已于8月中旬不幸去世。故李即留在上边，未再下来。他仍住武康路一百一十三号原址，问题尚未解决，此信是否要发，请你考虑。如写信去，也不要提到曾要我转信一事，陈去世一事，也不要提是谁讲的，免得麻烦。原信附奉。小林已结婚，也住在他家，小棠在农村。

我仍在干校，因问题未最后解决，通信多所不便，请不要再来信，容候解决，当再奉告，以谢关怀。余不一一，祝好！

荪　10.14

一封寥寥数语的短信，却让我们看到在"四人帮"的恐怖政策下，知识分子临渊履冰的惶恐精神状态。孔罗荪曾在巴金为"腹地"二字遭到诬陷，受到围攻时，站出来为他辩护，那些人对他俩的关系当然会更加严密注视，稍不留神，又会掉进陷阱里。

杨苡从孔罗荪的信中得知巴金一家并未从武康路住所被赶出来，这才写了一信。而且只敢写给小林，问候他们全家。

巴金11月4日的回信也只敢署上李尧棠这个学名。巴金信原文如下：

静如：

看到你给小林的信，很感谢你的关心。我还记得文化大革命初期你寄过一封信来，我当时已靠边，无法回信。这些年我和蕴珍也常常惦记你们一家，可是一直无法知道你们的情况。我想总有一天会得到你们的消息。蕴珍也是这样想，但她等不及，病故了。我身体较好，也比较想得开，受到的冲击也不算太大。在干校住了两年半，因照料蕴珍的病，回到上海，就留在上面，仍在靠边，每天到单位学习（自学）半天。开始在认真读书，学习马列主义。我的情况还算不错，你用不着为我的健康担心。小棠在安徽插队落户，今年7月回沪探母病，带来急性肝炎，不几天就进了隔离医院，现在在家养病，还得住两三个月。我两个妹妹都在家里（瑞珏去年退休了）。我们仍住原处，只是楼上加了封，大家都住楼下。

以上是我们一家的近况。别的话将来再说。祝好。

瑞蕻还好吗？问候他。

李尧棠　11月4日

杨苡一遍又一遍地读着巴金的信，就像上次她反复读孔罗荪寄自"五七"干校的信一样。这两封信上都报告了萧珊的死讯。即使是这样，她还是不能相信她的老友已经永远离开了这个世界。萧珊那永远年轻的神采飞扬的面容还在她的眼前映现，那银铃似的声音还响在她的耳边，多少青春的往事依稀如同昨日。她还记得萧珊笑着嚷嚷："你们看，巴先生的头发怎么白啦？真是不可想象啊！"朋友们都被她逗得发笑，说萧珊是永远不会老的。巴金也忍不住开腔："陈蕴珍总像个小孩子，真是的！真是的！"是的，在朋友中蕴珍最年轻，可是她竟然先走了，这可能吗？杨苡禁不住痛呼："萧珊，你怎么能心甘情愿地加入那死者的行列？！"她和萧珊曾经多少次在梦中相见，生者和死者一齐进入她的梦境，在这些梦境中没有死别，没有眼泪，有的只是浓浓的友情和青春笑语……

次年，也就是1973年5月，杨苡"编造了一个借口，请假到上海去看巴金先生"，这时，她才真正承认了萧珊的死亡。那天是瑞珏和小林一块儿到车站去接的杨苡。九姐告诉她"四哥亲自到菜市场找老母鸡去了，为了接待多年不见的'远客'"。这时巴金还没有得到解放，只不过比以往稍微自由一点。但对老友依旧热情不减。当巴金提着一只母鸡进来，杨苡注视着巴金雪样的一头白发，半晌才问了一句："这几年你好吗？"

巴金转过头，不敢正面看一下眼前站着的客人，泪水在他的眼眶里打转，嘴里反复说着："我还好，我还好，没像老舍那样挨打，这里还好，还好。"他不断取下眼镜，去揩拭眼角溢出的泪水，还一直说："我眼睛不好……牙齿也不行了……"接着便尽说些在"五七"干校劳动时如何苦中作乐的话题。杨苡曾这样记述："我们一直在一进门的楼下前厅里聊天，楼上的房间还贴着封条，我们谈话的内容也有相当一部分贴着无形的封条。"从瑞珏和小林在车站把杨苡接着，一直到见到巴金，在整个谈话中大家都缄口不提萧珊。可是这时谁的心里不是在想着萧珊呢？杨苡自然痛心，这个家里缺少了她自幼交好的老友。巴金想：蕴珍，你的老同学来看你了，你知道吗？小林则想：杨阿姨来看我的妈妈，可她已不在人世。瑞珏、琼如都在想：蕴珍，杨苡远道来咱家，见不到你，她多伤心。杨苡凝视着小林，她发现，一别十年，小林长成了大人，她的神态、体型以至声调无一不像她妈妈。巴金谨慎地叮咛杨苡："你来是作为李瑞珏的朋友，是来看她的。你住在这里，不要去看罗荪，不方便，免得有误会。他们叫他挖防空洞，很苦。我……我还好，反正是学习。"

杨苡说："我懂！不过要是没有他的信，我还是不知道怎么找到你，我怕你们都搬走了。"

巴金接着说："没搬。有一阵他们叫我们住在楼上，后来他们又叫我们住在楼下，把楼上全封了，没什么，就是那些书……"

"明天我去看看陶肃琼行吗？"杨苡看着巴金问。

"他们两家离得很近，你不要去看罗荪，免得闲话。"

这时琼如插话岔开了这些话题，她称赞说："四哥锻炼能干了，他在花园里自己种了些蚕豆，你来了，我们正好请你吃新鲜蚕豆。"

第二天，他们果然在园子里摘了一些巴金亲手栽种的蚕豆。巴金、杨苡、琼如，三个人在厨房里围坐在一起剥蚕豆壳。这时，杨苡回忆起在昆明大轰炸时期，他们一块儿躲警报，在野地里剥生蚕豆充饥的事，就说出来，想活跃一下气氛。大家仿佛有说有笑，但心里都在想着，为什么现在单单少了一个萧珊呢？他们只能各自暗暗地咽下自己的眼泪和叹息。

夜晚，杨苡睡在琼如和瑞珏的房间里。四周静寂无声，三人都难以入睡，这时瑞珏才悄悄地把巴金一家近年来的种种遭遇和萧珊患病被延误以及手术前后的种种情形，详尽地告诉了杨苡，琼如还把收藏在墙角箱子里的一叠照片拿给她看。杨苡一看见萧珊躺在停尸床上的那张，便转过头去猛烈地抽泣起来。待她稍稍平静之后再去端详那张照片，才看见巴金那样伤感地依恋地盯着萧珊，像要呼唤她醒来。这时杨苡又想到还在受"审查"的巴金，他还背负着"黑老K"这个沉重的十字架在踽踽独行。她不禁对她的亡友低语："萧珊，你可知道，你的巴先生是多么需要你偎依着他同行！"她的泪又顺着双颊流下。

这一夜杨苡都不能好好安睡，她脑际时而出现那中学生红卫兵的铜头皮带，时而是那些重重叠叠的文字拙劣的大字报，时而是挂着牌、黯然地低垂着头的巴金，萧珊也挂着小牌牌站在旁边陪斗。这时杨苡长长地叹了一口气，心里念着："可怜的朋友，难道我们年轻时向往的生活竟是这样冷酷无情么？"她听任墙上的挂钟滴答滴答地把一夜的时间送走了，睡神一直不曾靠近她。

这就是几十年的老友在"文革"中对巴金一家的第一次探望，多么亲切，又多么心酸！

杨苡在上海住了不到一个星期即离去了，以后杨苡偶尔写信给瑞珏，也总是借口买什么东西，最多也不过谈谈家庭情况。这时他们还不能不十分小心，提防信件被检查。

1973年7月初的一天，巴金忽然被叫到上海作协楼下东厅，文化系统四连（上海作协已合并到文化系统四连里）书记当众宣布了对巴金的处理。这是当时的上海市委书记王洪文、马天水、徐景贤、王秀珍和常委冯国柱、金祖敏六个人的决定。即巴金的问题"作人民内部矛盾处理，不戴反革命帽子，发给生活费"。巴金知道，这一处理没有任何根据，也拿不出任何文件，当时只是翻开一个笔记本念几句。六个人的决定就等于封建皇帝的诏令。巴金痛切地感到，这个决定是让他一辈子见不了天日。他想：朋友中谁还敢来看望我这个"不戴帽子的反革命"呢？巴金不愿意给别人和自己惹麻烦，他更怕那些人再耍什么阴谋，下什么毒手。他甘愿做"一个孤零零的'牛鬼'"。他采取自己忘记也让别人忘记的办法，尽量不与朋友有什么联系，让自己能"自行消亡"。

可是事情恰恰相反。1974年6月下旬，沈从文来到了上海。一个下午，他到巴金家探望。那时正逢女儿小林进医院待产，24日就生下了端端，学名祝云立。小棠当时还在安徽农村插队落户，家里很冷清，可是这正巧给了这对老友一个畅谈的机会。他们把藤椅搬到走廊上，两人相对而坐。沈从文还是一脸温厚的笑容，仿佛不曾经历过"文革"的苦难。两人无拘无束地交谈起来，就像他们过去在一起时一样。这时巴金甚至忘记了对自己的结论是"不戴帽子的反革命分子"。沈从文说:"因为多次搬家弄丢了你们的地址,我是辗转托人才知道你们住处……"

"是啊,是啊!"巴金回答着。他还记得,有一次他从干校被押回上海批斗,第二天到巨鹿路作协旧址去学习,一位年轻姑娘走进来问他是不是巴金,她得到肯定的答复后,便说她是沈从文家的亲戚,受他之托来问询巴金的住址。这女孩是音乐学院附中的学生。当时巴金非常恐惧,唯恐被看作是背着工宣队搞串连。经反复考虑才把地址写给她。这样沈从文才写来了那封长达五页的信件,使病中的萧珊得到莫大的安慰。巴金却只字片纸也没回。现在巴金想到这些,对自己的胆怯感到惭愧。这位老友的经历也相当坎坷,可他在这样的境遇中,仍像三四十年代那样关心着自己。

数十年的友情还在闪烁着温暖和光明。30年代初,他们刚刚相识不久,在山东大学任教的沈从文邀请巴金去青岛游历,巴金去了,沈从文把自己那间屋子让给巴金,让他能清静地写文章,写信,他们相处得那么愉快,就像已经相交数十年的老朋友。巴金去北平,从文又写信为他介绍朋友和住处。巴金就是在燕京大学从文的朋友家里住了十几天,写完了中篇小说《电》。沈从文新婚后住在北平府右街达子营,又约巴金去他们家做客。巴金在这里看书写文章,安安静静,毫无干扰,无拘无束。巴金曾经开玩笑说他是沈从文家的"食客"。

巴金非常赞赏沈从文的文学才能。他说沈从文的《边城》经过几十年并未失去它的魅力,还使美国学者不远千里到美丽的湘西寻找作家当年的足迹。他说沈从文不仅有很高的才华,还有一颗金子般的心。他工作做得多反而招来非议,他成了有争议的人物,不能参加首届文代会,甚至不能写进文学史。国外有研究沈从文的文学团体到中国访问,想同中国研究沈从文的团体取得联系,而中国竟然没有,岂非咄咄怪事!他后来被分配到博物馆工作,还当过解说员。巴金很难理解为什么他会硬起心肠扔掉了手中那枝生花妙笔,去搞起服装研究来,他认为这种做法无疑是将自己生命中最有光彩的部分给抹煞了。可是金子放在哪里都会发光,从文在极端困难的条件下一样做出极为出色的成绩,他那本大书——《中国服装史》就是证明。巴金默默地凝视着这位老友,他想起这位老友过去常常叮咛他的一句话:"不要浪费时间。"想想自己过去，四处奔跑，却什么都抓不住。这灾难的岁月，更不必说了。他觉得又从这位"敬爱的畏友"身上得到了什么。

　　这期间，老友叶圣陶、茅盾都有信函问候。黄源（正是因为巴金他才走上文学的路）在得到萧珊逝世的消息后，曾多次写信安慰巴金，并且寄赠了自己的照片。巴金在回信中说："看到你的照相，就像见到你本人一样。蕴珍比我年轻十几岁，倒想不到她会离开我，她的逝世对我是个大的打击。但我还是应当好好地活下去。"他听说黄源在研究鲁迅先生的著作，便鼓励他坚持下去，一定能搞出成绩来。他还谈到等待自己的问题解决以后，想找几本比较有用的西方名著来慢慢地翻译。不久巴金终于获准搞点翻译工作。这时巴金便将他在"文革"前即已开了头的《处女地》的改译工作重又捡了起来。从此，只要一有空，巴金就悄悄地钻到楼上的小屋里去译《处女地》。这小屋原是汽车房上的小顶楼，四季中只有严寒和酷热，有一个小窗能透进一线光亮。现在正是盛夏，炎热异常，但巴金就在这个小天地里完成了《处女地》的翻译，事后也无人来过问一句。

　　接着巴金被分配到上海人民出版社去工作，同去的还有其他作家。巴金早已识破，他们这样做不过是为了实现"砸烂作家协会"的阴谋，并向人们表示：你们看，连对巴金这样的人我们也落实了政策，让他有工作可做。巴金被派到了编译室，而没有同其他人一起分配到文艺编辑室。巴金知道，这意味着他被赶出了文艺界，他已无权搞创作了。但是，他能搞搞翻译工作，这毕竟对他是一种寄托，是巨大的精神支持。只要巴金一开始搞文学，他就像把自己的根须扎到了泥土中，他有了新的生命活力。他在1973年和1974年同黄源的通信中曾多次兴味盎然地提到翻译赫尔岑的《往事与随想》，他希望能在五年内完成这部几百万字的巨著的翻译工作。

　　《往事与随想》是赫尔岑的长篇回忆录，是他花费了十五年以上的劳动写成的一部包含有日记、书信、散文、随笔、政论和杂感的伟大的文艺作品。"它也是从19世纪20年代一直到巴黎公社前夕，俄罗斯和西欧社会生活和革命斗争的艺术记录。"巴金记得，他是在1928年2月5日开始读这本书的英译本的。他说："《往事与随想》可以说是我的老师。"当时他虽然很年轻，经历很简单，但他的心里也有一团火在燃烧，他也有强烈的爱憎要倾吐，他想向它学习怎样把感情化成文字。过去巴金曾几次翻译其中的一些章节，30年代在鲁迅编辑的刊物上发表过一些片段。这次他是从1974年9月译完《处女地》之后开始译此书。他在给杨苡的信中说："它的翻译工作有时是享受，有时是受折磨，但总的说来是学习。"他的感情不能不随着赫尔岑笔下流露的爱憎而变化，而且他自己的某些遭遇有时与此书作者所经历的又何其相似。他感觉在翻译的过程中，"仿佛同赫尔岑一起在19世纪俄罗斯的暗夜里行路，我像赫尔岑诅咒沙皇尼古拉一世专制黑暗的统治那样咒骂'四人帮'的法西斯专政，我坚决相信，他们横行霸道的日子不会长久了。"也可以说，这是巴金宣泄痛苦的一种方式，或许正是这项工作支撑着他勇敢地活下来。当时客观条件极差，为了躲避"四人帮"的耳目，他只能偷偷地翻译。而且巴金非常清楚，"自己写的每一个字、一片纸根本没有哪个出版社敢于出版"。他的头上还戴着一顶无形的"反革命"帽子。但它也压不倒这个坚毅顽强的老人。他在信中对杨苡说："我抄好一部送给北京图书馆，留给后人参考，算是为社会主义建设尽一份力吧，我就满意了。"

　　巴金在信中还经常饱含感情地同黄源谈到鲁迅。他认为，能够好好地研究鲁迅的著作，学习他的精神，这是很大的幸福。他说："这许多年来我敬爱先生的心，我对他的感情，一直没有改变。你是了解我的。"他在作协的园子里拔草、通阴沟时，常常抬头望着竖立在园子里的鲁迅塑像，从他那里吸取力量和生活下去的勇气。友情这根撑杆，在精神上对巴金起了多大的支撑作用啊！正如他多年以前就说过的一句话："我是靠友情生活到现在的。"

　　朋友们没有忘记巴金，巴金也无法忘记朋友们。

　　1974年5月，巴金的女婿祝鸿生去杭州工作，巴金叮嘱鸿生一定要去白乐桥看望七十八岁的老友方令孺，老人晚景很寂寞。一年多以后女儿李小林也去杭州工作，两个年轻人一块儿去探望，说说笑笑，给老人的家里增加了不少生气。小林还提起，爸爸在"文革"中受迫害最厉害的时候，自己在家里待不下去只好和同学们一起出去串联，经过杭州，去看望九姑，当时这位老人也已"靠边"，但还是非常亲切地接待了她。小林、小棠一向喜欢这位九姑。过去巴金一家每次去杭州都是方令孺在车站迎接他们，回上海时也仍是她在站台上向他们挥手告别。每年清明前后他们如果不去杭州，就像缺少了什么。好像吸引着巴金和萧珊的，不再是杭州美丽的风景，而是那温暖的友情。

记得还有一次，大概是"文革"的前一年，也是在春季，巴金和萧珊去了一趟杭州。回上海之前，匆匆地去了一趟白堤，这是他们不知游过多少次的地方。当时巴金的心情并不好，他没有心思游山玩水。不过，他身边有萧珊陪伴，他仍然是幸福的。现在，白堤的杨柳和桃花一定芳菲如旧，可是，萧珊不会再走上白堤了。方令孺大姐再也见不到她喜爱的这位年轻朋友。

巴金虽然不敢往四处写信去打听朋友的近况，可是他无时不想起老友，无时不惦念着老友。听说曹禺的爱人方瑞去世了，他一直在为曹禺难过，巴金在给其他友人的信中也忍不住诉说了他的担忧，他深恐曹禺的身体支撑不住。

长夜沉思，他把不尽的关切都放在了朋友身上，却很少为自己的身体和处境考虑。他对朋友们总是说："我身体好，精神也不错，心情舒畅。已能搞搞翻译工作。"

在"文革"正搞得乌烟瘴气，他的身心都受到极大摧残的时候，他忽然听人说老友卢剑波患了心脏病，心绞痛时常发作，便立即叮咛弟弟李济生和妹妹瑞珏千方百计买到冠心苏合丸，寄给在川大任教的卢剑波。

巴金得知友人汝龙在翻译工作上很勤奋，很有成绩，即使"文革"中也不曾停止翻译工作。巴金为他高兴，还打算找一批书寄给他，希望能对他有些帮助。汝龙为重译《复活》，想向巴金借阅高植译的《复活》，说是借用一年，巴金立即亲自将书包好寄出，并附信说："用不着'借用一年'，就送给你吧，省得将来寄回。"

除了老友的探望，还有更多的人记挂着巴金，那就是广大的中外读者和作家、文学评论家，他们并不因为巴金的"文革"灾难而忘记了他。他们在不断地阅读、研究和评论巴金的作品。

巴金与萧珊

在巴金被迫十年沉寂之后,人们不仅没有忘记巴金,而且正用敬仰和期待的目光注视着他。1975年,美法等国作家提名巴金为诺贝尔文学奖候选人。同时被提名的还有茅盾。1977年,法国学者又打算提名巴金为应届诺贝尔文学奖的获得者。巴金并不热衷于此,他认为,对一个作家来说,读者喜爱他的作品才是最重要的。

血泪的祭悼

1975年8月，正值萧珊逝世三周年祭。小林和小棠按时将妈妈的骨灰盒接到了家中。这原是巴金和孩子们早已约定的。小棠脸色很严肃地把覆盖着红绸的骨灰盒捧进室内，小林捧着一束鲜花跟着进来。巴金要儿子把骨灰盒摆在他床前的五斗橱上，小林把插好的一瓶鲜花摆在旁边。目前这间屋子是巴金的卧室、书房兼客厅。这时，两辈人待在一起，一时都找不到话题，小棠很开朗，想打破这种沉闷空气，便舒了口气说："终于把妈妈接回来了。"巴金也尽量做出愉快的表情，顺着儿子的话说："是啊！总算一家又团聚了。"

夜晚，巴金抚摸着骨灰盒和萧珊交谈起来："蕴珍，你回家来了，我真高兴。其实，我知道你从来也不曾离开过我和孩子们。你看看，我们大家都很好，你该放心了！你的老同学杨静如来探望过，我去买了老母鸡，还请她吃我自己种的新鲜蚕豆。"巴金想来点幽默，微笑着说道："这一次我可没请她吃臭咸蛋！"他多想听见萧珊那清脆的笑声。他俯身靠近骨灰盒侧耳细听，然后抬起身来用手轻轻拍了拍骨灰盒问道："蕴珍，你怎么沉默不语？你一直是个快乐、好客、爱热闹的人。每次和朋友聚会，你总是说个不停，笑个不停……哦，还有，你的老同学查良铮和杜运燮都来过信。过去你曾给杜运燮寄过几本诗集：《唐诗三百首》《杜甫诗选》《陆游诗选》……有的还是我帮你封寄的，你总不会忘记吧？"他站起来，在这小小的居室里信步走了一圈，仿佛在回忆什么，然后又走到五斗橱前轻声说："对了，忘记告诉你，老朋友沈从文也来咱家看望过。你还记得吗？他曾千方百计探听到我们的地址，冒着风险写了一封五页的长信给我们，你在病床上曾经翻来覆去地看，还对我说：'你看还有人惦记着我们。'……"这时巴金的思绪回到了萧珊病重住院时的悲惨情景中，他看见她安安静静地忍受着病痛，从不叫苦，也不呻吟一声；他也听见她满怀歉意和担心地问起输液和输血的费用；她一直在道歉："你辛苦了，我把你拖累苦了！"当她知道自己的生命即将走到尽头时，她唯一感到遗憾的是"看不到了"，她看不到她的李先生问题彻底解决，这是她最大的痛苦和憾事。巴金怎么能忘得了那双眼睛，那双闪动着纯洁、善良和聪慧的美丽的眼睛，但它的光明在1972年的8月13日熄灭了。只是，以后在梦中，或在他的白日梦中又多少次见到它，给了他说不尽的安慰和鼓励！想到萧珊的鼓励，想到萧珊是那么喜爱自己的作品，于是他又坐到书桌前，握起了笔，努力排除纷繁的思绪，专心致志地继续他的翻译工作，一直到将近一点，他才搁笔入寝。

他很疲倦，但这一夜他睡得不好，似睡似醒，他听到萧珊在叹息："为什么你的问题还得不到解决？你究竟有什么错？"他又听见哀怨的低泣，看见那消瘦的脸上苦泪双垂。他觉得自己的胸部疼痛，醒来了。第一个意识到的是那骨灰盒，便用力睁开眼去看那五斗橱，借着室内透进的微光，他影影绰绰地看到了那方方的、小小的骨灰盒，心中得到了一丝安慰，发出了模糊不清的低语："蕴珍，我陪伴着你！"因为心情平静了一些，又渐渐入睡了。但同一个梦仍在继续，仍然是他和萧珊在一起，她睡在病床上，正处于垂危状态，巴金焦灼地在室内转来转去，两手用力地互相揉搓着，嘴里不停地念叨："这病为什么没有早点查出来？为什么让它发展到这无法挽救的程度？我怎么没有关心她？我跑到哪里去了？"唉，我到底跑到哪里去了？他用拳头打自己的头。由于手臂的活动，他醒了，他十分清醒再难入睡了。

巴金对萧珊的怀念是深沉的。她在他心灵中刻下的印痕太深了。更何况这个世界上还有无数的事情是和萧珊联系着的。1977年3月，萧珊的老同学、翻译家查良铮因突然心肌梗塞去世，这件事使巴金非常伤心。查良铮曾翻译了普希金的《欧根·奥涅金》和《波尔塔瓦》等许多名著，正当有为之年却遽然谢世，在"四人帮"的统治下他也曾受到很不公正的待遇，因而过早地死去。巴金忘不了，在萧珊去世以后，查良铮曾专门来信劝慰，那些充满深挚感情的话语令巴金极为感动，巴金决没想到他也会走到了自己的前头。巴金不愿把这一不幸的消息告诉杨苡，怕激起这老同学感情上的波涛，但杨苡在来信中倒先提起此事。巴金只好尽力安慰她，还打算找两本查良铮的译作送给杨苡，作为她的这位老朋友留下来的纪念。巴金还想为死者多做一些事情，他想来想去，认为尽量出版他的遗著是最重要的，于是巴金为他的译作《唐璜》和其他一些译诗的出版四处奔走，以便使这位诗人和翻译家的心血能真正成为社会的财富。

人们是不会忘记这些正直的知识分子和他们为人民所做的一切的。在这之后，贵州人民出版社曾写信给巴金，希望把萧珊翻译的普希金的几篇小说收进他们编辑出版的《普希金小说选》中，得到了巴金的同意和支持。巴金一向认为萧珊比自己更有才华，只是她被过多的家务和其他琐事所拖累，当她在翻译工作上正努力奋进的时候，却被不幸的遭际夺去了年轻的生命。

巴金每次想到萧珊在上海医院时的那段经历，便会心痛不已。1978年，巴金想为萧珊逝世六周年祭写一篇怀念文章，终因难抑悲痛而无法写下去，只好半途搁笔。1979年，有一位山西省的青年作家来看望巴金，在相互叙谈中，不免回忆起1964年他应山西省文联之邀与萧珊带着小棠去山西访问时的情景，事隔十几年，却历历如在昨日，可是萧珊已故去几年了，巴金心上的创痕还一直无法平复。后来又得到消息，萧珊青年时代的好友王育常——巴金著作《火》中朱素贞的原型，也因在"文革"中备受折磨，成了"活着的死人"，她原是一个多么坚强而有作为的女性。仅仅是在萧珊的友辈中就有这么多人在"文革"中遭受苦难。这正像一位年轻的美国诗人在一次会见中即席吟诵的诗句所说的。那是在一个春季，巴金在寓所接待美籍华人作家聂华苓和美国诗人保罗·安格尔，临别时，安格

巴金与萧珊

1964年，巴金一家在太原

尔朗诵了他即席创作的诗，其中有这样的句子："中国，再也不要苦难，哪怕是片刻的苦难，因为，人民在这个世纪所遭到的苦难，下个世纪也足够分担……"

巴金终于忍着悲痛写完了那篇深深感动过千万读者的文章——《怀念萧珊》。通过最朴素的语言，巴金袒露了自己对萧珊忠贞不渝的感情。实际上也回答了当时社会上流传的关于他再度结婚的谣言。尽管十年动乱，"四人帮"无所不用其极，"把人的最崇高、最优美、最纯洁的理想、感情践踏、毁坏"，但这些美好的东西依然顽强地存在着，它在巴金和萧珊这一对伴侣身上得到了最强烈的表现。

萧珊逝世后，确曾有人关心巴金的个人生活问题，其中一位便是在经济上也曾帮助过巴金的翻译家汝龙。"文革"期间，巴金的存款被冻结，一家人生活相当困苦。这时汝龙给他寄来数百元，可谓雪中送炭，对巴金的家庭开支不无小补。当巴金向他表示感谢时，他却说这是李健吾的意思，后来李健吾也寄款支援巴金，却不承认寄的是自己的钱。萧珊之死使精神、肉体备受摧残的巴金失去了生活的重要支柱，汝龙考虑到巴金的生活和写作，认为他应当有一个伴侣来照顾他，便婉转地向巴金表示了这个意思。巴金给了他一个最简洁明快的回答："不想找老伴，没有兴致和劲头。"巴金心中的那个位置永远地给了萧珊，没有任何人再能占据它！

也有人从政治上对已经死去的萧珊表示关心。上海文联和上海文协都曾提出为萧珊举行追悼会，巴金对此婉言谢绝。他在给友人杨苡的信中曾提到此事，他说："蕴珍不需要开追悼会，有人问过我，要我决定，我不同意开。我不主张形式主义。"他又说："我写了一篇《怀念萧珊》，约九千字，打算先在港报发表，然后在广东刊物上刊载，我替她平反。"这就是一个正直作家的价值观。这篇文章引起的反响也许完全出乎作家本人的意料，这原是他对爱侣的真诚的祭悼，但是千千万万读过这篇文章的读者和通过传诵得知它的一切善良的人们，谁不为它捧出一掬热泪，谁不为它献上一瓣心香？这才是真正有力的平反，而且，这又岂止是平反！

十年沉默后的一声呐喊

"四人帮"被粉碎后,巴金的"问题"终于得到了彻底的解决。他又恢复了写作的权利。1977年5月,上海《文汇报》的编辑来探望巴金,一再要求巴金重新拿起他那支被"四人帮"禁锢了十年的笔,为广大读者写写文章。在这样热情的鼓励下,巴金决定结束他十年的沉默,用书信的形式向一直关心着他的读者倾吐一下胸中积压已久的感情。于是,他以"一封信"为题在《文汇报》发表了他被迫停笔十年之后的第一篇文章。他说,现在他心情的振奋,就像二十八年前他站在天安门城楼上的时候一样。他将为着这个光芒万丈的英雄时代,为着这热浪滚滚的沸腾生活奋斗一生,为着这个事业献出自己的一切。6月11日,他的散文《第二次解放》也发表了。巴金说:"我用我的声音撞破了四周的岑寂。于是从朋友们那里来了鼓励,来了安慰,从四面八方伸过来援助的手。"据《光明日报》记者黎丁叙述:巴金发表了以上两篇文章后,许多老友相约前来看望巴金,决定在锦江饭店相聚。巴金在宴会大厅出现时,人们蜂拥而上,把他团团围住,多少张喜泪盈盈的笑脸,多少发自心底的问候和祝福,巴金觉得他正沐浴在温暖友谊的海洋中。此情此景岂是笔墨可以言传。散席以后,住在饭店的各地来的旅客得知消息都早早地在楼梯的两旁静立恭候,想看看这位被他们衷心景仰爱戴的久违了的老作家。巴金被深深感动了,他走上前去同他们逐一握手致谢。这一幕仅仅是开始，接着便是雪片般飞来的信件。首先接到的是老编辑家胡愈之的信。信中说：

> 今天从《文汇报》读到你的《一封信》，喜悦欲狂。尽管受到"四人帮"十多年的迫害，从你的文字看来，还是那样清新刚健，你老友感到无比的快慰。先写这封信表示衷诚的祝贺。中国人民重新得到一次大解放。你也解放了！这不该祝贺吗？

接着，叶圣陶老人也几次从北京给巴金来信并赠诗一首，诗云：

> 诵君文，莫计篇，交不浅，五十年。平时未必常晤叙，十载契阔心怅然。今春《文汇》刊书翰，识与不识众口传。挥洒雄健犹往昔，蜂虿于君何有焉。杜云古稀今日壮，伫看新作涌如泉。

不久，巴金又收到何其芳的来信，说看到巴金重又拿起笔写作非常高兴，并希望能很快地同巴金晤面。他认为巴金翻译赫尔岑的著作好得很。他也向巴金谈了自己译诗的计划。但是，令巴金极其悲痛的是仅仅过了一个月，在这一年的7月24日他就得到了何其芳逝世的消息。巴金感到极其遗憾的是何其芳在信中谈到的那些雄心勃勃的计划都随着他去了。

巴金的《一封信》的意义绝不仅仅是巴金个人发表了一篇作品，这是十年来受尽"四人帮"迫害的中国作家、中国知识分子的第一声怒吼、控诉和批判。它也喊出了全体中国人民的心声，在广大群众中引起了强烈的反响和共鸣，人们都敞开心扉向巴金吐露衷情。过去巴金发表《家》时在读者中引起热烈反响的那种壮丽景象又重现了。不过这一次不仅仅是文学领域里的事，它的影响更广泛、更深刻。

当时有人同巴金谈到"恢复了青春"和"老当益壮"等等，巴金却说："我只能说自己还有相当旺盛的生命力，'四害'横行的时候不允许我工作，我的生命力只能消耗在写不尽的'检查'和'思想汇报'中，只能消耗在批斗会上的罚站、罚跪、坐'喷气式'等等方面。他们千方百计不让我多活，我却想尽方法要让自己活下去，在这场斗争中没有旺盛的生命力是不行的。现在我可以正常地工作和写作，我当然要毫无保留地使出我全身的力量，把想做的事情都做好，把想写的作品全写出来，使自己可以安心地闭上眼睛，这是我最后的愿望。"

用血写的书
——《随想录》

巴金从来就是一个实干家，他是这么说的，也是这么做的。这位当时已是七十四岁高龄的文坛宿将，在埋头翻译赫尔岑的巨著《往事与随想》的同时，又开始在报纸副刊上撰写专栏文章。一篇篇带血含泪、充满真情睿见的文章陆续面世，一写就是八年，最后汇成了一部震撼人心的大书——《随想录》。

事情并非偶然。巴金曾这样说过："50年代我不会写《随想录》，60年代我写不出它们。只有在经历了接连不断的大大小小政治运动之后，我才想起自己是一个'人'，我才明白我也应当像人一样去想任何大小事情，一切事物、一切人在我眼前都改换了面貌，我有一种大梦初醒的感觉。只要静下来，我就想起许多往事，而且用今天的眼光回顾过去，我也很想把自己的思想清理一番。"回顾过去，用梦醒后的眼光重新认识过去，是为了未来。分析和探索种种社会问题，他首先是从解剖自己、批判自己做起的。这样做并不是容易的事。如果没有对国家民族高度的责任感，如果没有对人民深沉的爱、对真理和正义的强烈追求，作家就不会有这样的勇气。而巴金不管自己如何衰老和病弱，不管周围会发出什么样的噪音，他都斩钉截铁地说他要写下去，"这是我的责任，也是我的权利"。

巴金与萧珊

巴金在《随想录》的总序中写道:"我年过七十,工作的时间不会多了。在林彪和'四人帮'横行的时候,我被剥夺了整整十年的大好时光,说是要夺回来,但办得到办不到并没有把握。我不想多说空话,多说大话。我愿意一点一滴地做点实在的事情,留点痕迹。"于是他在翻译赫尔岑的《往事与随想》之余,便写自己的《随想录》。他说这是译这本书的副产品。"我要记下我对艺术和人生的一些看法,我个人的独特的看法","这些文字只是记录我随时随地的感想,既无系统,又不高明。但它却不是四平八稳,无病呻吟,不痛不痒,人云亦云,说了等于不说的话,写了等于不写的文章",他要让它"作为一声无力的叫喊,参加伟大的'百家争鸣'"。巴金还表示"它们都是自己'想过'之后写出来的,我愿意为它们负责"。

巴金说他写《随想录》是"从无标题到有标题(头三十篇中除两篇外都没有标题),从无计划到有计划,从梦初醒到清醒,从随想到探索,脑子不再听别人指挥,独立思考在发挥作用"。在这个过程中,巴金越写越深入。他原想经过了十年浩劫,"只有把想说的话全说出来,只有把堆积在心上的污泥完全挖掉,只有把那十几年走的道路看得清清楚楚、讲得明明白白,我才会得到心的平静"。但是,他逐渐发现,"为了净化心灵,不让内部留下肮脏的东西,我不得不挖掉心上的垃圾,不使它们污染空气。我没有想到就这样我的笔会变成了扫帚,会变成了弓箭,会变成了解剖刀。要清除垃圾,要净化空气,单单对我个人要求严格是不够的,大家都有责任。我们必须弄明白毛病出在哪里,在我身上,也在别人身上,——那么就挖吧!"除了拿刀刺进自己的心窝,他的笔锋触及社会生活的各个方面,触及人的灵魂的隐蔽角落,触及到了人性的深层……因此,他的《随想录》一问世,便形成一股强大的冲击波,也成了"一面招风的大纛"(一位年轻批评家的隽语)。而《随想录》终以它的道德力量和批判的力量(包括对现实生活的批判和痛苦的自我解剖)成为震撼时代的巨著,赢得了国内外文化界和广大人民群众的广泛关注和崇敬,被称为"现代的《忏悔录》","人类的良知"。

在巴金的《随想录》中,有不少怀念悼亡之作,这都是一些感人至深的文字,都是巴金至情至性的表现。如怀念老舍、冯雪峰等的文章,都是催人泪下、发人深省、脍炙人口的名篇。尤其是《怀念胡风》一文,更可见出巴金勇于解剖自己的巨大勇气和闪光心灵。

巴金说,关于胡风,几年来他一直想写点什么,不然他的胸口就被堵得透不过气来。1986年,八十三岁高龄的巴金用了一年的时间写成了《怀念胡风》的文章。可见他当时写作的艰难,一来因为病的折磨,连握笔也困难,更重要的是他要清算自己,他得用解剖刀一块一块地把自己的心切开给别人看。

在巴金的印象中,胡风一直是一个生龙活虎般的文艺战士。但是在1985年,当巴金在中国现代文学馆遇见胡风时,他完全变了一个人。这是自1955年以后巴金第一次见到胡风。这次是他和他的夫人梅志一起来参加中国现代文学馆正式开馆的活动。巴金看到胡风"没有表情,也不讲话",一脸病容。巴金的思绪不能不又回到过去三十年的风雨历程中,他想起了那使他浑身颤抖的三大运动。他当时曾庆幸自己没有掉进"胡风集团""反右斗争""文化大革命"的深渊中,当然也"经了风雨,见了世面",不过总算没有遭到灭顶之灾。记得1957年他还揶揄自己是"一员福将"呢!可是现在,面对着这段历史,他不能不痛切地想:"对那些含恨死去的朋友,我又怎样替自己解释呢?"

今天,看到眼前坐着的这个被摧残得面目全非的胡风,他不由得想起1955年他被逼着写的那三篇短文,他感到深深的内疚。不善言辞的巴金能说什么?他只是讷讷地对胡风说了句:"看见你这样,我很抱歉。"当时巴金差一点流出眼泪来,但他的心已在渗血了。大约是在第二天作协主席团扩大会议上,胡风由他的女儿陪着来了。巴金注意到,胡风仍然是呆呆地坐在那里,没有动,也没跟女儿说话。巴金想起曾听人说胡风在"文革"中还坐了牢,判了无期徒刑,他的身体就是在那时全垮了。这时巴金很想找机会去同他打个招呼,向他讲几句话,可是,胡风中途退席了。巴金不曾料到这就是他和胡风的最后一面,以后巴金在上海得到了胡风病逝的消息,他电请他人代为献上一个花圈。巴金的心在痛呼,现在说什么都太迟了。自己终于失去了向友人偿还欠债的机会。

巴金与萧珊

巴金怎么也忘不了那被编辑随意修改和增添过的三篇文章,他觉得它像火印似的打在他的心上。他说:"为了那些'违心之论',我绝不能宽恕自己。""印在白纸上的黑字是永远揩不掉的。子孙后代是我们真正的裁判官。究竟对什么错误我们应该负责,他们知道,他们不会原谅我们。""50年代我常说做一个中国作家是我的骄傲,可是想到那些'斗争',那些'运动',我对自己的表演(即使是不得已而为之吧),也感到恶心,感到羞耻。"手术做到这里,巴金的整个灵魂已经是鲜血淋漓了。

对那位随着运动的升级把巴金的短文不断升级的编辑,巴金已经理解了他的无奈。但是,巴金无法理解,"这样的气氛,这样的环境,这样的做法——用全国的力量对付'一小撮'文人,究竟是为了什么?"

等到"文革"结束,一切被颠倒了的又颠倒过来,"一个有说有笑、精力充沛的诗人变成了神情木然、生气毫无的病夫……已经不能继续工作……"也不能继续活下去了。这段历史怎么写?"历史不能让人随意编造,沉默妨碍不了真话的流传……"

人们把巴金的《随想录》称作"现代的《忏悔录》",《怀念胡风》恐怕是最有代表性的一篇。

当然,在这一系列悼亡之作中,最感人的莫过于《怀念萧珊》一文了。它早已是众口交誉、广为传诵的名篇,它被人们赞为当代散文的巅峰之作,这决非溢美之词,因为它真切表达了人世间最崇高最真挚的感情,也真实记载了一段病态的苦难的历史。它已不仅仅是巴金悼念亲人的文章,千千万万的正直人读着它都会感同身受,甚至为它涕泪交流。而它对当年那些打着革命招牌的骗子将是永远的精神惩罚,是永无休止的良心谴责(如果他们还残存着一点点良心)。

大戏剧家曹禺在读了《怀念萧珊》一文后,曾经"痛哭不已",他为他的老友巴金的这一不幸遭遇和巨大的悲痛而悲痛,也为失去了这样一位天真、纯洁、爽直、善良的年轻朋友,失去一位伟大的女性而悲痛。他"一连好几个夜晚","泪水从眼角流下去,流到耳朵里"。

巴金的老友和大姐冰心,和巴金与萧珊有着数十年的友谊,是非常了解他们的心灵的人。冰心知道她这位沉默的老弟是一个从来不曾停止思考的人,他对个人的历史、国家的历史,对社会的现实状况和人类的未来都在不停的思考中,甚至在他多病的垂暮之年也是一样。冰心说:"我想象到,在他的'多思考'的时候一定还会回忆萧珊!"冰心老人不愧是巴金的知音和挚友。

《怀念萧珊》是在萧珊去世后的第六年写的,当他写《再忆萧珊》时,距萧珊去世已经过去了十二个年头。可巴金仍然在夜梦中听见了萧珊的哭诉:"你怎么成了这个样子?""你有什么委屈,不要瞒住我,千万不能吞在肚里啊!""我不愿意离开你。没有我谁来照顾你啊?!"……萧珊的爱已经注入巴金的骨髓里,已经注入巴金的灵魂里。萧珊虽已离去多年了,滴水可以穿石了,铁杵早可以磨成绣花针了,这爱却永不被时光销蚀。当巴金每次回到家门口的时候,眼前总会出现那张温柔的微笑的脸,听到那亲切柔和的声音。

如今巴金仍在"等待着一个人回来。这样长的等待!十二年了!"这样深刻的爱是难以言说的,也是文字难以表述的,只有用血才能写出来。

《探索集》和《真话集》是巴金《随想录》的重要部分。巴金说,"人类总是在探索而前进",探索是巴金生活的主题。在《随想录》中巴金一连写了五篇关于探索的文章。

巴金说,五十多年来,他也有放弃探索的时候,有时也走上了人云亦云的道路。在这种时候,他就再没有写作的渴望,只有写作的任务观念。当他在文学的道路上经历了许多曲折之后,他才深深感到,"停止探索,我就再也写不出文学作品"。

他最后归纳说:"文学的路就是探索的路。我还要探索下去。五十几年的探索告诉我:路是人走出来的。"

说真话、写真话是巴金一生的信条,也是《随想录》集中表现出来的一贯精神。巴金一共写了六篇关于讲真话、写真话的文章,其实,我们可以说《随想录》中的每篇文章中都涉及这个问题,说得更远一点,他的每部作品都是用真话写出来的(除了在"极左"路线的毒害和逼迫下写的东西)。

巴金谈到，那些年"运动一个接着一个没完没了，每次运动过后我就发现人的心更往内缩，我越来越接触不到别人的心，越来越听不到真话。我自己也把心藏起来藏得很深，仿佛人已经走到深渊边缘，脚已经踏在薄冰上面，战战兢兢，只想怎样保全自己"。"在那荒唐而又可怕的十年中间，说谎的艺术发展到了登峰造极的地步，谎言变成了真理，说真话倒犯大罪。我挨过好几十次批斗，把数不清的假话全吃进肚里。""我相信过假话，我传播过假话，我不曾跟假话作过斗争。""正因为有不少像我这样的人，谎话才有畅销的市场，说谎话的人才能步步高升……"

回顾既往，他觉得"那些时候，那些年我就是在谎言中过日子"，"我踏在脚下的是那么多的谎言，用鲜花装饰的谎言！"

"哪怕给铺上了千万朵鲜花，谎言也不会变成真理。"可是，这样一个浅显的道理，却叫人为它花费了很长的时间，付出了很高的代价。

巴金用最精辟的语言告诉我们："人只有讲真话，才能够认真地活下去。"

巴金的五集《随想录》直到1986年最后写完，当时他已是一位八十三岁的老人了。在这个写作过程中，即使是生病最多最痛苦的时候，他也不曾停笔。有时他甚至觉得连一支圆珠笔也移动不了，有时一天写不到两百字，但他还是完成了自己的计划。

的确，他挖了别人的疮，也挖了自己的疮，他做了一件最艰难的工作，还以能不能挖深、敢不敢挖深作为对自己的一次考验。他说："我不是用文学技巧，只是用作者的精神世界和真实感情打动读者，鼓舞他们前进。""我的理想绝不是完美的技巧，而是高尔基草原故事中的'勇士丹柯'——他用手抓开自己的胸膛，拿出自己的心来，高高地举在头上"，"我要掏出自己燃烧的心，要讲心里的话。"他的《随想录》是作为一代作家留给后人的"遗嘱"。《随想录》之所以闪闪发光，正因为它里面装着老作家的一颗炽热的至诚的心。很快地人们便认识了它的价值，对它作出了崇高的评价。

但是在《随想录》陆续发表的过程中，也遇到过不少周折，出现了那么多千奇百怪的论调，苛责、非难也不少。老人承受了来自各方面的压力，但是他勇敢地继续写下去，因为这是出于对祖国和人民的爱，是出于对祖国和人类未来的关注，出于一个作家的责任感，他是无畏的。他在散文《鹰之歌》中提到高尔基所写的那只因胸口受伤不能飞上天空，便走到悬崖边滚下海去的鹰。巴金说："我想，到了不能高飞的时候，我也会滚下海去吧。"老人这种悲壮的心情怎能不让读者为之动容！

《随想录》出版后，在国际上也受到了广泛的注目，产生了很大的影响，并受到热情的赞誉。有外国作家称巴金是"中国知识分子的良知"。《随想录》无疑是中国现代文学史上的一座丰碑，它深刻的现实意义和历史意义是不言而喻的。

永远是年轻人的朋友

巴金永远是年轻人的朋友。他曾在文章中反复地说，青春是无限美丽的，未来永远属于年轻人，青年是人类的希望，也是我们祖国的希望。这是他的牢固的信念。巴金的作品中洋溢着火一样的青春的热情，巴金的作品也正是以他追求光明、追求真理的激情吸引着一代又一代的青年们。

在三四十年代初，青年读者形成的热潮一浪接一浪地向他涌来，一摞一摞无穷无尽的读者来信，一群一群络绎不绝的年轻的来访者，他们向他尽情地倾吐自己的心里话：他们为黑暗的社会而愤懑，为国家民族的前途、命运而焦虑，为封建大家庭制度的摧残和扼杀而痛苦，为找不到一条奋斗的路而彷徨无主……他们向他请教，向他求援……他们关心巴金小说主人公的命运，向他探询他们的下落，想知道他们是否还活着……这些年轻读者把巴金当作最亲密、最知心的朋友。年轻的巴金尽管常常整日整夜地写他的小说，但他从来不曾冷落这些读者，他一封一封认真地读这些信，去了解他们的思想感情，思考他们提出的问题，并从中吸取养分，然后对每一封信都作复。在1936年和1937年中间，他写过许多答复读者的公开信，后来编印成了《短简》。他在他的作品中为他们呼号、呐喊、控诉，唤醒他们的理想和追求，鼓起他们生活和斗争的勇气。他爱他们。巴金曾经这样说："当他们在旧社会的荆棘丛中、泥泞路上步履艰难的时候，倘使我的作品能够作一根拐杖或一根竹竿给他们用来加一点力，那我就很满意了。"

巴金直到晚年，在他的文章中还提到："我至今还想起我在30年代中会见的那些年轻读者的面貌，那么善良的表情，那么激动的声音，那么恳切的言辞！我在30年代和40年代初期见过不少这样的读者，我同他们交谈起来，就好像看到了他们火热的心。……"巴金一生都"把心交给读者"，他和读者特别是青年读者的亲密关系，在中国作家中是独一无二的。

萧珊正是巴金那一群群年轻的崇拜者中的一个，是最勇敢最热切的一个。正如巴金所说，她是怀着"一颗纯洁的年轻的心灵"，希望跟着他走向伟大的人生目标的一个。她认为，找到了巴金就是找到了一个指路者、一个先生，找到了一个高举着火把勇猛前进的人。她是一个坚定不移的追随者，她学习着他的奉献精神、自我牺牲精神、艰苦卓绝的工作精神。在硝烟战火中，她和他一同出生入死，为宣传抗战做着出版工作。她一直是他那充满激情的作品的第一读者。他们一直"像朋友一样地生活在一起"，和中国的抗战一同经历了八年的艰苦岁月，当胜利的曙光升起时他们才结婚。他们一生忠贞不渝的感情是将一个伟大理想付诸实践的过程。萧珊除了称巴金为先生，也常常称他为亲爱的朋友，他们是一对真正志同道合的朋友。

巴金在抱着牺牲的决心赴朝鲜战地时对萧珊说，我要做一个值得祖国和人民信任、值得你爱的人。萧珊热爱的仅仅是一个忠于家庭、忠于妻子的人么？不，她爱的是巴金光辉的全人格。萧珊被迫害致死已经过去了三十年，不论有多少人关心巴金的个人问题，都被他拒绝，老人依旧一个人生活着。有一些巴金的读者也像巴金的朋友汝龙一样关心巴金的生活和写作，多么希望他再建立一个家庭，结束晚年的孤独。有人发出这样的感叹："这都是什么时代了，巴金为了萧珊，还是单身一人？"这些人爱巴金，但太不懂得巴金了。巴金是一切陈腐思想观念的批判者，是永远走在时代前面的人。巴金为什么选择这样的生活？因为萧珊并没有死，她还一直活在巴金伟大的爱情里，一年年，一月月，每一个日日夜夜都和他在一起,将来他们的骨灰还要掺和在一起。建国后,巴金的事情非常繁多,会议、出访、种种社会活动占去了他太多的时间。关于处理读者来信的事,只好委托萧珊代劳,有时萧珊无法办理的,才让巴金来办。为此,巴金虽然深感抱歉,但也无可奈何,尽管萧珊的翻译工作屡屡延误,但她永远是一个毫无怨尤的忠实助手。

经过十年"文革",巴金复出之后,他的读者来信又多起来,尤其是在《随想录》陆续发表之后。巴金说:"这一年多来,特别是近四五个月来,读者的信越来越多,好像从各条渠道流进一个蓄水池,在我手边汇总。"这其中当然更多的是青年读者的来信,其中也包括一些年轻作家的来信。他们渴望更多地听到他们所崇敬的这位老作家的声音,从他那里得到鼓舞和启迪,也渴望向他表示衷心的敬意。他的《随想录》对"文革"的批判和总结,他对邪恶势力毫不妥协的精神,他对社会弊病的剖析和真诚的自我解剖,他对后代子孙最深沉的关怀和爱护,他最强烈的责任感和使命感,都深深地激动着他们年轻的心。尤其是年轻的作家们,这位前辈作家所思考所关注的一切,也正是他们所思考所关注的,他们希望学习他的榜样,追随他的脚踪,一辈子说真话,用他们的笔作为教育的工具,战斗的武器,为中国的文学艺术事业作出应有的贡献。

巴金虽然年事已高,工作又极其繁重,但是无论怎样,巴金还是尽最大的可能接见来访的中青年作家,因为他关心他们的成长。他用最殷切的目光注视着他们,他以极大的热情倾听着他们的声音。他看到中国文坛上出现了一批又一批很有希望的中青年作家,出现了一批又一批的优秀作品,就看到了中国文学事业的发展;他对中国文学事业的未来充满信心。他热情地呼唤"史诗般的杰作"和"与人类最优秀的文学名著可以媲美的精品早日问世"。

巴金再忙也要抽出时间阅读中青年作家的作品,这不仅是关心他们的发展,他也想从一些好的作品中汲取新的活力。许多中青年作家大胆思考并在作品中提出的问题也常常引起巴金的深思。

有一次巴金去北京,打算做一些访问日本的准备工作。这时有两位女作家要求见他。她们提出的是一个同样的问题:"你过去做作家是不是也遇到这样多的阻力,这样多的困难?"她们的语调都是那么痛苦,使巴金觉得她们好像在用尽力气要冲出重重的包围圈似的。她们提出的问题,何尝不是巴金曾经痛切感受过的。一个作品出来会有不同的意见这并不奇怪,可是那些私下的闲言碎语,使作者经常感到精神威胁。巴金觉得自己非常理解她们的心情,他说:"自从1929年我发表《灭亡》以来,受到的责骂实在不少,可是我并没有给谁骂死。""不要紧,我挨了一辈子的骂,还是活到现在。"

除了理解、信任和支持,巴金又那样耐心细致,用那么温暖人心的真诚的话语引导青年。他说:学习是无止境的,文学创作的道路也是无止境的。"我好比一滴水,文学海洋中巨浪翻腾,一滴水也不会干涸。"他又鼓励说:"更大的希望在你们身上。""前面有灯光,路上有泥水,但是四面八方都有关切的眼光,整个民族同你们一起前进。"这些话是巴金写给全国青年创作会议的。它曾使多少年轻作家的眼睛湿润了,感情沸腾了。他们的心里即使有冰雪也都融化了,变成了奔腾的热流。他还常常说:"是你们推动着我前进","我愿跟在青年作家的后面呐喊助威!"

重要的倡导
——建立中国现代文学馆

巴金作为一个胸怀宽广的作家,从他刚刚走上文学创作之路开始,他关心的就是整个文学事业的发展。他自己出作品,但他更关心别人出作品,他从事出版事业,不惜耗费巨大的精力为新老作家的作品促生。他希望中国文学无愧于我们这个文明古国,也毫无愧色地屹立于世界文学之林。

当他写完了十一篇《创作回忆录》之后,他在《关于〈寒夜〉》一文的结尾处提到了关于搜集资料的重要性,他说,过去我们轻视这一类的工作,甚至毁弃资料,尤其是在十年"文革"的浩劫中,大量珍贵的现代文学资料化为灰烬,这是十分令人痛心的事。他建议中国作家协会能负责创办一所"中国现代文学馆"让作家尽力去帮助它完成和发展。"倘使我能够在北京看到这样一所资料馆,这将是我晚年的莫大幸福。"

巴金的倡议和设想广泛地得到了朋友们热情的支持,孔罗荪、曹禺、李健吾、茅盾、叶圣陶、冰心、周扬、夏衍都极表赞同。接着作家们都闻风而起,积极响应。巴金准备捐出稿费十五万元,作为建馆的基金,并捐出自己的全部手稿和资料。茅盾一开始就表示愿意把自己全部的创作资料以及《子夜》的原稿交给现代文学馆。巴金给中央领导人写了信请求解决现代文学馆的房子问题，经多方努力选定北京西郊万寿寺西院作为馆址，老作家叶圣陶书写了馆名的长匾。在1985年3月26日举行开馆典礼，由八十一岁的巴金亲自主持，胡乔木代表党中央出席了仪式，尽管万寿寺这座砖木结构的古老建筑还不适宜于保存资料，但这项工作毕竟已经起步了。巴金老人希望在晚年"切切实实做几件于人民有益的事情"，现代文学馆便是其一。他的这一愿望已初步实现了。

巴金一次捐出了十五万元，并分七批捐出七千四百三十四册书。巴金的老友冰心十分感动，立即热情响应："凡我所有的书，全部交给文学馆。"接着茅盾的子女、周扬的家属、重病中的孔罗荪都不断地捐出了大量的极为珍贵的藏书、手稿、书信等资料。中国知识分子对人民文学事业的责任心和奉献精神再一次得到充分的体现。

这时的巴金已是八十多岁的老人。整理捐赠的书籍资料，这该是一项多么艰苦的工作。他又是位做事一丝不苟的老人，所捐赠的一切刊物，如有短缺，他总是要求子女四处搜求，力求资料的完整。他的书除捐给中国现代文学馆外，还向北京国家图书馆捐赠了珍藏多年的外文书；向上海图书馆也捐赠了几千册书；向他的母校东南大学附属高中（即今南京师范大学附中）和福建泉州黎明大学（前身是黎明中学，因为他年轻时曾在这里住过）也捐赠了书籍。仅仅在这一件事上，就可看到巴金对祖国人民的深厚的爱。

从长远考虑，中国现代文学馆需要一座现代化的能防虫防火保证资料安全的建筑，同时，因为捐赠资料源源不断，就需要一个更加宽阔的地方。因此，巴金和冰心又分别给江泽民总书记（时任）和国务院写信，请求另建新馆。中央领导也很快地作了同意的批示。馆址选在朝阳区芍药居，占地40亩。1996年11月25日举行了新馆奠基仪式和江泽民所题写的馆名的揭幕仪式。1999年9月20日竣工，随即展开了紧张的布置展览的工作。2000年3月，巴金和全国人民渴盼已久的中国现代文学馆以无比宏丽的风采和世人见面了！

中国现代文学馆的设计的确是独具匠心的，它不仅外观上雄伟壮丽，建筑的本身就有极其深刻和丰富的蕴涵。文学馆的正门是江泽民题写的

"中国现代文学馆"几个鎏金的大字,其他三面:一面是叶圣陶为万寿寺旧馆题写的馆名,另两面则是文学馆的催生者——巴金、冰心题写的馆名。墙上的汉白玉花卉浮雕则取材于郭沫若诗集《百花齐放》中的名家木刻插图,这象征着中国文艺百花齐放、百家争鸣的方针。正门内一块屏风似的巨石,是产于山东莱州的巨型花岗岩,重达五十吨,中间有一小孔,远看像一个逗号,这便是文学馆的馆徽。这馆徽的含义深远,它预示着中国文学的远大前程,它将不断地发展,永无休止地去创造锦绣的未来。在这块巨石上镌刻着文学巨匠巴金的两段话,正面是:"我们有一个多么丰富的文学宝库,那是多少作家留下来的杰作,它们支持我们,教育我们,鼓励我们,使自己变得更善良,更纯洁,对别人更有用。"背面是:"……我们的新文学是散播火种的文学,我从它得到温暖,也把火种传给别人。"这两段朴素的话语,使我们看到了中国现代文学所肩负的使命和作家那颗善良而赤诚的心。

  在文学馆的第二、三期工程部分,在那片庭院和绿地上,人们会惊喜地见到我国现代文学的大师们栩栩如生的雕像:鲁迅、郭沫若、茅盾、巴金、老舍、曹禺、冰心……这些雕像都是我国第一流雕塑家的杰作。在这里你还可以和老作家巴金亲切地握手,因为那些门的把手都是按照巴金的手模制作的。当你握住这位善良老人那写出过无数伟大作品的手时,一股暖流会注入你的心田,你会得到一种力量,一种智慧,你会有一种难以名状的感动。在过厅的两侧你会看到两幅巨大的油画:《受难者》和《反抗者》。它们是根据鲁迅的《药》《孔乙己》、茅盾的《虹》、巴金的《寒夜》、老舍的《骆驼祥子》、曹禺的《原野》、叶圣陶的《倪焕之》、艾青的《吹号者》、许地山的《青桃》、沈从文的《边城》等名著的内容创作的。在正厅两侧的巨大的玻璃镶嵌画反映的是鲁迅的《祝福》、郭沫若的《女神》、茅盾的《白杨礼赞》、巴金的《家》、老舍的《茶馆》、曹禺的《原野》中的人物。这些为人们熟悉的故事和人物,仍然使人感到新鲜,仍然让人受到震动。这些伟大的作家把这样的生活揭示给我们看,在这里我们会强烈地感受到作家那颗火热的中国心,感受到作家的良心,感受到人类的良心。我们会禁不住低声呼唤:哦,巴金老人,正是因为你的倡导，人们才共同努力创建了这所丰富的文学宝库，使我们民族的宝贝不致散失，使世界人民都能感受这智慧的光华！使人能感受到中国人丰厚而美丽的心灵！使每一个参观者都能享受一次崇高精神的沐浴！

"我沾了祖国和人民的光"

巴金，不仅因为他给人民创作了《家》《春》《秋》《寒夜》《憩园》和《随想录》等不朽的名著，为人类留下了丰富的精神财富，更因为他以毕生的精力，以一颗至诚的赤子之心孜孜不倦地为正义和真理而斗争，为人类美好的未来永不停息地奋斗，他理所当然地赢得了世界各国人民的理解、尊重和爱戴。在法、日、意、美、俄等国一次又一次地出现"巴金热"也是很自然的，人们将他看作20世纪人类的良知，这是对他的作品和人品的崇高评价。

作为中国现当代文学家的杰出代表，一面劲风猎猎的旗帜，在"文革"结束以后，巴金又曾以高龄之身，不辞辛劳，多次出国访问，增进与世界各国人民的友谊和交流，展示中国文化人的风采。无论在法国，还是日本，无处不受到各国文化界和广大读者的热烈欢迎，激起强烈的反响。

1982年3月，意大利政府决定将1982年但丁国际荣誉奖授予巴金。3月15日，意大利驻华大使塔马尼尼和意大利《新日报》的记者、但丁·亚利基里学会会员费尔南多专程来到上海会见了巴金，塔马尼尼向他宣布了这一决定，费尔南多则代表学会向巴金赠送了为纪念但丁诞辰七百周年专门印制的四册《神曲》的精装本。巴金说："这是很珍贵的礼物，我很喜欢但丁的作品，在困难的时候，但丁作品增加了我的勇气。"巴金回赠了题签本《家》《春》《秋》《随想录》（第一集）等著作。但丁国际奖奖章的一面为但丁浮雕像，另一面刻着巴金的名字。对于这一荣誉，巴金认为："由于意大利人民对中国人民的友好，才使我获得但丁国际奖。我沾了祖国和人民的光。"

1983年5月7日，法国总统弗朗索瓦·密特朗来到上海，将法国荣誉军团勋章授予巴金，在上海展览馆宴会厅举行了隆重的授勋仪式。巴金虽在病中，还是出席了这个仪式。法国的这种勋章是国家的最高勋章。法国总统在授勋仪式上作了热情洋溢的讲话，他说："大师，我很荣幸地以法国政府的名义授予您荣誉军团勋章。

"我的国家在此推崇现代中国最伟大的作家之一，《家》《寒夜》《憩园》不朽作品的作者，著述不倦的创作者。他的自由、开放与宏博的思想，已使其成为本世纪伟大的见证人之一。

"您却用自己对于人们及其脆弱命运的巨大同情，用这种面对压迫最贫贱者的非正义所抱的反抗之情，用这种——正如您的一位最引人注目的人物绝妙言之的'揩干每只流泪的眼睛'，使您的著作富有力量与世界性意义的敏锐力与清醒感，在注意着生活。

"……您就是中国的形象本身，一个经受过若干世纪的考验所锤炼的，并且不断从自身产生复兴动力的、兄弟般的中国的形象本身。

"今天，在您的身后，在中国的文学界里，新的一代正在崛起。他们从您的形象之中看到了自己，并且将希望寄托在对您这位老人的效法之中……这一代人正在准备，并且业已开始，循着您的脚印，由自己向世界表明——表明一个现代的、开放的、富有多样性的中国正决心全力为人类伟大的文化运动作出贡献。大师，法国通过您，谨向这一代人致以敬意。"

巴金在答词中说："作为一个中国作家，我的作品被译成法文，受到读者的喜爱，这就是对我的很大荣誉了。……今天总统阁下光临上海，在我病中给我授勋，我认为，并不是我个人有什么成就，这是总统阁下对我们社会主义祖国的尊重，对历史悠久的中国文化的尊重，这是法国人民对中国人民友好的象征。我怀着愉快的、感谢的心情，接受这个荣誉。今后,我将为我们两国人民友谊的发展和文化交流作出更大的努力。"

巴金向密特朗总统赠送了新版十卷本《巴金选集》。事后,密特朗还对巴金说:"巴金先生,你对法国大革命的历史知道得很多,我知道你曾经用文艺形式写过丹东和罗伯斯庇尔,你对这些确有非常深刻的了解。我很高兴能够认识您。作为法国代表,我有机会为您授勋,我感到高兴。这也是法国的荣誉,因为您是当代世界伟大作家之一,您的作品在法国读者中有很多影响。"

巴金的作品在苏联也受到广大读者的热爱。而且巴金曾翻译介绍了屠格涅夫的《父与子》《处女地》、赫尔岑的《往事与随想》、高尔基的《草原故事》等著名文学作品。在他从事出版工作时曾特别出版介绍了大文豪列夫·托尔斯泰和契诃夫等的伟大著作,以后还不断地著文介绍他们的著作和生平,为两国的文化交流做出了贡献。

1984年2月27日,苏联对外友好和文化协会联合会与苏中友协在莫斯科的"友谊之家"举行晚会庆祝巴金八十寿辰。在会上,莫斯科大学亚非学院利季娅·尼科利斯卡娅作了关于巴金的生平和创作的报告。

以后,当巴金八十五岁寿辰到来时,苏联驻沪总领事斯特罗科等又来到巴金的寓所,向巴金转达了苏联最高苏维埃主席团、苏联驻沪领事馆以及苏联广大读者对巴金的问候,并把苏联最高苏维埃主席团授予巴金的"人民友谊勋章"转交给巴金,对他为"中苏两国文化发展所作出的重要贡献"表示感谢。他说:"作为一个最杰出的作家,您创作了许多非常优秀的作品,为世界文学的宝库增添了光辉的财富。"巴金说:"感谢苏联人民授予我荣誉勋章,这使我想起50年代多次访问苏联的往事。发展人民之间的友谊是我一生奋斗的目标。我始终记得列夫·托尔斯泰那句话'把人民团结起来就是美的善的'。直到今天,托尔斯泰仍是我尊敬的老师。我在十四五岁的时候,俄罗斯文学和它的人道主义精神,就曾唤醒我作为一个中国青年的年轻的灵魂,使我懂得热爱文学、追求人民友谊,在几十年的创作生涯中保持艺术家的良心。"苏联总领事还向巴金说,由于巴金始终站在人民的立场上追求真理,寻找光明,他的主要作品《家》《春》《秋》等早已在苏联读者的心中扎了根,成为苏联文学界的一种精神食粮。总领事还拿出他带来的《随想录》请巴金签名。

　　1984年5月，第四十七届国际笔会在日本东京召开，巴金是被特邀的"世界七大文化名人"之一。他于5月9日率领中国的笔会代表团一行十五人乘飞机抵达东京。此次日本之行，巴金正在病中，他已经病了两年多。对于八十岁高龄的他，多数朋友不赞成他这次出国，但是巴金想到日本朋友的真挚友情，就得到了极大的精神力量。一年中井上靖先生曾三次到医院来探病，并邀请他参加东京的大会。水上勉先生等五位作家也曾到巴金寓所访问，他们虽然为巴金的健康担心，但还是殷切期望他能出席大会。巴金心里想，我绝不让朋友失望。现在他终于来了，到东京后的第一天他便高兴地对朋友说："到了东京，就是战胜了疾病。"

　　在商谈日程安排时，巴金提出了一个要求，这也是他唯一的要求：他要去中岛健藏先生墓前献花。中岛是巴金亲切地称呼为"哥哥"的一位外国友人，可见友谊之深厚。这次扫墓是他赴日之前就一直萦回于心头的一件事。次日上午，巴金由女儿李小林和译员陈喜儒陪同乘车前往中岛墓所在地豪德寺。刚刚到达，便见到中岛京子夫人和日中文化交流协会的白土吾夫先生已经在寺外等候，由他们带路前去。

　　虽然巴金受过伤的左腿移动很困难，但他还是缓慢而吃力地站到了中岛先生墓前，把鲜花插进碑前的石花瓶中，恭敬地鞠了三个躬。他静静地伫立着，面对着分别七年的老友轻轻地唤着中岛的名字，他责备自己来迟了。静默和肃穆中，他仿佛听到中岛先生的笑声和那熟悉的声音："为我们的友谊干一杯吧！"他的眼睛润湿了，心里想：怎么没带酒来？但他沉思片刻之后对自己说："为什么要带酒呢？我已经把心掏出来挂在墓前了。"他含着泪对京子夫人说："多好的人啊，他没有私心，为着人民的友谊拿出自己的一切。"

　　14日下午，巴金出现在国际笔会的会场时，数十名各国记者立刻蜂拥而至。日本著名作家水上勉说："巴金先生是雄健的鹰，他来了，坐在那里，哪怕不发言，也是一种威严。"但是巴金虽是抱病前来，他还是在15日的会上作了题为"核时代的文学——我们为什么写作"的演说。会场座无虚席、鸦雀无声，人们专注地听着，不时报以热烈的掌声。

当日的下午，井上靖先生到巴金的住处拜访他，他说巴金的演说"真感动人"，听众的"反应强烈"。巴金与井上靖进行了电视对话，电视台用四十五分钟播出了这个节目。巴金又同木下顺二对话，后以"作家的责任心和良心"为题，载日本《朝日新闻》。他在这次访日期间共收到约100万日元的采访费，他悉数捐赠给了日中文化交流协会。此间他还会见了清水正夫、丰田正子、西园寺公一……总之，每天都有老友来探望。代表团想通过小林劝巴金不要过于劳累，巴金说："既然来了，就要多做工作，我是个爱国主义者，累一点不要紧。"他还认为和朋友的交谈是一种友情的积累，多一次会晤，就多一番了解。尽管经历过"文革"的大灾难，友情也未中断，"它仿佛一本大书照常一页一页地翻过去"。

1984年6月，香港中文大学派代表到沪拜访巴金，并带来了校长马临的亲笔信，巴金得知将为他颁授荣誉文学博士学位，希望他能出席颁授典礼，巴金遂答应于10月中旬赴港。

巴金一到香港，免不了要不断地会见香港文化界的朋友，讨论各种各样的文艺问题，并处理一些出版方面的事务。还有众多的读者，年老的、年轻的，纷纷要求和他见面倾谈，他还在宾馆会见了前来采访的几十名记者，回答了他们各种各样的问题。

10月18日下午，他出席了香港中文大学在校内的邵逸夫堂举行的第二十七届颁授荣誉学位及高级学位典礼。当时的港督兼中文大学监督尤德主持了这次典礼。前来观礼的有一千四百多人。他们首先介绍了巴金的生平和创作，然后由中文大学秘书长宣读对巴金的赞词："为表扬巴金先生六十年来对中国新文学运动的巨大贡献，为表扬他的道德勇气和求知求真的精神，为表扬他对中国人民在这狂飙激流的世纪中追求进步所作的有力呼吁，监督先生，本人谨恭请阁下颁授荣誉文学博士学位予巴金先生。"巴金领取了荣誉文学博士学位证书，并着博士服摄影留念。典礼结束后，接受了香港著名人士、美国总领事李文和英国外交部官员费恩琪及夫人的问候。巴金高兴地得知李文在年轻时就读过《家》《春》《秋》的中文原著。接着巴金又为同获本次荣誉文学博士学位的著名东方艺术与考古研究学者华威廉教授珍藏了数十年的旧版《家》签名留念，又为蜂拥而来的青年读者签名。当有人问及巴金在许多工作和事情中最感兴趣的是什么时，他毫不迟疑地回答："写作。"

巴金的到达，在香港掀起了空前的热潮。各媒体纷纷报道，香港《大公报》、香港《文汇报》、香港《新民晚报》等不断发表文化界著名人士的评论文章，高度赞扬了巴金巨大的文学成就和他高尚的人品。

1985年5月，巴金获美国文学艺术研究院名誉外国院士称号。美国驻华大使在北京把名誉院士徽章和证书当面交给巴金。

1990年9月，巴金又获首届日本"福冈亚洲文化奖特别奖"。"该奖是奖励那些对亚洲智慧和文化的形成与发展有巨大贡献的，并在世界上显示出亚洲意义的人物"。

巴金及其不朽的文学著作，不仅是中国的财富和骄傲，同时也是属于全世界进步人类的。巴金不仅以他辉煌的著作，也以他高尚的人品，闪耀于中国文坛和世界文坛，他和太空中那颗以他的名字命名的行星——"巴金星"一同放射着明亮的光芒，照亮着人们的心灵。

作为一位世界文化名人，他赢得了那么多的荣誉，但是，巴金老人并没有陶醉在荣誉中。他的心一直不能平静。作为一位作家和思想者，他仍在揪心地思考着，对于艺术，对于人生，对于国家民族的命运，对于人类的历史命运……

今天，历史早已翻开了新世纪的篇章。巴金将迎来他的百年华诞。而他的忠贞伴侣和助手萧珊也已离开人世三十一个年头了。那个有着一双明亮大眼睛的"小女孩"将永远活在他心中，支撑着他的生命之火顽强地燃烧！

附录一

追忆萧珊

◎ 纪 申[①]

十年过去了,二十年过去了,也真快。今年8月13日是萧珊逝世三十周年忌日。蓦回头,这三十年真像一瞬间似的过去了吗?三十年,在人生旅途上是个不短的历程,一个人能有几个三十年好活啊!可萧珊连第二个三十年也没能活过就含屈而去,她又是多么的想活啊!巴金算是活过了第三个三十年,活得也真不易,活到近百岁的高龄,该是长寿了。他却说,长寿对他是一种惩罚。你看他近三年多来,仰卧病床,身不能动,口不能言,还时时要忍受种种难耐的苦痛。因为他脑子仍清晰,还能思考,还有记忆,还有感情,只是身不由己,一切都要听从他人的安排。说不定还会有梦魇的干扰。每当去医院看望,向他转达朋友们的祝愿、读者来信的问候,以及外界的一些新鲜事物,看到他眼神焕发,嘴唇直动。话涌喉间,吐不出声,急欲表达,往往涨得满脸通红,我心不由直发颤,连忙劝阻说还是听我讲述吧。此情此景深印脑中,往往禁不住浮想联翩……要是萧珊活着守护在他身旁,他也决不会成为今天这个样子。

往事上心头:1944年的春天,我们初次相见。桂林东郊福隆街福降园,一座二层木造的临街楼房前,萧珊手捧香茶一杯,或漫步楼房前的小

[①] 纪申:李济生,巴金的弟弟。

园中，或在高高的石砌阶沿上来回踱着，她神情潇洒意态安详。不几月即与巴金离桂赴黔，去贵阳花溪旅行结婚。相爱八年了！斯时她正当风华茂盛之年。此后，不管战时物质生活是多么的艰苦，贵在相知相爱，他们的精神生活却是愉快的、幸福的，相濡以沫，企盼着胜利，向往着黎明。

新中国诞生了，新生活也开始了，一切都是新鲜的。她逐渐忙起来了，不单是操持家务，抚育子女，积极投身学习，还要从事文学译事；更无时无刻不分担着"巴先生"的喜与忧。巴金还赴朝鲜深入战地生活，离别之苦、思念之情又是何等的深！在一封《家书》里她写道："我还是一个母亲，一个女人，有时我的怀念是沉的，会叫人眼睛发潮。自然我懂得我的怀念会是跟千万个母亲、妻子连在一起的。"在另一封里她更直吐心声地诉说："孩子们都太小，不知道母亲的挂念，朋友们也不理解我的心情，亲爱的朋友，你不知道在我的生活里，你是多么的重要，永远是我的偶像，不管隔了多少年！对我说话吧，别用沉默来惩罚我。我受不了，我心里不妥实，你从来没这么久不给我来信！"真情浸满纸。

1958年当巴金还在国外参加某国际会议之时，北京、武汉两地的某些院校，经人策划，突然发难，以"拔白旗"为名，大举批判巴金作品和思想。言辞激烈，叫人深感意外。苦了萧珊！有天我去她家探望，她忧心忡忡、茫然不解地私下问我："为什么在这个时候单单批判巴先生？"我讷讷难语，只有言不由衷地举出几点理由支吾以对。其实我自己也不明就里，对这突然的袭击既感不安，复感不平。幸好过了一段时间，这大批判也随之"无疾而终"了，总算平安无事，又过一关。

1960年冬，巴金得机远去四川创作。我母亲因肝癌突发，不一月即病逝医院。萧珊代巴金主办一切。凡事皆与我商量而后行。斯时正处于三年困难时期，让她操透了心！先后还得到陈同生和孔罗荪二位的不少帮助。

1965年夏我由奉贤转川沙继续参加郊县的第二期"四清"工作，没多久因肠胃病屡患，被退回原单位。这时我食难下咽，浑身乏力，精神颓然，瘦弱不堪。这引起了她的关注，一再劝我想法去医院检查，还担心我经济拮据，私下里塞钱给我爱人，要她替我增补营养。自我福大，得同事之助去一大医院做透视，无他，乃十二指肠有个憩室毛病。这下大家都放心了。

"文化大革命"开始时，初期我依然一如既往地常去她家看望。有次进屋坐下不久，即被一伙冲进来的红卫兵赶出了大门，打从电视大会批斗"黑老K巴金"之日起，我的日子也开始不好过起来，写交代，作检查，没完没了。"狗兄弟"的大名也上了批巴金的大字报进入闹市街头，不久也给关进了"牛棚"失去了自由。1969年春末获得解放，冬天里响应"四个面向"的号召被批准入慰问团，去吉林省接受再教育。1972年春随团返沪休假，一天偶去大街购物，不期与萧珊相逢，连忙上前招呼，却相对无言，熟视难语，仅只互问平安，共道保重面别。她神情悒郁，略现憔悴。得此一晤，彼此也感欣然，不几日我即重返东北。两月后从家信中知她病了。再得信时，说幸有朋友相助，能进医院治病了，这应是大好事！岂料8月尾从集体户返回县城住处，方获悉这月的中旬她已病逝医院了。这使我心绪不宁，难道我们街头偶遇竟成永别了么？是什么病这么快就夺走了她的生命？此时丧偶的巴金又将如何？……四个月后我终于回到了上海，到家的次晨立即赶往武康路看望巴金。相见时生怕提及萧珊，尽说些无关紧要的废话，实不知如何才好。还是后来我九姐把我拉在一旁，出示萧珊大殓前后的多张照片，一一为我解说当时情境。边看、边听，心碎了，难抑感情，泪水直流，唏嘘不已。巴兄默然枯坐一旁，未出一声。看来身经"百斗"的他早习于压抑自己，埋藏感情，泪往心里流了。老实说，直到六年后读了《怀念萧珊》这篇充满血和泪的悼文，我才算比较详细地知道了萧珊病前病后的种种遭遇，她所处的境地。她又怎能不得恶疾？有了病还不许治。这时我才真切地体会到巴兄心伤之重，情爱之深。经此大劫，他不仅痛自己，更忧国事，悲民族，因之随想联翩，剖自己以警国人，用心良苦。

忆往昔，六十五年前的"八一三"战火燃烧在上海，一个向往革命的进步女青年，为了报效祖国，投身救亡运动，不顾艰苦去到红十字医疗队看护伤兵，何其壮哉！岂料三十五年后，因被诬是"黑老K"的老婆，遭受种种凌辱，竟抱屈病死在革命胜利后的新社会里，又是那么的凄然！恰恰逢上这个国难纪念日，是历史对她的嘲弄，抑是偶然的巧合，唯有仰首问青天了。

在《怀念萧珊》一文中，巴金说："梦魇"仍然不时地困扰着他，萧珊逝世十周年之际，他写《再忆萧珊》一开始就道："昨夜梦见了萧珊，她拉着我的手说：'你怎么成了这个样子？'我安慰她说：'我不要紧。'她哭起来，我心里难过，就醒了……怎么今天我还做这样的梦？我怎么现在还甩不掉那种种精神的枷锁？"虽然人们常说，流年似水，往事如烟，日子久了，一切都会随之慢慢淡化消失。但有些人和事却又像团浓雾或重云似的压在头上久久不散，让你透不过气来，实在叫人无法忘掉。那"精神的枷锁"又岂能轻易甩得掉的？天若有情天亦老，人到老年总易于怀旧啊……

末了我也只能悄声祈说：萧珊，我敬爱的兄嫂，您别急啊！巴兄虽然成了今天这个样子，那是他在履行诺言，努力做到言行一致。他说过"愿意为大家活着"的话。为了别人就必须牺牲自己。您当然理解的。您不也曾为他吃了多少苦痛！眼下我们也只有痛在心里，为他的平安而祝福吧！

2002年8月22日脱稿

附录二

我与巴金的两次见面

——记两次上海之行

◎ 王幼麟

1992年春夏之交，我和何惠林同志第一次同伴赴沪。这是应成都市政府办公厅副秘书长黄厚安同志之邀，为庆祝大文豪巴金九十诞辰，拟拍一部反映巴老一生的电视剧。为此，首先要写出电视剧本，但此项工作事先应征得他的同意，至少与老人家事前要通气，必须尊重巴老，因而必须到上海去。

本来接受此项任务就是需要勇气的，巴金是我国家喻户晓的大作家、世界文化名人，他本人的作品、书籍、资料，以及有关写他的传记、评论、年谱等，不下数百万字，如不悉心钻研阅读是难以下笔的。但更难的是，如不能真实地反映出巴老作品的深度，特别是他人品的高度，即使写出来也是失败之作，或完全是徒劳之举。可是我们作为巴老的家乡人，而且从小就是巴金作品的爱好者，我们崇敬巴老以他那支永不停息的笔，反映生活、鼓舞人民，不断追求进步，不断追求光明的精神，他不仅受到我国人民的热爱，也赢得世界人民的尊敬。如果能利用电视的现代化手段，形象地反映出他的文学成就和精神，对观众、对青少年是很生动的教育，如果我们能对此做出微薄的贡献，这将是很有意义、很有价值的事情，为此，我们决定迎难而上。

我们一到上海，便抓紧时间打电话到巴老家，那天是巴老的女儿——女作家李小林来接的电话，她听说是要给巴老九十寿辰拍摄电视片，就考虑到当时巴老身体欠佳，难以承受拍片的折腾，而且巴老一生最反对宣传他个人。事后我们才想到，只顾抓紧时间，未将来意表达清楚，一时未能被她理解，只好另找机会详细说明情况，但我们却很理解巴老不愿宣传自己的心情。

后经人介绍，我们到上海文艺出版社找到巴老的兄弟李济生先生和上海电视台为巴老拍摄资料的祁鸣同志，又向他们充分表述了我们的来意，特别说明我们不是要拍纪实片，而是要以文艺的形式来忠实地反映巴老的一生，绝不会因拍摄而影响老人家的健康。但如不能得到他的应允，我们则很难具体行动，并请他们将此意转致小林同志。十分幸运的是，我们得到了李老和祁鸣二位同志的理解和支持。

李老和祁鸣同志先后到巴老家中，反复替我们说明情况，并转达了家乡人希望他在九十寿辰时再回成都去的愿望。巴老热爱家乡，也渴望有生之年能重返故里，更深知和理解家乡亲人们对他的一片爱心和真情。

李老和祁鸣同志在电话中告诉我们，说巴老同意接见我们，还说老人家准备送书给我们，一听到这消息，简直使我们高兴坏了，这预示着我们将要办的事情会有大希望。

终于盼到了那一天，祁鸣同志与我们约定，并决定陪我们到霞飞路巴老家中，但他一再对我们交代，时间要尽量抓紧，最好不要超过十分钟。

我们到达巴老家门口时，祁鸣同志早等在那里，他告诉我们说，不巧今天巴老生病，腹泻很厉害，医生正在给他看病，同时《巴金传》的作者徐开垒也正在里面，他希望我们一定要控制时间。我们非常明白其意，说只见一面，并请他同我们拍一张照片就走。

待徐开垒同志出来后，我们就跟随祁鸣进去，刚走进小楼的弄堂，经祁鸣介绍，我们先见到并认识了巴金的女儿李小林和儿子李小棠，小林同志起身招呼说："你们来啦！"今天巴老接见我们的事她已经知道了。我们感到，小林、小棠两位年轻同志也理解和支持我们，心里不禁一阵热乎乎的。

我们先到书房兼客厅坐下，等医生给巴老打完针，他便由一位照顾他的男青年扶到书房来。巴老一见我们非常高兴，同我们一一握手。待巴老坐定后，我便用事前想好的，以最简短的语言向巴老说明我们的来意，特别转达了家乡人对他的问候。

谁知，他乡音未改，一开口就说："那天你们打电话来时，我在旁边听见的，小林也和我说过了。"这位年近九旬老人的谦逊态度，使我们感到无比亲近，得到了莫大的安慰，对他的打扰我们也觉得十分过意不去。

接着，巴老就谈到了我们最关心的问题，他用四川话亲切地对我们说："关于写电视剧的问题，济生和祁鸣都已给我讲了，像我对其他人讲的那样，这是你们自己的事，我并不加干预。"巴老的这种客观态度令我们钦佩，但这态度实际上已对我们表示了充分的支持，有了他这一句话，我们已心满意足了。

本来我们想赶快同巴老照张相就走，可是巴老从听我的谈话中知道我曾在四川大学任教，他便主动问起他的老友卢剑波教授的情况。我告诉他卢剑波先生是我的老师，不幸已于几个月前病故了。巴老一听，沉默了一阵，然后很清楚地告诉我们说：

"我和卢剑波是几十年的老朋友，我和他同年，只比他大半岁，不想他竟走到我的前头去了。"

随后，他叫那位青年去取出早已准备好的两本书，慢慢吃力地站起来，亲手将书分送给我和何惠林同志。这是由他亲自签名的、新近出版的《巴金散文集》，他翻开封面问我们："你们看把你们的名字写错没有？"我们一看，连声说："没有错，巴老写得完全正确！太感谢您了！"何惠林同志马上接着说："我们希望同巴老合张影。"巴老便对祁鸣同志说："祁鸣，那就请你给我们照一张吧！"照完相我们便立即起身告辞，巴老硬要起身送我们，我们再三劝都不行，他就让那男青年扶着，带着病弱的身躯，十分吃力地慢慢送我们到他的书房门口，他还满怀深情地对我们说："很抱歉，家乡人来了我都没有请你们吃顿回锅肉。"听说这一句话，我们感到无比亲切。我们再三劝他回去休息，可老人一直用左手扶着拐杖站在那里，同时举起右手目送我们，直到我们离开他那幢小楼为止。

我们大大超过了预定的十分钟，时间大约过了半个多小时，我们心中觉得非常抱歉，但却留下了永世难忘的幸福和温馨的记忆。

当我们在等候巴老打针的时候，九姑李琼如从里屋走出来，她听说我们是从四川来的，就想来和我们拉拉家常，她用一口纯正的四川话对我们说："我一听见你们是从四川来的，又是说四川话，心中就觉得亲切得不得了。"在我们告别巴老后，九姑一直陪送我们到大门口，不断问及家乡的情况，充满了对家乡的热爱和一片思乡之情，我们对她说，刚才巴老还表示，他还要争取在他有生之年再回成都，希望她也能同去，她听到非常高兴，离别时还紧握住我们的手，久久依依不舍。

我和惠林同志满意地带着巴老的答复回到成都，向有关的领导汇报了此次上海之行的情况后，便抓紧时间同编剧刘恩义同志一起进行策划。

刘恩义是位从事戏剧创作几十年的老剧作家，也从事传记文学的创作，曾出版过一些成功之作，但对接受此项任务却显得有些犹豫，觉得进行此项工作难度很大，怕写不好巴金。但她从小喜爱巴金的作品，崇敬巴老的人品，尤其是听了我们到上海去的情况及巴老的态度后，她又深受鼓舞，终于抱着学习和大胆尝试的态度将这项任务接受下来。她广泛收集和反复阅读了巴金的原著和有关巴金的传记、年谱、评介等书籍和资料数百万字；她虽患有心脏病，但连续经过两个酷热的夏天，不断地修改完成了第三稿。我们无不为她的这种精神所感动，决定力争使该剧能尽快投拍，才对得起她所付出的巨大而艰辛的劳动。

根据原计划，是打算在巴老九十华诞之时开机投拍的，可是为了保证质量，为了能更真实、更准确，能从相当的深度和高度来反映巴老的一生，我们认为绝不能赶进度，宁可慢些但要好些。时间拖下来，其中也还有导演的物色和经费的筹措等问题存在。可是，首先争取把剧本修改好，那就必须在现有的基础上，征求和听取有关专家的意见，这是十分重要的。为此，我们必须再次到上海。

我与巴金的两次见面

1995年3月25日,我和何林同志陪同编剧刘恩义等一行四人,带着第三稿的电视剧本《巴金与慧园》,再到上海。

我们从报纸上早知道巴老因病住在医院,根本没敢有见他的奢望,更没存半点干扰之念。我们一到上海就立即与李济生同志联系,我们到他的新居打浦路一号906室拜见了他,先送了剧本请他抽空看了提意见,并在他的帮助下了解到祁鸣和徐开垒的情况,并得到了他们的电话号码。

非常幸运的是祁鸣同志刚从香港归来,我们按在电话中的约定,顺利地在上海电视台见到了他,先向他交了剧本,并转送了成都市政府副秘书长黄厚安同志给他写的亲笔信,希望他能在剧本的修改方面提出宝贵意见,还希望他能提供一些剧中所需的图片及摄像资料。祁鸣同志热情地接待了我们,他高兴地说,两年后又见到我们,还以为这事搁浅了呢。至于提供资料的问题,他仍然像前几次所说的那样,重申:"我是在'四人帮'刚粉碎不久,巴老当时尚未落实政策,他同意我拍摄他的资料,但有约法一章,即在他见马克思之前我不能随意动用。我跟他相处已十八年,凡我所拥有的资料,如果剧中需要,只要通过巴老同意,我都可以提供。"对他的这一态度,我们非常理解,而且十分敬佩。

他本来定于当天下午3点钟要到巴老那里去的,因与我们的约见而推迟,我见时钟已近4点,只得起身告辞,特请他代我们向巴老问好,并约定等他看完本子后再通过电话联系。

谁知,当我们回到住地正准备吃晚饭时,突然接到祁鸣同志打来的电话,他说他刚进家门就赶快向我们报告好消息,他说:

"我4点过去医院,把你们的来意告诉了巴老,他说,'何必要写三稿嘛!'不多久,护士就给他送晚饭来了,他叫我可以走了,把剧本留下来他看一看,我说你怎么能看呢?那你就边吃饭,边听我给你念吧!于是,我便把前面的创作意图、指导原则部分全念了,后面又有选择地念了一些,巴老听了说,'可以嘛!'。我趁他兴致不错的时候,便说,他们说这个戏不好收尾,要求提供一些资料,巴老便说,'要些啥子资料叫他们开个单子来嘛!',哈,这下问题就解决了。"

我一听高兴极了,真不知如何来感谢他,从电话里,我还听得出他气喘吁吁的声音,我只得连声对他说:"哎呀!巴老家乡人的好祁鸣同志啊!我们太感谢您了!"同时,在电话里,我也听得出他为我们高兴的情绪,真如他所说,我们都是为了一个共同的目标,就是"从巴老身上吸取营养,宣传好巴金"。

当我把祁鸣同志所讲的内容转达给同伴们时,大家都感到异常高兴,特别是作者刘恩义同志兴奋地连声说:"我们得到了巴老的首肯和鼓励,这次来得太必要,收获太大了。"

紧接着,我们到新华路徐开垒老先生的家中,在送交剧本的同时,由作者简介其创作意图,因为徐老正忙于审阅一批纪念抗日战争胜利50周年的资料、文章,时间在即,只得把听取意见的时间往后安排,但他仍乐意接受我们请他阅稿的重托。他已年过古稀有四,给他增加如此紧急的审阅负担,使我们实在过意不去。

在徐老处我们知道了,他所写的《巴金传》下集已于1993年出版,并已发行了一万多册,可我们四川尚未见到,这的确是个重要信息。同时在祁鸣同志处,我们也得知以他为主编辑的画册,名叫《巴金对你说》,已由上海少儿出版社出版,另有巴金的《家书》也已在上海出版发行,这些对我们都是迫切需要的精神食粮,我们一定要买到它们。

为此,在等几位同志审稿的过程中,我们便分头在上海买书,现在图书发行渠道不畅,就在上海我们要买的书,好些书店也早已脱销,我们很幸运地在文艺出版社门市部,把他们仅有的几本《巴金传》的精装本全买下了;又在一个小书亭里买到了巴金的《家书》,虽然只买到一本,但我们亦感到幸运;可是《巴金对你说》这本画册,却是跑遍了上海都买不到,我们只得去上海少儿出版社碰碰运气,好不容易找到了该社的前社长兼该书的主编张瑛文同志,当我们说明是由祁鸣和李济生二同志介绍以及对此画册的渴求时,与我们素不相识的他,竟慷慨地将他留得不多的书无偿地送我们一本,还亲自题写了:"学习巴金,宣传巴金是我们的共同使命!"这使我们万分感谢。

李济生同志全文审阅了剧本,他对剧本在总体构思、指导思想和全面结构上都作了充分肯定,并对内容的一些细节处提出了修改意见,有的地方他还亲自提笔修改，看得出他看得非常仔细、认真，更重要的是，他说："以上所讲的一些情况和意见，我都是到医院给我们四哥谈过，并取得他同意的。"听他这话，我们更对他的认真态度钦佩不已，巴老的表态更是对我们鼓舞不小。

祁鸣同志对我们的关心，具体体现在细微处也替我们着想，他怕我们不熟悉上海的路途，便自己骑着轻便车到文艺出版社来。他也是在百忙之中抓紧看完了本子，除了在总的方面同意李老的意见外，着重从影视、摄影方面提了不少建设性的意见，对我们很有帮助和启示。

在我们要离沪前，照预约时间到徐开垒先生家中听取意见，他一坐下便开门见山地接触到剧本的问题，他认为迄今为止，反映巴金生平的电视剧还没有，这是第一次，剧本写得真实、生动、形象、故事性强，作者的文笔不错，文学修养也较高。然后他从巴金研究的高度，对剧本的内容提出了许多具体而宝贵的意见。而且他还在剧本里写了不少旁批，给我们提供了有关的参考文章，这无疑为我们剧本的修改给予了极大的方便。

我们这一次上海之行，没有想到其收获比预计的还要大得多。从物质到精神可说得上是双丰收，特别值得庆幸的是，我们从祁鸣同志处得知，在我们离沪的次日，巴老也出院到杭州去休养了。我们也太幸运了。

我们的当务之急，便是抓紧时间把电视剧本改好，力争尽快投拍与观众见面，以不辜负巴老，以及所有关心和帮助我们的朋友们的期望。

1995年4月11日

· 后记 ·
心灵的追寻

　　这本书的写作，实际上从十年前就开始了。当时，我和有几十年交谊的老同学王幼麟接受了创作一部反映巴金文学生涯的电视剧本的任务。巴老是我们自学生时代起就十分热爱景仰的前辈作家，他的老友卢剑波先生又是我们的恩师，能用我们稚嫩的笔为他画像，自然令我们激动兴奋。

　　然而，着手工作时，我们才意识到了这项任务的艰巨。巴老是卓富世界声誉的文化名人，中国当今的文坛泰斗。全世界研究巴金的学者多多，有关巴金的著述真可说是汗牛充栋。我们将怎样写巴金？真是感到有些茫然。巴金是高山，是大海，里面蕴涵着不尽的宝藏，我们将怎样去挖掘、去开采？我们能写出一部有特色的作品吗？后来我们想到了古人的话："高山仰止，景行行止，虽不能至，心向往之。"那么就让我们作一次虽不高明但却真诚的探索吧。

　　我们又开始用心灵去重读巴金的作品，和其中那些可钦可敬的理想人物再次会晤，去亲近他们那纯洁的灵魂，和那些被社会摧残致死的美丽可爱的人物一一晤谈，和他们一同欢笑，一同哭泣……无论是过去熟读过的、不曾细读过的，或被遗漏了的；无论是小说、散文、杂文、评论、书简、通讯；无论是早期的、晚年的，我们不分昼夜，悉心地阅读。那些曾使我们年轻的心灵燃烧过的，在数十年后的今天，仿佛再次点燃了我们青

后记：心灵的追寻

春的火焰。他对祖国、对人民、对事业、对人生、对朋友、对家庭无比热烈、纯真、坚贞的爱和他对人类美好未来的坚定信念，对理想永不止息的追求，都通过那些文字注入我们心中，使我们的心鼓胀起来，就像鼓满了长风的船帆，它不能不动起来，不能不勇敢地向前驶去。当我们反复阅读巴金晚年划时代的巨著《随想录》时，我们看到了他那被他自己的解剖刀切割得鲜血淋淋的心，看到了被他揭开的社会毒痈的疮痂和人性丑恶的角落，它让我们战栗，同时我们也从这一著作看到巴金昂然屹立的正直勇敢的不屈的灵魂。我们有多少话语想倾诉，想呼喊，那就用心灵写巴金吧！

但我们必须尊重巴金老人的意见，征得他的同意。为此便有两次上海之行。我们的努力有幸得到了巴老的胞弟李济生（纪申）先生和上海电视台为巴老拍摄资料十八年的祁鸣同志的理解和支持，在他们的帮助下幸运地见到了巴老。巴老非常亲切地说："关于写电视剧的问题，济生和祁鸣都已给我讲了，像我对其他人讲的那样，这是你们的再创作，你们怎么写，怎么拍，那是你们自己的事，我并不加干预。"多么和蔼豁达、可敬可爱的老人啊！那天巴老正患腹泻，还亲自签名向客人赠送了新近出版的《巴金散文集》，并合影留念。临行，老人拄着拐杖坚持将客人送出书房，还满怀深情地说："很抱歉，家乡人来了，我都没有请你们吃顿回锅肉。"一个伟大人物的精神世界即使在这样的琐事上也生动地表现了出来。

经过两年努力，剧本创作出来后，李济生先生、祁鸣同志、最权威的《巴金传》的作者——老作家徐开垒先生都仔细地通读了剧本并和我们进行了座谈，给予了我们热情的鼓励和指点。尤其让我们喜出望外的是祁鸣同志竟然把剧本带到医院，利用巴老吃饭的时间，把前面的创作意图、指导思想部分全念了，又有选择地念了一些章节，巴老听了说："很好嘛！"祁鸣又趁兴说："人家希望我们提供一些资料。"巴老慨然允诺："要些啥子资料叫他们开个单子来嘛！"巴老的首肯，成了我们创作的巨大动力。文坛巨匠一点也不蔑视一个普通作者，这也正是伟大人物的伟大之处吧！李济生先生在全文审阅了剧本之后，对剧本的总体构思、指导思想、内容、结构等都作了充分肯定，对个别细节、时间地点的错误亲

巴金与萧珊

自动笔作了修改,看得出他是多么严肃、认真。更重要的是,他说:"以上所讲的一些情况和意见,我都是到医院给我们四哥谈过,并取得他同意的。"敬爱的巴金老人、李老、徐老、祁鸣同志,你们给予了我们多么巨大的鼓励和支持!

正是在这个"用心灵读巴金,用心灵写巴金"的过程中,我们注意到了巴金与萧珊这条红线折射出来的闪亮光芒。在剧本创作告一段落后,我与幼麟便决定用传记文学的形式来写作《巴金与萧珊》。

记得巴金曾经说过类似这样的话,通过一个人的私生活,特别是爱情关系,最能看清他的内心世界,看清他真实的思想面貌。过去,我们通过看《爱眉小札》更多地了解了徐志摩;通过看《两地书》,看到了"横眉冷对千夫指"的鲁迅温暖柔软的心扉;通过巴金的《家书》,我们看到了一种神圣、奇异的爱情和一种透明的人格。

强有力地吸引着萧珊的是巴金文学作品的魅力和他高尚的人品、高贵的灵魂。他们1936年一结识,萧珊便把巴金常常说的那句话"要做一个战士"付诸了实践,他们一起投入抗日战争的烽火硝烟中去,像一对朋友一样,一同向死神争夺工作的机会和时间。敌机的咆哮压不住这个纯洁女孩银铃般的快乐的笑声,战争乌云遮不住她明媚的笑颜,她常常给她的李先生带来写作的灵感。她又是在"身经百炸"的环境中,帮助巴金坚持出版抗日的书刊和新老作家优秀作品的最勇敢最忠实的助手。八年全面抗战,颠沛流离,生死相随,取代了花前月下,卿卿我我。他们把青春和爱情融入了对祖国的伟大的爱情中。直到抗战胜利的曙光升起时,他们才发出一个旅行结婚的简单启事,在"花溪小憩"度过只有三天的蜜月,然后便各自一方,巴金又全身心地投入写作中。

新中国建立后,巴金为国事奔忙,多少年过着短相聚长别离的日子,把无穷无尽的挂念和等待留给萧珊。在史无前例的"文革"十年浩劫中,他们一起"身经百斗",一起生活在由一根头发悬挂着的达摩克里斯剑下,最终萧珊被迫害致死,留在巴金身边至今,常常和他低声亲密交谈的是萧珊的骨灰盒。这真是骨化形销、坚贞不渝的爱情。巴金老人说:"她的骨灰里有我的血泪,将来我们的骨灰要掺合在一起。"屹立于中国文坛

后记：心灵的追寻

和世界文坛之上的巴金的崇高形象旁边有个光辉的影子，那就是为他献出一切的萧珊。

脱稿后，我和幼麟怀着忐忑不安的心将书稿寄给李济生先生和李小林、李小棠同志，也寄给了热情帮助过我们的徐开垒先生和资深记者祁鸣同志。非常幸运的是李老和徐老一致认为，在众多的巴金传记中，我们"能跳出他人的框框，别出一格，以《巴金与萧珊》命名，树新思路，大有可为"，"给读者耳目一新不说，且可以从另个侧面来反映巴金的一生，不落一般化"。他们还一如既往地细读了书稿，逐一指出了其中舛误之处。我们衷心感谢两位老师对后学的扶植、帮助和爱护，并向巴老亲属致以衷心的谢意。

在当今出版事业也面临许多困难，纯文学作品出书难的情况下，四川文艺出版社热情支持此稿得以付梓，我们衷心感谢罗韵希社长和编辑同志在巴老百年诞辰将临的紧迫情况下为出此书辛勤操作。

谨以这本小书献给巴老百年华诞，和已逝的文学翻译家萧珊老师！

刘恩义
2003年7月10日

· 2024年再版后记 ·

为纪念巴金诞辰120周年，四川人民出版社推出"走近巴金"书系，其中选定《巴金与萧珊》一书再版。作为此书作者之一的刘恩义同志已经仙逝，我俩历经艰苦磨砺十年出版的此书，能有幸作为巴老诞辰120周年之庆贺之礼，实感荣幸，如她在天有灵，一定非常高兴。

《巴金与萧珊》一书是在巴老百岁诞辰时出版的，如今又能在巴老诞辰120岁周年时再版，这是非常值得高兴并具有特殊意义的一件事。

巴金是我们一生崇敬的楷模，是我们的导师和学习的榜样。我们从少年时期就喜欢读他的书，是他长期的忠实读者，他的书给我们的人生道路指明了方向。我们立誓要像巴金那样讲真话，做老实人。我们热爱巴金，要努力将他的爱国、爱民的精神弘扬和传承。

巴金是我们终生难忘、永远怀念的作家，可他又是那么令人崇敬、贴近人民，他的伟大形象永远活在我们心中。过去那些美好的记忆，又不断涌上我的心头。我第一次见到巴老是在他九十高龄时，为了写巴老的书，他在上海的家中亲切地接见了我和何惠林同志（成都市文化局原副局长）。巴老亲切的态度、慈祥的笑容，给我留下了深刻的印象。他在和我们握手时，用纯正的四川乡音说了一句："欢迎家乡人！"立刻将亲人般的温暖传递到我们心里。又说："你们写书，或写电视剧，这是你们的再创作！"给了我们极大的支持和鼓励。最难忘的是，他带着年老有病的身躯，扶着门边向我们挥手告别时说："家乡人来都没有请你们吃一顿回锅肉！"令我们感动得热泪盈眶，久久不愿离去。三十年前的那种场景和深情，至今仍清淅地展现在我的眼前。平凡中见伟大，巴金真正是一位最伟大的人，是世界人民都崇敬和热爱的人。

《巴金与萧珊》一书，此次已是第三次再版了，读者的厚爱反映了对巴金的热爱，是对巴金与萧珊俩人忠贞不渝的爱情的赞颂。这其间，不断有友人向我索要《巴金与萧珊》一书，我的手中已经没有了原书，只得从网上购买，遗憾的是，先后买回来的都是盗版书，印刷劣质，错误不少，但仍有人买，可见读者的喜爱。现在四川人民出版社能再次出版，既是对巴金的最好纪念，又是对读者的满足。

在校对清样时，我又认真地逐字逐句地重读了一遍，仍忍不住多次流下眼泪，尽管二十年过去了，巴金和萧珊仍鲜活地在我眼前，萧珊那纯贞、开朗、善良的形象，仍然令人感到可亲可爱，她和她的先生忠贞不渝、相濡以沫的爱情，仍然令人称赞和赞颂。巴金是时代的明灯、民族的骄傲、读者的心友。他是我们永远怀念的导师、学习的楷模。同时，我也深情地怀念我的同窗、挚友、亲密伙伴刘恩义，她离开我已十一年了，我想，她要是活着该多好啊！

此书的出版得感谢四川文艺出版社和责任编辑林文询同志，此次的再版也得感谢四川人民出版社和谢雪、邓泽玲同志。

不觉我已经进入暮年，年老多病，思维和行动多有不便，错误与疏漏之处难免，敬请批评指正。

王幼麟

2024年2月5日

扫码共享
走近巴金